사기열전

한눈에 익히는 사마천
사기열전(史記列傳)

초판 1쇄 인쇄 | 2010. 3. 25
초판 1쇄 발행 | 2010. 3. 30

엮은이 | 동양고전연구회
펴낸이 | 이환호
펴낸곳 | 나무의꿈

등록번호 | 제 10-1812호
주 소 | 서울특별시 마포구 서교동 463-31 플러스빌딩 4층
전 화 | 02)332-4037 팩 스 | 02)332-4031

ISBN 978-89-91168-32-9   12150

* 잘못 만들어진 책은 구입한 곳에서 교환해 드립니다.

한눈에 익히는 사마천
사기열전

동양고전연구회 편

나무의 꿈

책 머리에

중국 역사서 가운데 으뜸가는 명저(名著)

 사마천의 『사기(史記)』는 중국 상고(上古) 시대의 황제(皇帝)로부터 전한(前漢)의 무제(武帝)에 이르는 2,000여 년에 걸친 역대 왕조의 사적을 엮은 역사책이다.

 그 내용은 52만 6천5백 자, 130권이나 되는 방대한 기록으로, 역대 왕조의 편년사(編年史)인 본기 12권, 연표 10권, 부문별 문화사인 서(書) 8권, 열국사(列國史)인 세가(世家) 30권과 개인의 전기집인 열전(列傳) 70권으로 되어 있다.

 부친인 사마담(司馬談)의 유언에 따라 B.C. 104년경부터 편찬에 착수, 중도에 이릉(李陵)의 사건에 연좌되어 궁형(宮刑)에 처해졌으나, 그 같은 굴욕을 극복하고 집필을 계속하여 B.C. 91년경에 초고(草稿)를 완성하였다.

 사마천은 중국 최초의 역사학자이며 중국 역사가의 아버지라 일컬어지고 있다. 특히 그가 창시한 본기·열전 등과 같이, 성질이 다른 역사 기술의 방법을 병존(竝存)시킨 종합적인 역사의 형식을 기전체(紀傳體)라 불리는데, 사마천의 『사기』가 곧 중국 정사(正史)의 표준이 되었으며 기전체의 효시인 셈이다. 사서(史書)로서 높이 평가될 뿐만 아니라 문학적인 가치 또한 높다고 국어사전에 기재되어 있다.

처음에는 『태사공서(太史公書)』 등으로 불렸으나, 3세기경부터 『사기(史記)』라는 이름이 일반화했으며 중국 역사서 가운데 으뜸가는 명저(名著)로 알려져 있다.

2010년 2월
엮은이 씀

목차

책 머리에 | 4

백이(伯夷)·숙제(叔齊) 열전 | 9
관중(管仲)·안자(晏子) 열전 | 14
노자(老子)·한비자(韓非子) 열전 | 24
사마양저(司馬穰苴) 열전 | 40
손자(孫子)·오기(吳起) 열전 | 47
오자서(伍子胥) 열전 | 69
중니(仲尼) 제자(弟子) 열전 | 93
상군(商君), 상앙(商鞅) 열전 | 110
소진(蘇秦) 열전 | 120
장의(張儀) 열전 | 134
맹자(孟子)·순경(荀卿) 열전 | 147
맹상군(孟嘗君) 열전 | 153
평원군(平原君)·우경(虞卿) 열전 | 164
위공자(魏公子), 신릉군(信陵君) 열전 | 171
춘신군(春申君) 열전 | 183

범수(范雎)·채택(蔡澤) 열전 | 191
염파(廉頗)·인상여(藺相如) 열전 | 213
여불위(呂不韋) 열전 | 225
자객(刺客) 열전 | 269
한신(韓信), 회음후(淮陰侯) 열전 | 316

백이(伯夷) · 숙제(叔齊) 열전

말세에는 누구나 이해를 다투었으나, 백이(伯夷) · 숙제(叔齊)만은 한결같이 의(義)를 존중하여 나라를 양보한 채 굶어 죽어 천하가 그를 칭송했다.

오늘도 수양산에 올라 고사리를 캔다.
폭력은 또 다른 폭력으로 바꾸고도
무왕武王은 잘못을 모르는구나.
신농(神農)과 순우(舜禹)의 호시절은
꿈인듯 홀연히 사라졌구나.
이제 우리는 어디로 가야 하는가?
아아, 가리라 죽음의 길로
쇠잔한 우리 목숨이여.

'채미가(采薇歌)'라는 노래다.

백이와 숙제는 성군으로 추앙받는 무왕까지 도덕적으로 비난하여 후세에 이름을 얻었다. 사마천은 난세에는 누구든지 이익을 다투었으나 백이와 숙제는 한결같이 의를 존중하고 임금의 자리까지 양보했다고 하여 『사기열전(史記列傳)』에서 첫 번째로 다루었다.

백이(伯夷)와 숙제(叔齊)는 고죽국(孤竹國, 지금의 하북성 노룡현에서 열하성 조양현에 이르렀음) 제후의 아들들이다.

고죽국은 북쪽에 있는 작은 나라였다. 백이와 숙제의 부친은 죽기 전에 막내인 숙제를 후사(後嗣, 후계자)로 삼으려고 했다. 그런데 갑자기 왕이 죽어버렸다. 숙제는 형인 백이에게 임금의 자리를 양보하려고 했다. 그러나 백이는 부왕의 영이므로 왕위에 오를 수가 없다고 하여 국외로 달아났다.

숙제 또한 왕위에 오르기가 싫었다.

"큰형님이 싫어하시니, 작은형님이 왕위에 오르시겠지."

하고 숙제는 형인 백이를 따라 고죽국에서 달아났다. 이에 고죽국 사람들은 가운데 왕자를 왕으로 세울 수밖에 없었다. 숙제는 떠돌이 생활을 하고 있는 백이를 뒤쫓아 간신히 만날 수 있었다.

"너도 왕위가 싫었나보구나!"

"형님보다 못한 제가 어찌 왕위에 오르겠습니까? 형님께서는 어디로 가시렵니까?"

"주(周)의 서백(西伯)에게로 갈까 하는데, 그 분은 노인을 잘 대접한다더구나."

"몸을 의탁해도 좋을 만한 인품이군요."

그런데 백이와 숙제가 도착했을 때는 이미 서백은 죽고 그의 아들 무왕이 주왕(紂王)을 방벌하기 위해 출전하고 있었다.

"몸을 의탁하기엔 이미 틀린 것 같습니다. 저길 보십시오. 부왕의 위패(位牌)를 받들어 수레에 싣고 동쪽 은(殷)의 주왕을 치려 하고 있습니다."

"우리가 가서 만류해 보자!"

백이와 숙제는 무왕(武王)의 말고삐를 붙들고 간했다.

"부왕의 장례도 치르기 전에 전쟁을 벌이려고 합니까?"

"그게 뭐가 잘못 됐소?"

"이는 효(孝)가 아니지요. 더구나 신하의 몸으로 천자天子를 치려하시니 인(仁)도 아니지요?"

"신하의 몸이라 했소?"

"주왕에 대해서는 신하지요. 부친의 위패를 받들어 문왕(文王)으로 칭한 것도, 스스로 무왕(武王)으로 칭한 바도 그대요, 원래의 왕은 은나라의 주왕뿐이오."

"무엄하다! 이 자들을 참하라!"

무왕의 좌우 신하들이 칼을 빼어 두 사람을 베려했다. 이때 무왕의 군사(軍師)인 태공망 여상(呂尙)이 황급히 나서며 말렸다.

"그냥 두어라. 출전을 앞두고 사람을 벰은 불길하다. 그리고 그들은 의인(義人)이니 부축해 데려가라."

"예에……."

백이·숙제는 간신히 목숨을 보전할 수 있었다. 그 후 무왕은 은나라의 주왕을 정벌하고 천하를 움켜쥐었다. 그러자 백이·숙제는 더욱 난감해졌다.

"형님, 이제 우린 어디로 가지요? 주(周)나라의 녹봉을 먹을 수도 없지 않습니까?"

"그렇구나. 수양산(首陽山, 산서성 영제현의 남쪽)으로나 가볼까? 거기엔 고사리가 맛있다더라."

"형님의 말뜻을 짐작하겠습니다."

그들은 수양산에 올라 숨어 살면서 굶어 죽었다.

여기서 사마천 태사공은 공자(孔子)의 말을 빌려 결론 짓는다.

"백이·숙제는 불의를 혐오했지만 사람을 미워하진 않았다. 그것은 주나라 무왕의 악(惡)을 비유했으면서도 스스로 남을 원망하지는 않았으며, 자신이 원망받지도 않았다. 이는 자신이 인덕(仁德)을 추구했기 때문이다."

"군자(君子)란 세상을 마친 후에도 이름이 칭송되지 못함을 부끄러워하는 자이다. 백이·숙제도 이와 다름이 없다."

한(漢)의 가자(賈子, 賈誼)는, 탐욕한 사람은 재물에 목숨을 걸고, 의열(義烈)한 사람은 명예에 목숨을 걸며, 권세욕이 강한 사람은 그것에 끌려 죽고, 범용(凡庸)한 사람은 제 생명이나 탐하고 아낄 뿐이라고 했다. 같은 종류의 광명은 서로 비춰주며 같은 종류의 만물을 서로 구하고, 구름은 용을 따라 용솟음치고 바람은 호랑이를 따라 곧바로 일어난다. 이는 성인(聖人)이 나타나면 만인이 우러러보는 것처럼 백이·숙제가 현인이긴 하지만 비로소 공자의 칭송을 얻음으로써 그 이름이 드러난 것이다.

관중(管仲)·안자(晏子) 열전

안자(晏子)는 검소하고 관중(管仲)은 화려했다. 그렇지만 제(齊)의 환공(桓公)은 관중의 보필로 천하의 패자(霸者)가 되었으며, 경공(景公)은 안자에 의해서만 그 나라를 잘 다스릴 수가 있었다.

관포지교(管鮑之交)라는 고사(故事)가 있는데, 이는 관중(管仲)과 포숙아(鮑淑牙)와 같은 사귐, 즉 매우 다정한 친구 사이, 또는 허물없는 교제를 일컫는 말이다.

관중과 포숙아는 제(齊)나라 사람으로 같이 자란 죽마고우(竹馬故友)로 동업하는 사이였다. 그런데 사람들이 포숙아에게 관중이 친구라면서 셈을 속인다고 일러왔다. 그러자 포숙아는 대수롭지 않게 여겼다.

"그만 두어라. 그가 나를 속이는 것은 마음이 나빠서가 아니라 가난 때문이다. 나는 부자이고 그는 가난하지 않으냐. 모른 척해라."

그 후 두 사람은 정치적으로 다른 길을 걷는다. 포숙아는 제(齊)의 공자 소백(小白)을 섬기는데 반해 관중은 공자 규(糾)를 섬기고 있었다.

  소백이 제위(帝位)에 올라 환공(桓公)이 되자, 이에 맞서 규가 반란을 꾀하고 소백을 치려다가 오히려 패하여 전사하고 관중은 사로잡히는 몸이 되었다.

  환공이 반역을 꾀한 죄로 관중을 처형코자 하였다.

  "아니 됩니다. 관중을 죽이지 마십시오."

  "우리를 배반한 자를 살려 주라고?"

  환공은 완강히 말리는 포숙아를 의아한 표정으로 쳐다보았다.

  "그는 천하의 현재(賢才)입니다. 제왕께서 천하의 패자가 되시려거든 차라리 그를 거두어 높게 쓰십시오. 그는 다만 운이 없었기 때문입니다. 그는 반드시 빛나는 재능으로 제왕을 천하의 패자로 올려놓을 것입니다."

  포숙아는 관중을 재상으로 강력히 추천한 후 자신은 항상 그 아래에 있었다.

  과연 관중의 재능은 번쩍이는 빛을 발하기 시작했다. 그의 저서 『관자(管子)』에서 경제와 정치철학을 말하고 있다.

  "제(齊)는 작고 해변의 가난한 나라다. 해산물 교역으로 부국강병의 열매를 거두어야 한다.

  첫째, 백성은 창고에 물자가 가득해야 예절을 알며, 의식(衣食)이 풍족해져야 영화로움과 치욕을 안다. 윗사람이 법도를 지키면 육친(六親, 父母兄弟妻子)이 화목하고, 사유(四維, 나라를 다스리는 4대강 예의염치(禮義廉恥)가 해이해지면 나라가 망한다.

둘째, 정령(政令)을 내릴 때에는 물이 낮은 곳으로 흐르듯, 백성이 쉽게 행할 수 있도록 민심을 따르지 않으면 안 된다. 백성이 바라는 바는 그대로 들어주고 싫어하는 바는 제거해 주어야 한다.

셋째, 정치의 실제는 임기응변이다. 화(禍)를 전환시켜 복으로 바꾸고 실패를 전환시켜 성공으로 이끌어야 한다. 사물의 경중을 잘 파악해 그 균형을 잃지 않는 바도 정치의 좋은 요체이다."

그때 환공의 애첩 소희(少姬)가 무례한 일을 저질렀다. 소희는 채(蔡)나라 여자였는데 뱃놀이를 하다가 환공이 물을 두려워하는 것이 재미있어 배를 마구 흔들고 환공을 골탕먹였다.

이에 화가 난 환공이 소희를 채나라로 쫓아 보냈다. 그런데 채나라에서는 소희를 다른 나라로 시집보냈다. 그러자 환공이 버럭 화를 냈다.

"마침 잘 됐습니다. 이참에 채나라를 공격하겠습니다."

환공은 관중의 책략을 승락했다.

"기왕 군사를 몰아 나선 김에 초(楚)나라까지 쓸어버리겠습니다."

"초나라에는 어떤 핑계가 있소?"

"주 왕실(周王室)에 공물을 바쳐야 하는 포모(包茅, 참억새 묶음)를 바치지 않은 게 전쟁 명분입니다. 포모가 없으면 나라 제사 지낼 때 지게미를 걸러낼 수가 없습니다."

관중은 무작정 나라를 정복하는 것만을 능사로 삼지는 않았다. 주도면밀한 계산 끝에, 북쪽 산융(山戎)을 치다가 내친 김에 연(燕)을 공격해 그들의 조상인 소공(召公)의 선정(善政)을 부활시켜 주었다.

또 제(齊)의 환공은 노(魯)의 장공(莊公)과 회맹(會盟)을 맺었는데 조말(曹沫)과의 약속을 지키려 하지 않았다. 그러자 관중은 신의를 지키도록 설득했다.

조말은 노나라 장공에게 등용되어 제와의 전쟁에서 세 번씩이나 모두 패해 5백여 리의 땅을 빼앗겼다. 그런데 강화회의 석상에서 조말은 갑자기 비수를 꺼내들고 제 환공을 위협해 5백 리의 땅을 되돌려 줄 것을 약속 받았다.

제 환공은 얼떨결의 약속이었기 때문에 그 약속을 지키려 하지 않았으나 관중은 간곡히 말했다.

"그렇지 않습니다. 비록 위협 속에서 강요받은 약속이지만 약속은 약속이니 지켜야 합니다. 그래야 천하의 제후들이 신의 있음을 알고 제나라를 따르게 됩니다."

과연 관중의 말대로 하자 화(禍)가 복(福)이 되어 천하는 제나라를 따랐다.

관중은 제의 국정을 맡음으로써 부국강병을 이루었고 환공을 천하의 패자가 되도록 했다. 그리고 관중은 포숙아의 은혜를 잊지 않고 사람들에게 말했다.

"내가 일찍이 가난했을 때 포숙아와 장사하여 이익을 나눌 때에 내가 더 많은 몫을 차지하였으나 포숙아는 나를 탐욕스럽다고 욕하지 않았다. 내가 가난한 것을 알았기 때문이다. 그리고 나는 또 포숙아를 위해 일을 획책하다가 실패하였지만 그는 나를 어리석다고 말하지 않았다. 시기에 따라 이로울 때도 불리할 때도 있음을 알기 때문이다. 또 나는 세 번 벼슬에 나아가 세 번 다 쫓겨났으나 포숙아는 나를 부덕하다고 하지 않았다. 내가 때를 만나지 못했다고 이해하였다. 그리고 전쟁에 세 번 나아가 세 번 도망했으나 그는 나를 비겁하다고 하지 않았다. 나에게 노모(老母)가 있다는 것을 알았기 때문이다. 공자 규(糾)가 패할 때 나의 친구 소홀(召忽)은 따라 죽었으나 나는 사로잡혀 부끄러움을 당했다. 그러나 포숙아는 나를 염치없는 놈이라고 욕하지 않았다. 내가 작은 의리에 벗어남을 부끄러워하지 않고 천하에 공명을 세워 떨치지 못함을 부끄럽게 여기는 그것을 이해했기 때문이다. 그래서 나를 낳아준 것은 부모요 나를 알아 준 이는 포숙아이다."

포숙아는 관중을 추천해 놓고 자신은 항상 그 아랫자리에 있었다. 세상사람들은 관중의 현명함을 칭찬하기보다 오히려 포숙아의 사람 알아보는 혜안을 더욱 칭찬했다.

관중이 죽은 후에도 제나라는 제후들 중에서 최강이었다. 제나라가 관중의 정책을 계속 이어갔기 때문이다.

관중이 죽은 지 백여 년 후에 안영(晏嬰, 자는 平仲)이 태어났는데 그는 절약과 검소에 힘쓴 선비였다. 저서로 『안자춘추(晏子春秋)』가 전한다.

안영은 제나라의 영공(靈公)·장공(莊公)·경공(景公) 3대를 섬겼다.

그는 재상이면서 밥상에는 두 가지 이상의 고기반찬을 놓지 못하게 했고 아내에게 비단옷을 입지 못하게 했다.

조정에 나아갔을 때에는 군주가 하문(下問)하면 겸손하게 답변했고, 하문이 없으면 몸가짐을 조심해 조신하게 굴었다. 그리고 국정(國政)이 정당할 때에는 명령에 충실히 따르고, 정당하지 못할 때에는 그 명령을 잘 헤아려서 옳은 일만 수행했다. 그래서 3대(代)를 통해 그 이름이 제후들 사이에 유명했다.

어느 날 죄수복을 입고 있는 월석보(越石父)라는 현인을 길에서 만났다. 안영은 두말 않고 삼두마차의 왼쪽 말 한 필을 풀어 속죄금으로 내주고 월석보를 마차에 태워 집으로 돌아왔다.

본시 그는 생색내지 않는 성미인지라 월석보에게 아무 말도

하지 않고 안채로 들어갔다.

그런데 조금 지나자 하인에 의해 절교장 한 장이 들이밀어졌다. 살펴보니 월석보가 보낸 서신이었다. 깜짝 놀라 안영이 의관을 바로하고 황급히 객실로 나갔다.

"왜? 무슨 결례라도……."

"그렇습니다."

"비록 제가 어질지는 못하나 선생을 재앙에서 구해드렸는데 이렇게 빨리 절교를 선언하시다니요. 제가 이해하지 못한 점이라도 있습니까?"

"그렇습니다. 군자란 자기를 이해하지 못하는 자에게는 굴복하지만 자기를 이해해 주는 자에게는 믿고 자기 뜻을 나타낸다고 들었습니다. 내 비록 죄수들 사이에 있을 때에는 그들 옥리들이 나를 이해해 주지 않았기 때문에 굴복하고 있었으나 당신은 나를 이해하는 바가 있어 속죄금을 내고 나를 풀어준 것으로 짐작합니다. 그런데 당신은 아무 소리 없이 모른 척 예의를 무시하면서 당신 방으로 들어갔습니다. 나를 알아 주시면서도 예의를 무시한다면 나는 차라리 죄수들 속에 있는 편이 낫습니다."

"결례를 용서하십시오. 미처 거기까지는 생각이 못 미쳤습니다. 상객(上客)으로 모시겠습니다."

안영이 재상이 된 뒤였다.

평소에 으스대며 기고만장하던 재상의 마부가 어느 날부터는 갑자기 겸손해지고 조신하며 자신을 겸손되이 낮추는 기색이 역력했다. 안영은 하도 이상해서 그 연유를 물었더니 마부가 자초지종을 설명했다.

재상의 마부는 기세가 대단했다. 누구에게든 자신이 마치 재상이나 되는 것처럼 교만하기 일쑤였다.

마침 재상이 입궐하기 위해 밖으로 나왔다. 그때 마부의 아내가 문틈으로 남편의 거동을 보니 가관이었다. 커다란 일산이 쳐진 재상의 사두마차 위에서 자못 의기양양해 채찍을 휘두르는 남편의 같잖은 행동거지를 보게 된 것이다. 그날 저녁 집으로 돌아온 남편에게 아내가 선언했다.

"분수도 모르는 당신과는 살지 않겠습니다."

"아니, 갑자기 무슨 복장 터지는 소리요?"

"당신의 직책이 무엇입니까?"

"그야 재상의 마부 아니겠소?"

"재상이 아닌 것만은 분명하군요. 재상께선 키가 여섯 자도 안 되지만 일국의 재상 지위에 계십니다."

"무슨 뜻이요?"

"제가 그분의 외출하시는 모습을 살펴보니 천하의 제후들도 두려워하는 그 분인데도 나랏일 때문인지 깊은 수심에 잠긴 듯하였고 몹시 겸양한 모습으로 수레에 오르셨습니다."

"……?"

"그러한데도 당신은 키가 여덟 자나 되면서도 재상은커녕 마부밖에 못된 주제에 시건방을 떨고 으스대는 꼴이라니, 그토록 못난 사람을 어찌 지아비로 모시고 살겠습니까? 그러니까 갈라섭시다."

"아, 그랬군요! 내가 잘못했소. 앞으로는 내 분수에 맞추어 겸손하겠소."

마부의 전후 사정을 전해들은 안영은 고개를 끄덕거린 뒤 한참만에 무거운 말 한마디를 던졌다.

"그대가 자신의 잘못을 뉘우칠 줄도 알고 분수에 맞게 겸손할 줄도 아는 그만큼 훌륭한 사람이다. 내가 대부(大夫)로 천거할까 한다."

태사공은 이렇게 결론지었다.

관중은 세상에서 흔히 말하는 현신(賢臣)이다. 그렇지만 공자는 그를 두고 소인이라 했다. 주(周)의 정도(正道)가 쇠미해진 상황에서 현명한 환공을 도와 어진 왕자(王者)가 되도록 힘쓰지 않고 패자(覇者)의 이름에만 머물게 했기 때문이리라.

안영에 대해서도 말했다.

장공(莊公)이 반역의 신하 최저(崔杼)에게 피살되었을 때 안자는 그 시체 앞에 엎드려 통곡하였다. 그런 예를 마친 후 반역한 신하를 치우지 않고 그대로 가 버렸다. 그렇다면 안자야말로 의(義)를 보고도 행하지 않는 비겁자였을까? 아니다. 그가 주군에게 충성으로 간할 적에 조금도 겁먹은 표정이 아니었던 것을 보면 그야말로 '나아가서는 충성을 다할 것을 생각하고 물러나서는 허물을 고칠 것을 생각한다'는 마음가짐이 아니겠는가. 만일 안자가 오늘날 살아 있다면 나는 그의 마부가 되는 일도 부끄러워하지 않을 만큼 나는 그를 흠모할 것이다.

노자(老子) · 한비자(韓非子) 열전

> 노자(老子)는 인위적인 조작을 하지 않고도 사람들을 자연적으로 감화시켜 태연하면서도 올바른 행동을 하게 하였다. 한비자는 사태를 분석하여 시세가 움직이는 이법(理法)에 따랐다.

노자(老子)의 성은 이씨(李氏)이고 이름은 이(耳)다. 그는 초나라 고현(苦縣)의 여향 곡인리(厲鄕曲仁里, 하남성 녹읍현) 사람으로서 자는 백양(伯陽), 시호는 담(聃)이라 했다.

그는 주(周)나라 왕실 서고의 기록관이었다. 어느 날 공자가 가르침을 받으러 노자를 방문했다.

"예(禮)에 대한 가르침을 주십시오."

"할 말이 없네, 한 가지 얘기해 줄 말이 있기는 있네만 그대가 우러러보는 옛 성인들은 이미 살도 썩어 없어졌어."

"그렇지만 말씀은 남았습니다."

"글쎄. 그게 쓸데없는 빈 말씀뿐이야. 군자라는 작자도 때를 잘 만나면 호화로운 마차를 타고 그 위에서 거들먹대는 몸이 되지만 때를 잘못 만나면, 어지러운 바람에 흐트러지는 산쑥

대강이 같은 떠돌이 신세가 된단 말일세. 그리고 내가 아는 바로는 예를 아는 군자란 때를 잘 만나고 못 만나고의 문제가 아닌 것이오."

"그렇다면 예(禮)란 무엇이지요?"

"내가 알기로는 이런 것 같은데 이를테면 훌륭한 장사꾼은 물건을 깊숙이 감추고 있어 언뜻 봐선 점포가 빈 것 같은 것처럼, 군자란 많은 덕을 지니고 있으나 외모는 마치 바보처럼 보이는 법일세. 그러니 그대는 제발 예를 빙자한 그 교만과 잘난 체하는 병(病)과 헛된 잡념을 버리라는 얘길세. 그대에게 해줄 수 있는 말은 이것뿐이니 그만 가 보게나."

공자는 돌아갔다. 그리고 제자들에게 한숨을 쉬며 말했다.

"새는 잘 날고 물고기는 헤엄을 잘 치며 짐승이란 놈은 잘 달린다는 것쯤은 나도 알고 있다. 달리는 놈은 그물로 잡을 수 있고, 헤엄치는 놈은 낚시로 낚을 수 있으며, 나는 놈은 화살을 쏘아 잡을 수가 있지만, 용(龍)이 되어 바람과 구름을 타고 하늘로 올라가 버리니 나로서도 그것의 행적을 알 길이 없지 않겠나."

"어째서 그런 말씀을……."

"너희들이 예를 묻기에 하는 말이다. 나 자신이 예의 진수를 몰라 노자에게 가서 물었거늘……, 다만 이렇다. 내가 만나 뵌 노자는 마치 용과 같은 분이었다. 그리고 그 분은 모름지기 무위(無爲)의 도(道)를 닦으신 분인 것 같다."

역시 노자는 자신을 숨김으로써 이름이 나지 않도록 애썼다.

오랫동안 주나라에 있었으나 나라가 쇠약해진 것을 보고 드디어 그곳을 떠나 관(關)에 이르렀는데 그곳을 지키는 관령 윤희(尹喜)가 노자를 붙들고 간곡히 아뢰었다.

"선생님, 진정 은둔하시려 합니까?"

"그럴까 한다."

"언제 뵙게 될지도 모르는데 저를 위해 무슨 말씀인들 주시고 가십시오."

"허어, 이런 변고가 있나. 나로서는 아무런 줄 것이 없다네."

"그렇더라도 '무위(無爲)'의 '도(道)'는 있을 거 아닙니까?"

"그놈 말 잘하네. 옛다, 이거나 가져라. 그나마 태워버릴 작정이었는데……."

그것이 바로 도덕의 깊은 뜻을 5천여 자로 새긴 『도덕경(道德經)』이다. 그 이후로 아무도 그의 최후를 알지 못했다.

노자는 오직 숨어 살았던 군자이기 때문에 그 진위를 추측하는 자의 입장일 뿐이다.

그리고 노자는 인위적으로 작위하지 않으면서도[무위(無爲)] 사람들로 하여금 스스로 교환케 하고 조용하게 있으면서도 사람들이 저절로 올바르게 되도록 가르친 인물임에는 틀림이 없다.

장자(莊子)는 『어부(漁夫)』, 『도척(盜跖)』, 『거협(胠篋)』 등의 글을 지어 공자의 무리들을 비판하면서 노자의 가르침을 밝힌 사람이다.

몽(蒙) 사람으로 이름은 주(周)다. 일찍이 칠원성의 관리가 되었는데 양(梁)의 혜왕(惠王) 혹은 제의 선왕(宣王) 시대 사람이다.

그의 학문은 좌충우돌하는 가운데 나름대로 무척 박학다식하면서 결국 그 요점은 노자의 학설로 귀착된다. 10만여 자의 저술은 노자의 가르침에다 자신의 설명을 덧입힌 우화(寓話)로 일관하고 있다.

'외루허(畏累虛)'라는 산이름이나 '항상자(亢桑子)'라는 인명 등에 관한 이야기는 모두 가공적인 것이었으나 문장을 잘 엮었을 뿐만 아니라 세상 인정을 교묘히 이용해 유가나 묵가(墨家)를 절묘하게 공격했으므로 당대의 어떤 대학자라 할지라도 그의 비판을 벗어날 길이 없었다.

그의 언사는 너무도 광대했고 자유분방했으며 아무한테서도 구애받지 않았다. 그렇기 때문에 왕공(王公)이나 대인(大人)들로부터 미움을 받았다.

초의 위왕(威王)이 장주(莊周)가 현인이라는 소문을 듣고 사자에게 후한 선물을 들려 재상으로 모시고자 하였다.

장주는 웃었다.

"자네, 교외에서 지내는 천제(天祭)에서 희생(犧牲)되는 소를 본 적이 있는가?"

"그 소를 몇 년 동안 잘 먹이고 수놓은 옷을 입혀서 호화롭게 사육하지요."

"아무리 그렇지만 끝내는 종묘(태묘)로 끌려들어가서 죽게 되지. 그때를 당해 죽기 싫다며 갑자기 돼지새끼가 되겠노라 아우성을 친다 한들 소가 돼지로 변하던가?"

"……?"

"어서 그냥 돌아가게. 나를 더 이상 욕되게 하지 말고."

"하지만……!"

"차라리 나는 더러운 시궁창에서 유유히 놀고 싶다네. 왕에게 얽매인 존재는 되기 싫으이. 못 알아듣겠는가? 죽을 때까지 벼슬 같은 것은 하지 않고 마음대로 즐기며 살고 싶단 말일세."

신불해(申不害)는 『신자(申子)』를 저술했는데 경현(京縣, 하남성 형양) 사람이다.

원래는 정(鄭)나라에서 미관말직에 있었으나 법가(法家)의 학, 형명(刑名, 관리 임용시 그 의논과 실제의 일치 여부를 간파하는 군주를 위한 정치학) 법술(法術)을 배워 한(韓)의 소후(昭侯)에게 청하였고 소후 또한 그를 등용하여 재상으로 삼았다.

신자(신불해)는 안으로 정치와 교육을 정비하고, 밖으로는 제후들과 교류하기를 15년, 그가 죽을 때까지 나라는 잘 다스려지고 병력은 막강하여 한나라를 침략해 오는 나라가 없었다.

신자의 학문은 황제(黃帝)·노자(老子)에 기본을 두었지만 형명(刑名)의 내용을 주로 하였다.

한비자(韓非子)는 한(韓)나라 공자 가운데 한 사람이다.

그는 날 때부터 말더듬이었기에 유세(遊說)에 어려움을 알고 글짓기에 열중했다. 법가의 학, 형명(刑名)과 법술(法術)의 학문을 즐겼으며, 학문의 바탕은 역시 황제·노자의 도가(道家)에 두었다.

진왕(秦王, 후에 진시황)이 어느 날 승상인 이사(李斯)에게 그에 대해 물었고 그를 초청할 것을 명했다.

"그대는 한비(韓非)라는 인물에 대해서 아시오?"

"네에, 잘 압니다. 성악설(性惡說)을 주창하신 스승 순경(荀卿, 순자(荀子)) 아래서 동문 수학했습니다."

"그러하오. 짐이 그의 책 『고분(孤憤)』과 『오두(五蠹)』를 읽었는데 내가 그와 사귈 수만 있다면 죽어도 한이 없겠소."

"한비자는 『내외저(內外儲)』, 『세림(說林)』, 『세난(說難)』 등을 십만 글자로 저술했는데, 그 중에서도 『세림(說林)』 12장은 꼭 익힐 만한 사항입니다. 그 내용은 대강 이렇습니다.

1. 무릇 유세(遊說)의 어려움은 내 지식이 불충분하여 상대를 설득시키기 어렵다는 것이 아니며, 내 변설이 서툴러 의견을 밝히기 어렵다는 것도 아니고 내 용기가 부족하여 감히 못하는 것도 아니다. 문제는 상대의 심정을 파악해 내 주장을 거기에 석중시키는 데에 있다.
2. 높은 명성을 얻고자 하는 상대방에게 큰 이익을 얻도록 설득했다가는 절조(節操)와 견식이 낮고 천박한 인물로 취급되기 십상이다. 반대로 큰 이익을 탐하는 자에게 명성을 높이도록 설득했다가 세상 물정에 어둔 자라며 멀어질 것이다. 속으로는 후한 이득을 얻고자 바라면서도 겉으로는 높은 명성을 원하는 척하는 자에게 높은 명성을 설득하면 받아들이는 척하면서도 실제로는 멀리하며, 큰 이익을 얻도록 설득하면 가만히 그 내용을 속으로만 챙긴 뒤 그 사람을 버린다.
3. 무릇 만사는 은밀히 진행함으로써 성취되고 말이 새어 나감으로써 실패한다. 설사 유세자가 상대방의 비밀을 들출 의도가 전연 없으면서도 부지중에 상대의 비밀을 언급하면 유세자의 신상은 위태롭다. 상대자 과실의 단서가 엿보일 때 유세자가 주저 없이 잘못을 들추어내면 비록 그 논의가 정당하더라도 역시 본인 자신의 신상은 위태롭다.
4. 아직 충분히 신임을 받지 못하고 혜택을 입을 경우도 아

니면서 온갖 지식과 지혜를 기울여 설득하면 설사 상대가 그 설을 실행하여 공이 있었다 할지언정 그는 덕을 입었다고는 생각하지 않는다. 그 말을 실행하지 않아 실패하였을 경우에는 오히려 상대는 유세자의 말을 채택하지 않아 그가 방해하지 않았나 하는 의심을 받게 되는데 이런 경우에도 자신의 신상은 위험하다.

5. 어떤 기획안을 제출한 귀인이 자기의 공적을 독점하려 하고 있는데 유세자가 그것을 먼저 인지하여 관계하게 되면 신상에 해롭고, 상대가 겉으로는 어떤 일을 하고 있는 것처럼 보이면서 실은 다른 일을 계획하고 있을 때 유세자가 그런 사정을 알고 있어도 신상이 좋지 않고, 귀인이 이것만은 하고 싶지 않다는 생각을 하고 있을 때 유세자가 실행을 강요하거나 어떤 경우에도 그만두고 싶지 않은 일을 억지로 그만두게 하면 역시 유세자의 신상은 위태롭다.

6. 군주를 상대로 명군현주(明君賢主)를 논하면 자기를 헐뜯는다는 오해를 받게 되며, 우자(愚者)에 관해 논하면 남을 헐뜯음으로써 자기의 장점을 돋보이게 하려 한다는 오해를 받는다. 군주가 총애하는 자를 칭찬하면 아부한다는 오해를 받고 미워하는 자를 헐뜯으면 얼마나 미워하는가를 시험하고 있다는 오해를 받는다.

7. 말을 간결하게 하면 무지하다며 무시하고 광범위하게 예

증을 많이 들면 그 장관설에 싫증을 낸다. 사실에 입각해 조심스럽게 의견을 말하면 자기의 논설을 피력하지 못하는 소심한 비겁자라 오해받고, 대담하고 거침없이 단도직입적으로 말하면 예의도 없는 거만한 무식한 놈으로 취급받는다.

8. 무릇 유세의 요령은 군주의 장점을 칭송하고 그 단점을 건드리지 않는다. 군주가 자신의 계획이 지혜롭다고 여기고 있을 때 구태여 그 결점을 지적해 궁지로 몰지 말아야 한다. 군주가 용기 있는 결단이라 생각하고 있을 때 구태여 반대 의견으로 화나게 해서는 안 된다. 군주가 자신의 실력이 위대하다고 믿고 있을 때 구태여 군주의 미력함과 곤란한 점을 들추지 않는다.

9. 군주가 어떤 계획을 갖고 있을 때 다른 일로 같은 계획안을 가지고 있는 자를 칭송하고, 군주와 같은 실패를 한 사람이 있으면 그것은 실패도 아무것도 아니라며 뚜렷이 감춰 준다. 군주의 뜻한 바를 거역하지 말며 군주의 말을 공격하거나 배척하지 않고 비위를 잘 맞춰두면 훗날 자신의 변지(辯知)를 떨칠 수 있게 된다. 이것이 군주와 친근하게 되어 의심을 받지 않고, 하고 싶은 유세를 다할 수 있는 길이다. 이렇게 해서 세월이 지나면 군주의 신용과 은택도 두터워지게 마련이니, 깊고 큰 계획을 올려도 의심받

지 않으며, 군주와 마주앉아 간사(諫事)해도 죄 받지 않으니, 그때 국가의 이해를 분명히 따지면 공적은 내 것이 되고 사물의 시비를 솔직하고 사실대로 지적할지언정 작록을 얻는다. 이같이 군주가 의심하지 않고, 죄 주지 않으며 공적을 내 것으로 하여 작록을 받는 데까지 이르면 그 유세는 성공이다.

은나라 탕왕의 재상 이윤(伊尹)은 탕왕을 만나기 위해 요리사로 변신했고, 백리해(百里奚)가 노예였던 것은 임금에게 등용되기 위한 수단이었으므로 부끄러운 행위가 아니다.

10. 송(宋)나라에 한 부자가 있었는데 비가 내려 담장이 무너졌을 때 그의 아들과 이웃집 주인이 담을 다시 쌓지 않으면 도둑이 든다는 말을 했다. 과연 밤에 도둑을 맞았는데 주인은 아들의 선견지명(先見之明)을 칭찬했고 이웃집 주인을 도둑으로 의심했다.

11. 위(衛)나라 군주 영공(靈公)의 총애를 받던 미소년(美少年) 미자하(彌子瑕)가 모친의 병이 위독하다는 연락을 받고, 군명(君命)이라 속이고 군주의 수레를 몰래 끌고 나갔다. 위나라 법률에는 허가 없이 군주의 수레를 탄 자는 월형(刖刑, 발꿈치를 자르는 형벌)을 받도록 되어 있었지만 월형을 감수하면서까지 효성을 다했다 하여 미자하는 오히려

군주로부터 칭찬을 받았다.

하루는 군주를 따라 과수원에 갔다가 맛있는 복숭아를 먹다 말고 너무나 맛이 있어 군주에게 올리자, '미자하는 나를 사랑하여 제 입맛을 참고 나에게 주는구나' 하며 더욱 사랑했다.

그러나 세월이 흘러 군주의 총애를 잃었을 때 미자하는 아주 사소한 죄를 지었다. '그놈은 일찍이 나를 속여 수레를 탔고 먹다 남은 복숭아를 내게 먹인 놈'이라며 군주는 이제까지의 죄를 한꺼번에 몰아 참형에 처했다.

12. 군주에게 사랑을 받으면 그 지혜가 군주의 마음에 들 것이고, 미움을 받으면 죄를 얻어 더욱 멀어진다. 그러므로 간언하고 유세하려는 자는 군주가 자기를 사랑하는가 미워하는가를 잘 살핀 후에 해야 할 일이다.

용이라는 짐승은 잘 길들여 친하면 등에도 탈 수 있으나 목에 붙은 한 자 가량의 '역린(逆鱗)'을 건드리면 반드시 사람을 물어 죽인다. 인간사에게도 역린이 있거늘 군주의 역린을 건드리지 않는 그의 삶은 성공한 것이다. 등등 입니다."

"실로 다 할 수 없이 절묘하구려!"

진왕은 한비의 저작(著作)에 감탄했다.

"하오나 한비의 다른 저서를 보면 유가(儒家)인 순자(荀子)의 문하에서 저와 함께 배웠으나 그는 유가와 정반대로 갔습니다. 즉 인정(人情)의 개입을 철저히 배격하는 그의 형명법술(刑名法術)은 차라리 살벌하기까지 합니다."

"그게 더욱 좋소. 그를 불러 오시오."

"한 가지 계교가 있는데 한비를 그리워하여 한(韓)을 치신다 소문을 내십시오. 그러면 그가 반드시 사자(使者)로 올 것입니다. 이사의 말에 진왕은 무릎을 쳤다.

"묘책이오."

진왕은 한비 때문에 한(韓)나라를 친다는 소문만 낸 것이 아니라 실제로 군사를 내었다.

한에서는 다급했다.

"한나라는 약하고 진은 강대하오. 위태로움을 일시라도 모면하려면 진왕이 요구하는 한비를 사자로 보낼 수밖에 없소."

한비는 그동안 한왕에게 여러 형태로 충간을 해도 들어주지 않았다.

"나라를 통치함에 있어 법제를 정비하고 군주로서의 권세를 쥐고, 그 신하를 제어하고 나라를 부강하게 하고 병력을 강하게 하기 위해서는 현명한 인재를 찾아 임용해야 함에도 불구하고 도리어 경박하고 음탕하고 독충 같은 소인배들을 쓰니 울화통이 치민다. 곧 유자(儒者)는 문(文)으로서 국법을 어지럽히는 자이며 협객의 무리들은 무(武)로써 금령(禁令)을 범하는 자이다. 그런데 군주는 평상시에 명예로운 유자만을 총애하고 비상시에 갑옷 입은 무사를 등용한다. 이래서는 평상시에 후대하여 양성한 자는 비상시에 쓸모가 없고, 비상시에 쓸모가 있는 자는 평상시에 후하게 대접한 바가 없기 때문에 국력이 쇠퇴한 것이다."

한비는 등용되지 못한 한을 품고 있었다. 단 한 가지만의 계책도 들어주지 않는 한왕(韓王)을 원망하면서 진나라로 들어갔다.

"거기에는 친구 이사가 있다. 진왕은 야망이 크며 현명하다. 나를 필히 크게 쓸 것이다……."

한비의 짐작은 옳았다. 진왕은 한비의 내방을 크게 기뻐하면서 중용할 계획을 세우며 그를 위해 매일 잔치를 열었다.

그때 이사는 재상이 되어 있었는데 한비의 중용이 기정사실화 되어 가자 더럭 겁이 났다.

'이것은 얘기가 다르다. 설마 한비가 중용되리라고는 꿈에도 생각지 못했다. 나는 그의 우수한 재능을 안다. 실상 나는 그의 발바닥에도 미치지 못한다. 진왕은 그의 재주를 미리 알아보고 있다. 그의 됨됨이에 반해 국정을 온통 맡길 심산인 것 같다. 한비의 출세는 곧 나의 파멸을 의미한다. 그를 제거할 방법이…….'

그즈음 구경(九卿) 중의 한 사람인 요가(姚賈)가 찾아들었다.

그 역시 한비의 뛰어난 재능을 알고 있어 자리를 빼앗기지 않을까 전전긍긍하고 있는 중이었다.

"승상, 어찌하실 참이오?"

"대왕의 신임이 저토록 두터우니 나로서도 별 수가 있겠소!"

"그렇지가 않습니다. 대왕의 믿음이 아직은 한비에게 미치지 못했으니, 대신들이 모두 합해 한비는 진을 위하지는 않고 한(韓)만을 위할 것이다. 그리고 한비가 대왕 욕보이는 말을 하더라는 소문을 대왕 귀에 들어가도록 슬쩍 흘려 놓는 거지요."

"어떤 내용의 소문?"

"한비가 이러더라 '진왕의 사람 됨됨이는 콧마루가 우뚝하고 눈꼬리가 길게 찢어져 자못 영웅의 기상으로 보이나, 실은 독수리처럼 가슴이 튀어나오고 목소리가 새된 소리로 승냥이 같아 남에게 은덕을 끼칠 관상이 못된다. 호랑(虎狼)과 같은 잔인한 마음을 가지고 곤궁했을 때에는 자신을 거침없이 낮추고, 뜻을 얻었을 때는 남을 경멸하여 가차 없이 잡아먹었다. 나는 지금 무위무관(無爲無官)의 필부에 불과한 데도 진왕은 나를 보면 언제나 자신을 낮추니, 이는 필시 진왕이 천하를 호령하는 뜻을 얻었을 때 나를 잡아먹겠다는 조짐이 아니고 무엇이겠는가? 라고 소리쳤다는 소문을 그럴 듯하게 내는 겁니다."

"대왕께서 그런 풍문을 믿어 주시는가가 문제겠지요."

"그야 정당(政堂)에서 조회가 열릴 때마다 이구동성으로 한비를 대놓고 비방하면 대왕께서도 별 수 없이 그를 의심하여 등용시키지는 않겠지요."

자리에서 일어나 밖으로 나가던 요가는 입가에 잔잔한 미소를 띠고서 이사를 돌아보며 이렇게 말했다.

"만일에 한비가 죽게 되면 유세의 어려움을 설파하고서도 끝내 자신만은 비명에 죽어 『세난(說難)』의 어려움을 헤쳐 나오지 못한 신세가 되는 구려……"

다음 날부터 한비를 비난하는 목소리들이 열화와 같자 천하의 진왕도 어쩔 수 없이, '그의 죄가 무엇인지 다루기 위해 우선 감옥에 가두라' 명했다.

한편 이사는 서둘러서 독약을 옥중으로 보냈다. 한비를 지극히 아끼는 진왕의 마음이 변하기 전에 그를 해치우는 것이 옳다고 여겼기 때문이다.

한비는 자신의 억울함을 호소할 데도 없이 자신을 위해 매일 잔치를 열던 대왕도, 동문수학한 친구의 얼굴도 보지 못한 채 하늘을 우러러 슬픔을 토하고 독배를 들었다.

"나 한비는 먹줄을 친 것처럼 분명하고 깔끔하게 법규를 제정하여 모든 세상사 인정(人情)이 절실하였다. 그러나 아무도 시행하지도 않는 법제를, 시비(是非)의 별(別)을 분명히 갈라놓아 궁극적으로는 너무 각박하여 인정미가 없다는 죄 하나로 나는 죽는가, 다만 『세난』을 저술했으면서도 내 자신의 화는 벗어나지 못했음을 못내 통탄할 따름이다!"

 며칠 후 진왕은 역시 한비를 투옥시킨 것에 후회하고 사자를 보내 그를 사면코자 하였다. 그러나 그는 이미 죽고 없었다. 그 후 진왕의 정책은 한비의 학설에 많은 영향을 받고 있었다.

 태사공은 이렇게 결론을 맺었다.

 노자(老子)가 존귀하게 여기는 도(道)라는 것은 허무(虛無)이다. 자연에 순응하여 그 변화에 따른다. 그의 글과 말에는 미묘하여 해독하기가 어렵다.

 장자(莊子)는 그(노자) 도덕을 넓혀 자유분방하게 논했는데, 그 요체는 결국 무위의 자연으로 돌아가자는 것이다. 신자(申子)는 도덕을 손쉽게 현실에 맞추어 형명(刑名)·법술(法術)에 적용했다.

 한비자(韓非子)는 너무나 깔끔하게 법규를 제정하고 시비의 분별을 분명하게 갈라놓았으나 너무 가혹하여 은혜가 없었다. 이들은 모두 도덕에 근원을 두고 있는 학설이지만 노자의 사상은 쉽게 헤아릴 수 없이 깊고 오묘하다.

사마양저(司馬穰苴) 열전

고대 왕자(王者) 때 사마병법(司馬兵法)이 널리 퍼져 있었다. 양저(穰苴)는 이 병법을 충분히 부연해 밝혔다.

제(齊)의 경공(景公) 때 진(晉)이 산동성의 동아현과 견성현인 아(阿)와 견(甄)을 치고 연(燕)이 황하 남안 하상(河上)을 침략해 오자 경공은 어찌할 줄을 몰랐다.

이에 안영(晏嬰)이 경공에게 전양저(田穰苴)를 천거했다.

"그는 어떤 사람이오?"

"전씨네 첩의 소생입니다만 그의 문장(文章)은 만인의 마음을 사로잡습니다."

"전쟁을 문장으로 치를 수 있겠소?"

"무술 솜씨 또한 적을 떨게 합니다."

그렇게 되어 양저가 경공 앞으로 불려왔고 군사(軍事)를 의논해 보니, 그의 계략이 뛰어났다. 경공은 크게 기뻐하며 그를 장군으로 삼았다.

"저를 일개의 서생(書生)에서 곧바로 대부의 자리에 앉히시면 본시 미천한 몸이라 비록 장군의 직위에 있더라도 백성들이 믿지 않으며 더구나 병사들은 제 명을 따르지 않을 것입니다. 그러니 주군께서 총애하시고 백성들로부터 존경받는 인물을 골라 군대를 총감독케 하는 감군(監軍)으로 삼아주십시오."

"그러면 장가(莊賈)를 데려가도록 하시오."

연나라와 진나라를 치기 위한 출전에 앞서 양저는 장가한테 단단히 일렀다.

"내일 정오까지 군문(軍門)에서 만납시다. 한시가 급하니 꼭 나오셔야 합니다."

"그렇게 해도 되겠지요?"

"아닙니다. 약속은 분명해야 합니다. 시간을 엄수해야 합니다."

"그렇게 해봅시다."

장가는 심드렁하게 대꾸했다.

이튿날 일찍 양저는 군문으로 달려갔다. 나무 기둥을 세워 해시계를 만들고 물시계를 만들어 물방울 떨어지는 것을 재며 감군 장가를 기다렸다.

장가는 원래 교만했다. 더구나 왕의 총애를 받는 몸인지라 양저 따위는 처음부터 아예 무시했다.

"제까짓 게 뭔데. 나더러 이래라저래라 명령을 내리는 거야. 더구나 나는 감군(監軍)일 뿐이고 진짜 장군은 자기가 아닌가."

장가는 서두르지 않았다. 측근 및 친척들이 부어주는 송별주를 마시며 한없이 미적거렸다.

양저는 기다렸다. 정오가 지난 지 이미 오래였고 해가 뉘엿뉘엿 넘어가고 있었다. 양저는 해시계로 썼던 나무를 쓰러뜨리고 물시계로 쓰던 단지의 물도 쏟아버리고 군사들이 하루 종일 사열해 있는 진중으로 돌아갔다.

양저는 출전에 앞서 진지를 순시하고 병사를 점검하고 군령을 거듭거듭 밝혔다. 그만큼 이번 전쟁은 제의 운명을 가를 예측불허의 전투가 될 것이 너무나 자명했다.

장가는 저녁 늦게야 비틀대며 진지에 도착했다.

"그대는 약속을 어기고 늦었소이다. 감군이란 직위는 장군과 똑같다는 것을 모르오?"

양저는 정색하고 말했다.

"일이 그렇게 됐소. 높은 양반들과 친구들이 송별주를 부어주는데 박정하게 어찌 마다하고 그냥 떠나올 수 있겠소."

"무릇 장(將)이란 명령을 받으면 그 시각부터 집을 잊어버리고, 진영에 나아가 군령이 확정되면 그 육친을 잊어버리며, 채를 들어 북치는 소리가 급하면 자기 몸을 잊어버리는 법이오."

"미안하게 됐다고 했잖소."

"지금 적군은 우리 땅에 깊숙이 침투해 나라가 들끓고 병사들은 비바람과 싸우며 국경에서 잠을 못 이루고, 주군께서조차 편한 잠자리에 들지 못하신 채 음식을 들어도 걱정으로 그 맛을 모르는 바요."

"그러니까……."

"이런 판국에 송별연이 다 뭐요. 여봐라! 군법무관 군정(軍正)을 불러라!"

이때 군정이 달려 나왔다.

"그대 군법에 기약한 시간 약속을 어긴 자는 어떻게 해야 한다고 되어 있는가?"

"참(斬)에 해당합니다."

"분명히 목을 베라 쓰였겠지?"

"네, 그렇습니다."

"그렇다면 어서 형틀을 준비해라!"

양저의 서슬 퍼런 명령에 장가는 더럭 겁이 났다. 제 종자를 경공에게 보내어 구원을 청했다.

그러나 양저는 장가의 종자가 돌아오기 전에 가차 없이 장가의 목을 베어 삼군(三軍, 전군)에 조리 돌렸다.

삼군의 사졸들은 두려워 모두 벌벌 떨었다.

얼마 후 경공이 보낸 사자가 부절(符節, 왕의 표찰)을 들고 말을 달려 진중으로 들어왔다.

"장가를 용서하라는 어명이오!"

그러나 양저는 눈 하나 깜짝하지 않았다.

"군영에 있는 장군은 주군의 명령이라도 듣지 않는 수가 있다! 그리고 군정! 군영에서 말을 달려도 되는가?"

"아니 됩니다. 군법에서는 참에 해당합니다."

"그렇지만 왕의 사자는 죽일 수가 없다. 그대신……."

양저는 사자의 마부와 수레의 왼쪽 곁말을 베어 삼군에 조리 돌린 후 말했다.

"사자는 돌아가 그대가 본대로 왕께 사실을 아뢰어라."

그제야 양저는 위풍당당하게 군대를 몰아 출격했다.

양저는 사졸의 숙사나 우물과 아궁이와 음식에 이르기까지 철저하게 감시 감독했다. 병든 군사를 문병하고 약을 챙겨주며 장군으로서 받는 양식을 풀어 병졸과 똑같이 먹고 마시었다.

사흘이 지나자 군사들의 사기는 충천했다. 병자들까지도 일어나서 앞다투어 출전을 희망했다.

"양저 장군을 위해서라면 목숨을 버려도 좋다!"

진(晉)과 연(燕)의 군사들은 제의 불같은 투혼을 보고 두려움에 떨며 풀이 죽어 있었다.

"제의 사기가 하늘을 찌르니 싸워보았자 죽음뿐이다. 황하를 건너 달아나자."

양저는 군사를 독려해 양군을 추격하여 잃었던 제의 옛 땅을 깨끗이 회복했다.

양저는 군사를 이끌고 도읍인 임치(臨菑)에 다다랐다.

"군대는 잠깐 머물거라. 그리고 군정은 듣게, 주군이 도성에 계시다, 군법에 군대를 몰아 도읍으로 들어갈 수 있는가?"

양저의 뜻밖의 물음에 군정은 머뭇거리다 대답했다.

"원칙으로는 반역입니다만……, 개선군의 입성은 예외로 합니다."

"임금 앞에서 예외는 없다. 설사 반역의 군대가 아닐지라도 이런 일로 주군께 오해 받을 짓을 해서는 안 된다."

"군령을 거두고 군의 편성을 여기서 푸실 겁니까?"

"그렇다. 그리고 충성을 맹세한 다음에 도성으로 들어간다. 도읍을 방위하는 군사 이외에는 다른 군대가 입성할 수 없는 게 상례 아닌가?"

경공이 그 소식을 들었다. 경공은 내부들과 힘께 교외로 나아가 개선군을 맞이하며 군사들을 위로했다.

"그대의 충성심을 높이 사오. 벼슬을 높여 삼군 총사령관 대사마(大司馬)에 임명하오."

그 이후로 전양저의 전(田)씨는 제나라에서 더욱 존중되었다. 그렇게 되자 대부들인 포씨(鮑氏)·고자(高子)·국자(國子) 등의 무리들이 양저를 시기했다.

그들이 양저를 끊임없이 중상모략하자 경공도 어쩔 수 없이 양저를 내쳤다. 양저는 화근이 병이 되어 죽었다.

그 후 전씨(田氏) 일족은 고씨·국씨 일족을 모조리 주살하고 제의 위왕(威王)에 올랐다.

위왕(威王)은 대부들에게 옛날 사마들의 병법을 논하게 하고 양저의 병법을 덧붙여『사마양저 병법(司馬穰苴兵法)』이라 이름하였다.

손자(孫子)·오기(吳起) 열전

신(信)·염(廉)·인(仁)·용(勇)의 인간이어야 비로소 그 사람이 전하는 병법이나 그가 논하는 검법(劍法)이 대도(大道)와 합치하며, 수신(修身)의 수단인 동시에 임기응변의 동작이라 이름할 수 있다. 그것은 군자가 덕을 비교할 때 기준이 되기 때문이다.

제(齊)의 손자(孫子)는 오왕(吳王) 합려(闔廬)와 만나 손자의 병법(兵法)에 대해 이야기하고 있었다.

"그대의 병법 13편을 다 읽었는데 감탄했소. 그러나 책에 써 있는 이론과 실제에 있어 맞아떨어질지 그게 궁금하오."

"그야 물론 이론과 실제가 똑같지요."

"아, 그렇습니까? 한번 군대를 지휘하는 것을 볼 수 있을까요?"

"좋습니다. 그럼 어떻게 보여드릴까요?"

"훈련된 군인이 아니라 궁궐 속에만 갇혀 있는 아녀자들을 가지고도 지휘가 가능합니까?"

"대왕의 후궁들을 데리고서도 가능합니다."

"그래요?"

합려의 눈은 호기심에 불타 있었다. 손무 또한 합려의 허락을 받아 180명의 후궁을 연병장으로 불러냈다.

손무의 시험무대가 펼쳐진 것이었다. 그러나 그것은 손무에게나 오왕 합려에게나 둘 다 모험이었다.

손무는 우선 180명의 후궁을 두 부대로 나누어 합려가 가장 총애하는 후궁 둘을 그 대장으로 삼고 모두에게 쌍날창을 들게 하여 정렬시켰다.

"폐하! 우선 저에게 대장군의 부월(斧鉞, 작은 도끼와 큰 도끼)을 내려주십시오."

"그건 부하들의 생살권(生殺權)을 상징하는 물건이 아니오?"

"그렇습니다. 군문(軍門)에 장난이란 있을 수 없으며 왕께서 대장검(大將劍)을 내리시지 않으면 군령(軍令)이 서지 않습니다."

"좋도록 해 보시오."

오왕은 마지못해 부월을 내렸다. 손무는 그제야 후궁들 앞으로 다가갔다.

"자, 듣거라! 너희들은 가슴과 등, 오른쪽의 우(右)와 왼쪽의 좌(左)를 알고 있는가?"

"호호호, 물론 알고 있습니다."

저마다 다른 음색의 화려한 대답이었다.

"좋다. 내가 '앞으로!' 하고 외치면 가슴 쪽을 향하고, '좌로!' 하면 왼쪽, '우로!' 하면 오른쪽을, 그리고 '뒤로!' 하면 등 쪽을 향한다."

그렇게 손무는 똑같은 내용을 세 번씩 반복하여 되풀이하고 다섯 번을 설명했다. 그리고 나서 손무는 군고(軍鼓)를 쳐서 '우로!' 하고 외쳤다.

후궁들은 까르르 웃기만 할 뿐 아무도 명령을 따르지 않았다. 손무는 그녀들에게 다시 말했다.

"약속이 분명치 않고 호령이 익숙해지지 않은 것은 장수의 책임이다."

그러면서 손무는 다시 명령을 세 번 되풀이하고 다섯 차례나 똑같은 내용을 설명하고 나서 군고를 치며, '좌로!' 하고 큰 소리로 호령했다.

역시 후궁들은 웃기만 할 뿐 아무도 손무의 명을 따르려 하지 않았다. 손무는 다시 태도를 바꿔 정색하고 호령했다.

"약속이 분명치 않고 호령이 절저하시 못한 것은 장수의 책임이다. 그러나 군령이 정확하게 전달되었는데도 병사들이 움직이지 않는 것은 각 대장(隊長)의 책임이다. 응분의 벌을 받아야 한다."

손무는 부월을 들어 좌우 두 대장의 목을 치려했다.

누대 위에서 구경하던 오왕은 깜짝 놀랐다.

"잠깐! 그대는 지금 어찌하려는 것이오?"

"군령을 어겼기로 목을 베려는 것입니다."

"이제 장군의 용병술이 탁월하다는 것을 알았소. 그러니 제발 그 두 후궁을 살려 주시오. 그녀들은 내가 가장 어여삐 여기는 자들이니 한번 봐 주시구려."

"안 됩니다. 저는 이미 대왕의 명으로 장수가 되었습니다. 장수가 군영에 있을 때에는 왕의 명령이라도 받지 않을 수가 있습니다."

손무는 말이 떨어지기가 무섭게 두 대장의 목을 도끼로 내리쳤다. 눈 깜짝할 순간이었다.

"아니, 저자가!"

혼비백산, 넋이 나간 것은 오왕뿐만이 아니었다. 누대 위에서 아래를 굽어보던 대부들은 말할 것도 없고 연병장에 살아남은 후궁들도 사색이 되어 있었다.

"자! 다시 한다. 이번에는 차석 후궁들이 대장으로 나서라."

손무는 다시 북을 치며 호령했다. 그러자 이번에는 앞으로, 뒤로, 오른쪽 왼쪽, 꿇어앉고 일어서기를 한 치 빈틈없이 명령대로 일사분란하게 이루어졌다. 자로 재고 먹줄을 친 것처럼 대오가 정연하며 군소리 하나 들리지 않았다.

얼마 후 누대를 바라보니 오왕과 대부들은 자리를 뜨고 거기에 없었다.

"군대의 기강이 온전히 잡히고 군령이 이제야 정돈되었습니다. 왕께서 친림하시어 직접 시험해 보시라 하십시오. 저들은 이제 물불을 가리지 않고 뛰어들 것입니다."

그러나 오왕한테서는 손무에게 다른 전갈이 왔다.

"장군께서 어서 훈련을 끝내시고 숙소에 가서 편히 쉬시라 하셨습니다."

그러자 손무가 손사래를 치며 외쳤다.

"이제야 알 것 같소. 오왕께선 군사 쓰는 데 있어(용병(庸兵)) 한낱 안방 이론만 좋아하실 뿐 실제 전장의 용병술은 좋아하지 않으시는구려."

손무는 실망하여 보따리를 쌀 궁리에 젖어 있었고 오왕의 충신은 나름대로 애를 쓰고 있었다.

"대왕! 고정하십시오. 계집은 많습니다. 그러나 손무의 용병 능력은 탁월합니다. 대왕께서 천하의 패자가 되시고자 한다면 손무의 힘을 빌리십시오."

오왕은 화를 누르고 측근의 충산을 받아들여 (다른 곳에서는 오 자서로 나타남) 손무를 대장군으로 등용했다.

그 후 오왕은 손무의 활약에 의해 초(楚)의 도성 영(郢)을 정벌하고 뼈대 높은 제(齊)와 신흥제국 진(晉)을 위협하여 각 제후들 사이에 명성을 떨쳤다.

손무가 죽은 후, 백여 년이 지나 손빈(孫臏)이 나타났다. 그는 일찍이 방연(龐涓)과 함께 병법을 배웠다.

방연은 그때 위(魏)의 혜왕(惠王)을 섬겨 장군이 되어 있었다.
　"어찌하면 좋을까? 손빈이 있는 한 위의 혜왕을 천하의 패자로 만들 수가 없다. 나로서는 손빈을 당할 수가 없다. 그를 제거할 방법을 찾아야겠는데……."
　손빈은 자기가 연구한 병법에 대한 완성을 기하기 위해 각지의 전쟁터를 살펴보고 자신의 병법을 실전에 응용해 보기도 하며 자신만의 독특한 병법을 새롭게 완성해 놓은 단계였다.
　아니 어쩌면 자신이 연구한 병법을 동문수학한 가장 절친한 친구 방연에게 전달하고자 자신이 그렇게 노력했는지도 모른다.
　그때 방연한테서 '한 번 찾아와 달라'는 전갈이 왔다.
　친구의 정중한 초대라 손빈은 기꺼이 즐거운 마음으로 위나라로 달려갔다. 그러나 손빈은 방연을 만나기도 전에 '하늘이 놀라고 땅이 흔들리는', 경천동지(驚天動地)할 일을 겪게 된다.
　"무슨 짓이냐? 방연 대장군의 초대로 찾아온 손님이다!"
　"멍청하기는 이것이 바로 방장군의 대접인 줄이나 알아라!"
　옥리(獄吏)의 대답이었다.
　손빈은 두 다리를 잘리고 얼굴에는 먹물이 찍혔다.
　"얼마 뒤엔 옥사할 테지. 설사 살아남는다 해도 저런 몰골로 세상에 나타나진 않겠지."
　방연은 회심의 미소를 지었다.

어느 날 손빈은 옥문 밖에서 요란하게 달려가는 수레바퀴 소리를 들었다.

"사두마차(四頭馬車)인 듯한데 누구의 행차요?"

손빈은 옥리에게 무심코 물었다.

"제나라에서 온 사신인 듯하오."

손빈에게 번쩍 스치는 묘안이 떠올랐다. 제나라는 자신의 고국이었다.

"당신한테 황금 2백 금을 줄 테니 그분을 좀 만나게 해줄 수 없겠소?"

"당신이 무슨?"

"손빈이 죽어서 버렸노라 소문을 내고 나를 도성 대량(大梁)의 다리 밑에다 버려주면 2백 금을 주리다."

"글쎄, 당신한테……."

"그 돈은 제나라 사자가 가시고 있소. 밑져야 본전 아니겠소? 사신을 만나게 해주시오."

손빈의 간청에 옥리는 제의 사자를 만나게 해주는 일쯤 나쁠 게 없다고 생각하여 은밀히 사자를 손빈에게 다리놓아 주었다.

손빈은 제의 사자를 만나 자신의 처지를 말하고 또한 자신의 포부와 병법술을 설파했다.

사자는 손빈의 탁월한 식견(識見)을 단박에 알아봤다.

"그대라면 2백 금도 아끼지 않겠소. 특히 방연 대장군이 시기할 정도라면."

제의 사자는 귀국길에 손빈을 몰래 수레에 태우고 돌아갔다. 그리고 손빈은 사자에 의해 제의 대장군 전기(田忌)에게 소개되었다. 어느 날 전기 장군은 투덜거리며 손빈이 있는 객실로 들어왔다.

"장군께서는 무슨 언짢은 일이라도……?"

"마차 경주내기를 했는데 번번이, 아니 오늘도 졌기 때문에 많은 돈을 잃었소."

"대체 내기 상대는 누구입니까?"

"공자公子들과 대신들, 그리고 장수들이오."

"다음 시합 때에는 저를 데려가십시오. 장군께서 거금을 따도록 하겠습니다."

전기는 의아해 하면서도 이튿날 마차 경주에 손빈을 데리고 갔다. 손빈은 다리가 없기 때문에 포장마차 속에 있었다.

바깥을 유심히 살핀 손빈은 전기 장군을 불러 작전을 지시했다.

"각기 말들이 주력에 큰 차이는 없다 해도 상·중·하 등급의 말은 있게 마련입니다. 세 번의 경기 중 두 번만 이기면 되는 것 아닙니까?"

"그렇소!"

"그러면 저쪽에 있는 상등마에 장군의 하등마를 겨루게 하십시오."

"내 말이 질게 뻔하지 않소?"

"대신 장군의 상등마는 저쪽의 중등마에게 이깁니다."

"그럴 듯하구려. 내 중등마는 저편 하등마에게 이길 테고."

"잘 보셨습니다. 오늘은 천금을 거십시오."

과연 손빈의 말대로 전기는 그동안 손해 본 것을 만회할 정도의 통쾌한 승리를 맛보았다.

전기는 손빈을 범상한 인물이 아니라 생각되어 마침내 제의 위왕에게 추천했다. 제의 위왕은 손빈과 병법 문답을 해 본 후 그 기량이 뛰어남을 알고 그를 흔쾌히 대장군으로 삼으려 했다.

"그렇지 않습니다. 이런 몸으로는 군령이 서지 않습니다."

손빈은 자신의 처지와 상황을 설명했다. 그래서 전기를 대장군으로 삼고 손빈은 군사(軍師)로 삼아 포장수레〔치거(輜車)〕속에서 군략을 세우게 했다.

때마침 조(趙)나라에서 위나라가 쳐들어와 위태롭다며 구원을 청해왔다.

"조나라는 우리 제나라와 동맹국이오. 달려가서 도와주어야겠소."

전기 장군의 말에 손빈은 무짜르듯이 단호히 말했다.

"군대를 조나라 한단(邯鄲)으로 끌고 가서는 안 됩니다. 엉킨 실을 풀려면 상대의 빈틈을 보아 급소를 쳐야 엉킨 싸움이 풀리는 법입니다. 지금 방연이 이끄는 위는 조나라 수도 한단을 포위하고 조나라와 사생결단으로 맞붙어 싸우고 있기 때문에 양국의 정예병들은 모두 일선에 나가 있습니다. 결국 위나라 수도는 늙고 병든 군사만이 수비하고 있을 것이니, 우리는 위나라 수도 대량(大梁)으로 쳐들어가야 합니다. 소식을 접한 방연의 위나라 군사는 대경실색(大驚失色)하며 조나라의 포위를 풀고 회군할 것입니다. 이것이 바로 우리가 한번 움직여 조나라를 구하고 위나라를 피폐케 하는 방법입니다."

전기는 손빈의 병법에 따라 대량을 쳤다. 위군은 과연 조나라 수도 한단에서 철수해 버렸다. 전기의 군사가 산동성 계릉(桂陵)에서 방연의 위나라 군사와 맞닥뜨렸는데 사기가 꺾인 위군은 대패하여 본국으로 달아났다.

13년 후, 이번에는 위나라와 조나라가 한(韓)나라로 쳐들어갔다. 한은 제나라에 위급함을 고해왔다.

당시 제후국들은 이해관계에 따라 손을 잡았다가 어느 순간 원수가 되는 것이 흔한 일이었다. 그러니까 13년 전, 위나라의 공격을 받아 위험에 처했던 조나라가 이제는 위나라와 손을 잡고 한나라로 쳐들어간 것이다.

본디 조·위·한, 세 나라는 춘추시대의 진(晉)나라가 나뉘어 생긴 같은 뿌리의 나라였기에 시기하는 마음도 강했다. 그뿐만 아니라 병사들은 원래가 물불을 가리지 않는 성격으로 무척이나 사납고 용맹했다.

"이번에도 볼 것 없이 위의 대량으로 쳐들어가야지."

전기 장군은 손빈의 눈치를 보며 말했다. 손빈은 가타부타 말없이 가만히 있었다.

또다시 제의 군사가 대량을 공격한다는 소식을 들은 위군은 한나라를 버려두고 본국으로 군사를 돌렸다. 그런데 승리에 도취된 전기 장군은 군사를 이끌고 그만 너무 깊숙이 위나라로 들어가 있었다. 이에 손빈이 전기에게 작전 구상을 미리 귀띔했다.

"우리 군사를 업신여기게 만들어 마음을 교만하게 해주어야 할 것입니다. 분명 우리가 도망치면 저들은 사정없이 쫓아올 게 틀림없습니다."

"아니 군사(軍師)! 대량이 코앞인데 방연과 싸워 보지도 않고 도망치잔 말이오?"

"전쟁을 잘하는 자는 적의 세력을 이용해 유리하도록 이끄는 법입니다. 병법에도 눈앞의 이익에 팔려 백 리 밖을 날려 나가면 그 군대는 상장군(上將軍)을 죽게 만들고, 오십 리 밖으로 달려 나가면 그 군대는 절반만 도착한다고 했습니다."

전기는 도망치는 일이 썩 마음에 내키지 않으나 손빈의 작전을 들을 수밖에 없었다.

"우리는 일단 뒤로 후퇴를 하되 오늘은 10만 대군이 식사를 하고 간 자취(솥을 걸었던 아궁이)를 남기고, 내일은 더 작은 군사가 식사를 하고 간 흔적을 남기는 계책을 써야 합니다. 그렇게 하면 꾀가 많은 방연은 식사를 한 흔적을 살피고는 우리 제군에 탈영이나 낙오병이 생긴 것으로 판단하여 군사들을 몰아 강행군으로 달려 올 것입니다. 그들은 며칠 동안 쉬지 않고 달릴 것이기 때문에 지치게 되는 것입니다. 그러면 장수도 잡고 위군도 섬멸할 수 있습니다."

"과연 묘책이오."

손빈을 신임하는 전기는 그의 계책대로 따랐다.

한편 방연은 제나라 군사의 밥 지은 아궁이 숫자가 첫날 10만 개에서 이튿날 5만 개, 사흘째 3만 개로 줄어가는 것을 보고 쾌재를 불렀다.

"가차 없이 추격하여 몰살시켜라. 본래 제나라 놈들이 겁쟁이인 줄은 알았지만 남의 땅에 들어와 사흘 만에 절반 이상이 도망칠 줄은 꿈에도 몰랐다. 이제 보병까지 따라올 필요도 없다. 정예 기병만 추격해 간다."

방연은 정예 군사 2만 명을 선발하여 태자 신(申)과 함께 풍우(風雨)처럼 질주하여 제군을 추격했다.

손빈은 방연의 행군 속도를 계산하고 있었다.

"위군이 어디까지 왔느냐?"

손빈은 척후병들을 파견하여 위군의 동태를 살폈다.

"사록산(沙鹿山)을 넘고 있습니다. 위군은 밤에도 쉬지 않고 달려오고 있습니다."

"오늘 해질 무렵이면 위군이 마릉(馬陵, 하북성 대명현)에 도착할 것이다."

마릉은 산 중턱에 있는 깊은 협곡이었다. 말 한 필이 간신히 지나갈 수 있는 곳이라 하여 마릉도라는 길이 하나 있었다. 마릉도는 산을 따라 나 있는 좁고 가파른 길로, 나무가 우거진 험한 곳이어서 군사들을 매복시키기에 좋은 지세였다.

손빈은 수레에서 가마로 옮겨 타고 지세를 두루 살펴보았다. 이윽고 고개를 끄덕이더니 군사들에게 지시하여 주변의 나무를 몽땅 베어내게 하고 큰 나무 한 그루만 남겨두었다. 그리고 좌우의 협곡에 궁노수 5천 명을 매복케 했다. 마릉도 3리 밖에는 1만 명의 정예 군사를 빽빽하게 매복시켰다. 그리고 베어내지 않고 남긴 한 그루의 나무는 껍질을 벗겨서 하얗게 만든 뒤에 그 위에 손수 글을 썼다.

'방연은 이 나무 아래서 죽는다(龐涓死此樹下)'라는 글을 쓰고 밑에는 손빈이라는 이름을 써넣었다.

"오늘 해질 무렵, 이 나무 밑에 횃불이 켜질 것이니 그것을 신호로 해서 화살을 일제히 날려라!"

엄한 명령을 내렸다.

방연은 손빈의 예측대로 해가 진 뒤에야 질풍처럼 말을 달려 마릉도에 이르렀다. 그러나 위군의 병거는 더 이상 앞으로 나아갈 수 없었다.

마릉이 워낙 험준한 산이기도 했지만 제군이 아름드리나무들을 찍어서 쓰러뜨려 길을 막아 놓았기 때문이었다.

"제군은 얼마 가지 못했다. 속히 나무들을 치우고 전진하라!"

방연은 위군을 사납게 독려했다. 그는 한시 바삐 손빈을 추격하여 죽이고 싶은 마음뿐이었다. 그때 한 병사가 달려와 나무에 글이 씌어 있다고 아뢰었다.

방연은 병거에서 내려 나무로 다가갔다. 그러나 어둠 때문에 무슨 글자를 써놓았는지 잘 보이지 않았다. 방연은 군사들에게 횃불을 밝히라고 지시했다.

횃불이 밝혀지자 방연은 나무 밑으로 다가갔다. 순간 방연의 얼굴이 창백하게 변했다.

"아아, 수자(豎子, 더벅머리라는 욕)놈에게 당했구나!"

방연이 미처 한탄을 끝내기도 전이었다.

좌우 협곡에서 천지를 진동하는 듯한 철포가 울리더니 바람을 가르는 날카로운 파열음이 울리면서 화살이 날아오기 시작했다.

좌우 5천 명, 합해서 1만 명의 제군이 쏘아대는 쇠뇌였다. 위군은 여기저기 처절한 비명을 지르면서 죽어갔다.

횃불은 위군이 있는 곳을 알려주는 신호나 다름이 없었다.

위군은 순식간에 떼죽음을 당했다. 아비규환의 지옥이 따로 없었다. 방연의 귓전에는 위군의 처절한 비명소리만 메아리쳤다.

방연도 무수히 날아오는 화살에 맞았다.

"손빈의 명성만 높여주었구나……."

방연은 후세에 명성을 남기게 될 손빈을 생각하고는 분통이 터져 스스로 목을 찔러 자결했다.

승세를 탄 전기군은 머리를 돌려 위나라로 급습해 군대를 대파하고 태자 신(申)까지 붙잡아 제나라로 개선했다.

이 승리로 인하여 손빈의 명성은 천하에 떨쳤으며 그의 병법도 후세에 선해시세 되있다.

오기(吳起)는 위(衛)나라에서 부잣집 아들로 태어났다. 그는 어릴 때부터 권세욕이 강하고 공명심이 높아 여러 나라를 두루 돌아다니며 벼슬자리를 찾아다녔다. 그러나 일은 잘 풀리지 않아 그 많던 재물을 다 날리고 고향으로 돌아왔다.

이것이 고향사람들의 웃음거리가 되었다. 오기는 화를 참지 못하고 자기를 비웃는 마을 사람 30여 명을 베어 죽이고 남모르게 위나라로 도망쳤다.

그때 성문까지 따라와 배웅하는 어머니 앞에서 팔꿈치를 깨물어 피를 흘리며, '한 나라의 재상이 되지 않고는 다시 고향 땅을 밟지 않겠노라'며 천지신명께 맹세하고 고향을 떠난 인물이었다.

오기는 자기가 실패한 원인을 반성하고 공부해야겠다는 일념으로 공자(孔子)의 제자인 증삼(曾參, 曾子)의 문하생이 되었다.

오기는 증자의 문하(門下)에 입문하여 가르침을 받고 있은 지 얼마 후 어머니가 돌아가셨다는 소식이 전해졌다. 오기는 재상이 되지 못하면 고향에 돌아가지 않겠노라 맹세하고 나온 터라 가슴속으로 슬픔을 참을 수밖에 없었다.

당시에는 효(孝)를 모든 도덕의 근본으로 여기던 시대였다. 부모에게 효도하지 않는 자는 친구에게 신의를 줄 수 없으며, 인군(仁君)에게 충성할 수도, 부부유친(夫婦有親)하고 자손에게 인자하고 사회에 의(義)로울 수 없다는 좌우명이 삶의 지표였다.

하물며 증자는 공자의 제자 가운데 공자가 '능히 효(孝)에 통한다'고 보증했을 정도로 효를 중시 여기는 사람이었다.

"어머니의 장례에도 돌아가지 않는 불효자를 더 이상 가르칠 수 없다."

증자는 단호히 오기를 내쫓았다.

오기는 하는 수 없이 떠돌다 노(魯)나라 수도 곡부(曲阜)로 가서 병법을 배웠다. 그로부터 몇 해가 지나 그의 명성을 듣고 노나라에서 오기를 불러 신하로 삼았다.

그 무렵 오기는 제(齊)나라 여자와 결혼하여 살고 있었다. 그런데 얼마 후 노나라와 제나라 사이에 전쟁이 일어났다. 오기의 병법을 높이 평가한 조정에서는 오기를 장군으로 삼아 출전시키자는 공론이 돌 즈음 반대론자들이 나타났다.

"오기의 병법은 뛰어나고 무술은 능하지만 그의 아내는 제나라 사람이오. 처갓집 제나라에 마음을 내줄지도 모르는 일 아니겠소."

의견이 분분하였다.

오기는 공명심에 들떠 급기야 아내를 살해하는 것으로 반대론자의 의혹을 풀었다. 노나라는 오기를 장군으로 임명하였고 그는 군사를 이끌어 연전연승(連戰連勝)으로 제나라를 쳐부쉈다.

나라를 위해 공을 세웠지만 사람들 사이에서 오기의 평판은 좋지 않았다.

"오기는 공명심만 내세우는 잔인한 사람이다. 젊었을 때 마을 사람을 죽이고 망명했으며, 증자의 문하에서도 파문되었다. 또 장군이 되기 위해 자기 아내까지 죽인 자이다. 모두 초인적인 공명심과 냉혹함을 말해 준다. 믿을 수 있는 사람이 아니다."

이 같은 비판이 조정에서부터 공공연히 떠돌았다. 결국 오기는 위나라로 가 문후(文侯)를 섬기게 되었다. 문후는 병법에 통달했다는 점을 높이 사 오기를 장군에 임명하고 진(秦)나라와 싸워 도읍 다섯 곳을 빼앗았다.

장군으로서 오기는 무엇보다 먼저 군사들의 마음을 얻는데 노력했다. 장졸들과 똑같이 합숙하며 입는 옷과 먹는 음식도 같았고 잠자리도 함께 했다. 특히 훈련 중 행군할 때에도 말이나 수레를 타지 않고 보병과 똑같이 걸었으며, 자신의 양식자루도 손수 짊어졌다.

어느 날 장졸 하나가 종기가 나서 고생하는 걸 본 오기는 입으로 고름을 빨아주었다. 병사의 고향에도 그 소식이 전해졌다. 병사의 모친은 그 소식을 듣고 갑자기 대성통곡을 했다.

"아이고, 아이고! 이제 내 아들 죽네. 내 아들은 죽어! 아이고."

"당신 아들이 죽다니 그게 무슨 말이오?"

동네 사람들이 의아한 생각이 들어 물었다.

"내 아들은 죽는다니까!"

"당신 아들이 종기로 죽게 된 걸 오기 장군이 입으로 빨아내어 살려놓았다고 하지 않소!"

"그래서 그 애가 죽는단 말이오! 대장군의 몸으로 졸병인 내 아들의 종기를 몸소 빨아주는, 연저지인(吮疽之仁)을 베풀었다

하지 않았소!"

"그러니까 고마워해야 되지. 황송해 하기는커녕 그토록 슬프게 울기만 하니, 우리들로선 대체 영문을 알 수 없단 말이오!"

"그 애 아비도 전날 오장군이 입으로 고름을 빨아주어, 그 일로 감격한 그 애 아비가 제 몸을 돌보지 않고 오장군의 은혜에 보답하기 위해 선두에 서서 적지로 용감하게 뛰어들었다가 전사했소!"

"그렇다고 아들까지야……."

"아니오, 아니오! 분명 아들도 오장군의 그런 은혜에 감격해 제 아비처럼 적지로 뛰어들어 죽을 게 분명하단 말이오."

오기가 크게 무공을 세우고 위나라를 섬겨 높은 벼슬에 올랐을 때 문후(文侯)가 세상을 떠나고 아들 무후(武侯)의 시대가 되었다.

무후도 오기를 중히 여겨 재상의 자리에 앉히려 하자 전문(田文)과 공숙(公叔)이라는 재상들이 시기하여 모함했다.

이에 오기는 위나라에서 도망쳐 초(楚)나라로 갔다. 초나라 도왕(悼王)은 전부터 오기의 평판을 들었으므로 그를 환영하고 재상으로 삼았다.

오기는 법령을 밝게 하여 행정을 정리하고, 공족(公族)들을 정리하여 국비(國費)를 절약하는 한편, 군사를 잘 훈련시켰으므로 초나라는 눈 깜짝할 사이에 불같이 일어났다.

특히 오기는 도왕의 신임에 힘입어 새로운 관제(官制)를 제정하여 선포했다. 개혁의 내용은 다음과 같다.

1. 관리부를 정리하여 불필요한 관리는 해직시킨다.
2. 귀족, 대신의 자제들이 권세를 믿고 국록을 먹으면 엄벌에 처한다.
3. 왕족과 공족 5대손 이하는 자기 힘으로 벌어먹어야 하며 일반 백성과 똑같이 대우한다.
4. 왕족과 공족의 5대손까지는 촌수가 가깝고 먼 정도에 따라서 적당히 대우한다.

새로운 법령이 실시되자, 백성들은 환호하고 수만 섬의 국록이 조정에 반납되었다.

오기는 군사들을 대폭 늘이고 군사들의 급료를 인상시켰다. 이에 모든 군사들은 서로 다투듯 군복무에 열과 성을 다해 충성했다. 그만큼 오기의 권한 또한 막강했다.

그러나 기득권을 상실한 귀족들의 불만이 대단했지만 도왕의 신임에 힘입어 오기는 흔들리지 않았다.

그는 남쪽으로 화중·화남에 살던 남방민족 백월(百越)을 평정하고, 북으로는 진(陳)나라와 채(蔡)나라를 병합했다.

삼진(三晉)을 물리쳤으며 서쪽의 진(秦)을 쳤다. 천하의 제후들이 초가 점점 강대해지는 것을 걱정하고 있었다. 바로 그때에 도왕(悼王)이 죽었다.

"이제껏 우리의 권한을 빼앗은 오기를 없애는 절호의 기회닷!"

모든 영화를 빼앗겼던 왕족과 대신들이 오기를 그냥 둘 리가 없었다.

"무엇이! 그들이 나를 치러 온다고?"

도왕의 장례도 치르기 전이어서 마침 오기는 궁전 안에 있다가 귀족들의 반란 소식을 들었다. 너무나 갑자기 일어난 사건인지라 그는 반란군을 진압하기 위해 손쓸 여력조차 없었다.

반란군들이 궁전 안으로 뛰어들어 오기를 찾으며 아무 데나 화살을 마구 쏘고 창으로 찔렀다.

오기는 도왕의 시체 위에 엎어져 고슴도치처럼 화살을 맞고 창에 찔려 숨이 끊겨 있었다.

후일 도왕의 장례가 끝나자 태자 장(臧, 肅王)이 왕위에 올랐다. 또다시 피비린내 나는 사건의 연속이었다.

"이유 여하, 지위 고하를 막론하고 왕의 시신에 활을 쏘고 창을 찌른 자는 용서받을 수 없다. 모조리 도륙하라!"

새로운 초의 재상 영윤(令尹)은 왕의 엄명을 착실히 이행했다.

반란에 연루된 종실과 대신들 거의가 주살당했다. 70여 가문이 멸족되었는데, 이들은 모두가 오기를 미워한 자들이었다.

오기가 죽음의 장소를 도왕의 시체 옆으로 선택한 것은 교묘한 복수의 의미가 있었던 것이다.

태사공은 이렇게 결론지었다.

세상에서 군사(軍事)에 대해서 논하는 사람들은 누구나 『손자(孫子)』 13편과 오기의 『병법(兵法)』을 말한다. 그러나 여기서는 그들의 경력과 시책에 대해서만 논했다.

옛말에 '잘 행하는 사람이 반드시 말 잘하는 사람이 아니며, 말 잘하는 사람이라 해서 반드시 실행을 잘하는 바도 아니다'라고 했다.

손빈이 방연을 해치운 계략은 실로 절묘하다. 그러나 자신의 다리를 잘리우고 형벌을 미연에 방지하지는 못했다.

오기는 무후에게 산하의 험고함을 인간의 덕만 못하다고 말하면서도 자신은 온정이 없었다. 더구나 초나라에서 행한 정치는 각박하고 포학했다. 그 탓으로 제 목숨을 잃었으니 누구를 원망하겠는가.

오자서(伍子胥) 열전

초나라 평왕(平王)의 태자 건(建)이 참소를 당했는데, 그 화가 오사(伍奢)에까지 미치고 큰아들 오상(伍尙)은 아버지를 구하려다가 잡힌 바 되었다. 아우 오원(伍圓, 子胥)은 오(吳)나라로 망명해 아버지의 원수를 갚았다.

오원(伍圓, 자는 子胥)은 초(楚)나라를 반석 위에 올려놓은 태사(太師) 벼슬인 오사(伍奢)의 둘째아들로서 혼란스런 국정을 바로잡기 위해 노력했으나 모함에 빠져 초 평왕(平王)으로부터 아버지와 형이 죽임을 당했다.

오자서는 사선(死線)을 넘나들며 망명생활을 하다가 오(吳)나라에 정착하게 되는데, 당대 최고의 맹장이자 열혈남아인 오자서는 부형(父兄)을 죽인 원수를 갚기 위해 절치부심(切齒腐心, 몹시 분하여 이를 갈며 속을 썩임)하는 가운데 오왕 합려(闔廬)를 찾아가 충성을 맹세했다.

아버지의 원수와는 함께 하늘을 이고 살 수 없고
형제의 원수를 보고 무기를 가지러 가면 늦으며

친구의 원수와는 나라를 같이 해서는 안 된다.

함께 하늘을 이고 살 수 없는 원수(반드시 죽여야 할 원수).

父之讎不與共戴天(부지수불여공대천)

兄弟之讎不反兵(형제지수불반병)

交遊之讎不同國(교유지수부동국)

不俱戴天之讎(불구대천지수)

초(楚)의 평왕(平王)에게 태자 건(建)이 있었는데 평왕은 오사를 태부(太傅)로 삼고 비무기(費無忌)를 소부(少傅, 보좌관)로 삼았다.

태자 건이 15세의 성년으로 장성해 있을 때의 일이다.

"이제 태자마마께서 성년이 되셨으니 혼례를 준비해야 될 줄로 사료됩니다. 지난날 진(秦)에 청혼한 일이 있습니다."

하루는 비무기가 주색에 골몰하는 평왕에게 아뢰었다. 초 평왕은 잠시 생각을 더듬다가 옥음을 내렸다.

"이제 태자도 다 자랐으니 비를 얻어야겠지. 그대가 진나라에 가서 공주를 모셔오도록 하라."

초(楚) 평왕(平王)은 황금과 백옥 등 많은 예물을 주고 진 애공 哀公의 여동생 맹영(孟嬴)을 모셔오게 했다. 맹영은 무상공주(無祥公主)로 불릴 정도로 절색인 미인이었다.

진의 공주를 만나 본 비무기의 생각은 갑자기 달라졌다. 공주가 초에 도착하기도 전에 비무기는 말을 달려 평왕에게로 갔다.

"대왕, 진의 공주는 절세의 미인입니다."

"오, 그래! 내 며느리될 여자가……."

"그렇지 않습니다. 대왕께서 진의 공주를 왕비로 맞이하시고 태자께야 다른 여자를 찾아 따로 비를 구하시면 됩니다."

"무슨 가당찮은 소리냐? 우선 만나보기로 하자."

비무기는 공주의 일행을 밤중에 끌어들였다. 평왕이 진의 공주를 보니 과연 천하의 절색이었다. 하여 평왕은 태자에게는 다른 여인을 구해 혼례시키고 자신이 진의 공주를 차지해 버렸다.

비무기는 평왕의 신임을 받아 태자 곁을 떠나 평왕을 측근 거리에서 섬기게 되었다. 그러는 사이 평왕은 진의 공주를 총애하여 아들 진(軫)을 낳았다.

그러던 어느 날 비무기는 갑자기 불안해졌다.

"평왕이 죽으면 태자 건이 왕위에 오를 게 아닌가. 자신의 아내될 여자를 어머니가 되게 했으니 필시 태자는 원한을 품고 있을 것이다. 미리 손을 쓰는 수밖에."

태자 건의 생모는 채(蔡)나라 공주였는데 평왕은 그녀를 총애하지 않았기 때문에, 그 소생인 태자 건까지도 미워해서 변방인 안휘성 성보(城父) 땅의 태수로 임명해 국경을 지키게 하고 있었다.

오자서(伍子胥) 열전 • 71

그런 사정을 간파한 비무기는 왕에게 태자를 참소하기 시작했다.

"대왕, 심히 염려됩니다. 지난날 진나라 공주의 일 때문에 태자께서 대왕을 몹시 원망하고 계시답니다. 모쪼록 경계해야 될 일입니다."

그리고 얼마 후 비무기는 다시 왕께 참소했다.

"태자께옵서는 지금 성보 땅에 계시지 않고 바깥의 제후들과 은밀한 교제를 취하고 계시다 하옵니다."

"무엇이라고? 태자가 반역이라도 꾀한단 말이냐?"

"지금 태자를 궁으로 부르면 반드시 반역의 음모가 탄로난 줄 알고 틀림없이 밖으로 도망칠 것입니다. 대왕께서 태자를 제거하지 않으시면 반드시 후일 크게 후회하실 것입니다."

"그래 태자를 궁으로 불러보자. 그리고 태자의 태부인 오사도 불러라. 그의 말을 들어보자."

"오사 역시 태자와 한통속이므로 진실을 말하지 않을 것입니다."

비무기는 은밀히 사람을 놓아 성보의 사마(司馬)에게 귀띔하도록 했다.

"대왕의 노여움으로 지금 자객이 태자를 죽이러 가니 태자를 도망치게 해드리도록 하라."

그래서 태부인 오사만이 평왕 앞으로 불려왔다.

"태부는 태자가 반란을 획책하고 있다는데 그 사실을 아시오?"

오사는 평소부터 비무기가 평왕에게 태자를 참소하고 있다는 사실을 잘 알고 있었으므로 당당히 반론을 제기했다.

"대왕, 대왕께서는 어찌 사람을 모함하는 소인배의 말만 들으시고 골육의 친자식을 의심하려 하십니까?"

"결코 태자에게 모반의 뜻이 없다는 말이냐?"

"제 목숨을 걸고 사실을 아뢸 따름입니다."

이때 태자를 부르러 갔던 사자가 돌아와 '태자께서는 나라 밖으로 도망치셨다'는 보고가 들어왔다.

평왕은 불같이 노했다. 비무기의 말대로 명백히 반란을 꾀한 증좌였다.

"근거 없는 의심이옵니다. 대왕께서는 어찌 간신배의 말만 믿고 자식을 내치려 하십니까? 부지유친과 부부유별은 인륜의 대강(大綱)이옵고, 예의와 염치를 존중하는 것은 국가의 대유(大儒)라고 합니다. 그러하온데 대왕께서는 간신배의 거짓 참소에 현혹되시어 먼저는 부부간의 윤리를 어지럽히더니, 이제는 또 부자간의 의리조차 끊으시려 합니까? 이러면 나라가 망하지 않을 수 없습니다. 바라옵건대 대왕께서는 간신배 비무기를 참하시고 국가의 기틀을 바로잡아 주시옵소서. 내가 죽는 것은 억울하지 않으나 이 나라 사직이 어찌될지 통탄할 뿐입니다."

오사는 초 평왕 앞에서 조금도 굽히지 않았다.

"태부 오사를 가두어라!"

비무기는 다음날 평왕을 다시 부추겼다.

"대왕, 오사에게는 두 아들이 있습니다. 둘 다 걸출한 인물이어서 후한이 두렵습니다. 그 아비를 죽이시려면 두 아들도 함께 제거하십시오. 오사가 태자의 모반에 연루되었다면 틀림없이 그 아들들도 반역에 연루되었을 것입니다."

평왕은 오사를 다시 불러들여 말했다.

"너의 두 아들을 불러들이면 너를 살려주겠다. 그러나 오지 않으면 너는 주살될 것이다."

오사는 빙그레 웃으며 답했다.

"불러 보십시오. 큰아들 상(尙)은 성정이 어질어서 반드시 올 것입니다. 그러나 둘째 원(圓, 자서)은 참을성이 많고 심사숙고하여 오지 않을 것입니다."

왕은 더 이상 듣지 않고 사자를 보내어 아비의 처지를 두 아들에게 알렸다.

오자서는 코웃음을 쳤다.

"형님, 초 평왕이 우리 형제를 부르는 것은 우리 아버지를 살려 주려고 부르는 것이 아닙니다. 우리 삼부자를 죽이기 위해 아버님을 볼모로 우리를 부르는 것입니다."

"알고 있다. 아버님이 나를 불러 살기를 원하시는데 내가 가지 않음으로써 웃음거리가 되는 것이 걱정이 되어 가고자 하는 것이다."

"아니 됩니다, 형님! 천하의 조소거리가 되는 두려움보다 원수 갚지 못하는 두려움이 더욱 큰 것입니다."

"그러니까 너는 달아나거라. 내가 간다 해서 아버님의 목숨을 구할 수가 없다는 건 잘 안다. 그렇지만 그런 나를 이해해라. 너는 살아남아서 큰일을 해낼 것이다. 너는 반드시 아버님의 치욕을 씻어드릴 것이다.

오상은 뒤도 돌아보지 않고 사자를 따라 초 평왕에게로 갔다. 그러나 오자서는 그 길로 도망쳐 태자 건이 송(宋)나라에 있다는 소문을 듣고 그쪽으로 갔다.

오사는 옥중에서 작은아들 자서가 도망쳤다는 소식을 들었다. 그리고 큰아들 오상과 함께 그 날로 죽임을 당했다.

오자서가 송나라에 도착했을 때는 마침 '화씨의 반란[화씨(華氏)·상씨(尙氏) 등이 송의 원공(元公)을 죽이려고 일으켰던 반란]' 사건이 있었다.

"우리가 있을 곳이 못됩니다."

태자 건(建)과 함께 정(鄭)나라로 갔다. 정에서는 그들을 후대했다. 그러나 복수하기 위해 군사를 빌리는 데 있어서는 거절당했다.

오자서(伍子胥) 열전 • 75

그래서 오자서는 태자와 의논했다.

"차라리 진[晉, 정나라와 진나라는 본래 주나라 이래의 옛 국가였다. 정은 하남성 신정현 일대의 작은 나라이고, 진은 산서성에 있었는데 패자인 문공(文公) 이래 화북(華北)의 강국이 되었고, 뒤에 한(韓)·위(魏)·조(趙)의 세 나라로 분열되어 삼진(三晉)이라 한다] 나라에 가서 그쪽 상황을 살펴보기로 하지요?"

오자서와 태자는 정나라에게는 유람하는 척하며 진나라로 건너갔다. 진나라의 왕은 경공(頃公)이었다.

태자와 오자서는 사정을 말하고 군사를 빌릴 것을 요청했다. 그러나 진나라에서도 선뜻 군사를 빌려줄 리가 없었다. 수차례 조정 논의를 거쳐 은밀한 조건을 내밀었다.

내용은 이랬다.

정나라에서는 태자 건을 신임하고 있으므로 진에서 군사를 밀고 들어갈 테니 정나라에 먼저 가 내응하여 정나라를 멸하자는 것이었다.

오자서가 태자를 부추겼다.

"약속하십시오."

경공은 다시 태자 건에게 다짐했다.

"우리가 정나라를 멸망시키면 그대를 그곳의 왕으로 봉하겠소."

다른 방도가 없어 그러마고 약속한 후 정나라로 돌아갔다.

그런데 사건은 엉뚱한 데서 터졌다.

태자 건은 가만히 생각해보니 자신의 시종이 그 내막을 알고 있으므로 그 자의 입을 틀어막기 위해 죽이고자 한밤에 그의 처소에 갔으나, 그 시종은 미리 눈치 채고 뒷길로 달아나 정나라 정공(定公)의 재상인 자산(子産)에게 그런 음모를 낱낱이 고해 바쳤다.

말할 것도 없이 정나라에서 펄쩍 뛰고, 태자 일행을 용서할 리 없었다.

건에게는 승(勝)이라는 아들이 있었다.

"급하게 됐습니다. 음모가 들통나 아버님인 태자께서는 정나라 관리들한테 끌려가셨습니다. 우리도 일단 몸을 피하지요."

오자서와 승은 꼭두새벽에 뒷문으로 해서 몸을 빼 달아났다. 정나라 관병들의 추격은 끈질겼다.

안휘성 함산현 북쪽 소관(昭關)에 이르렀을 때는 더 이상 함께 도망칠 처지가 못 되었다.

"여기서 각자 도망칩시다. 오(吳)나라 쪽으로 향해 가십시오."

오자서는 혼자 도망치기 시작했다. 푸짐한 현상금과 함께 도망자 오자서의 초상(肖像)이 곳곳에 나붙어 있었다.

며칠을 굶은 채 오자서는 잠도 못 자면서 달리고 또 달렸다.

이제는 기진맥진이었다. 더구나 앞에는 장강(長江, 양자강)이 굽이쳐 흐르고 뒤에는 추격병의 말발굽 소리가 점점 가까워지고 있었다.

"아아! 내 운명도 여기서 끝이로구나!"

절망한 오자서는 눈을 질끈 감고 장검을 빼어 막 자결하려고 했다.

"여보시오. 강을 건너지 않겠소?"

갈대숲 쪽을 바라보니 늙은 어부 하나가 거룻배 위에서 손을 흔들고 있었다. 오자서는 정신이 번쩍 들었다.

"아아. 천지신명이시어! 하늘의 도우심이다!"

오자서는 무사히 강을 건넌 뒤에 차고 있던 칼을 풀어주며 어부에게 머리 숙여 고마움을 표했다.

"살려주신 은혜 백골난망(白骨難忘, 죽어서 백골이 된다 하여도 은혜를 잊을 수 없음)이옵니다. 가진 것이라고는 이것밖에 없으니 받아 주십시오. 백금의 값은 나갈 것입니다."

그러자 어부는 빙그레 웃기만 했다.

"성의가 부족하여 그러십니까?"

"나는 그대가 오자서인 줄을 알고 있었소. 그냥 가시오. 그 칼은 당신이 더욱 위급할 때에 목숨을 지켜줄 것이오."

"그래도……."

"초나라 안팎에서는 당신 오자서가 있는 곳을 알리거나 목을 가져오면 조 오만 섬과 대부 벼슬을 준다고 새로운 포고령이 붙어 있소. 나에게 욕심이 있다면 백금짜리밖에 안 되는 칼이 문제겠소."

오자서는 어부에게 이름이라도 알려달라 부탁했으나 그는 웃기만 했다. 오자서는 백배 사례한 후 길을 떠났다.

오(吳)나라의 도성은 먼 곳이었다.

"그래도 살아남아야 한다."

오자서는 허기진 데다가 찬비를 맞아 병이 나서 길에 며칠씩 쓰러져 있기도 했다. 간신히 기력을 찾으면 걷고 또 걸어서 밥을 빌어먹었다.

그 후 몇날 며칠인지도 모른다. 오자서는 천신만고 끝에 오나라 성도에 도착했다.

오(吳)에서는 요(僚)가 왕이었고, 공자 광(光)이 장군이었다. 오자서는 광에게 자신의 신분을 밝히고 식객으로 있게 되었다. 그때 초나라와 국경지대 마을에서 사소한 분쟁이 싸움으로 번져 군사들의 충돌이 일어났다.

오나라에서는 광장군이 초를 치러 나갔다. 광은 초의 국경지대인 종리(鍾離, 안휘성 봉양현 동쪽)와 거소(居巢, 안휘성 소현 북동쪽)까지 함락시키고 돌아왔다.

"공자 광의 힘을 빌리면 초를 멸할 수 있겠다!"

그렇게 생각한 오자서는 즉시 오의 요왕을 알현하고 시비곡

직(是非曲直)을 가리며 군사 내어줄 것을 간곡히 요청했다.

"광장군의 군세라면 능히 초나라를 멸할 수가 있습니다."

그런데 뜻밖에도 광이 출정을 반대했다.

"대왕, 그건 불가합니다. 오자서의 생각은 전혀 다른 데 있습니다. 오로지 부친과 형이 초나라에서 죽임을 당하자 원수를 갚는 데에 절치부심(切齒腐心)하기 때문입니다. 더구나 지금 초를 친대도 크게 승산이 없습니다."

"그렇다면 그 계획은 덮어 두고 기다려 봅시다."

오자서는 가만히 생각해 보았다.

'광의 생각은 다른 데에 있다. 대외적인 문제에는 관심이 없고 오로지 오왕 요를 죽이고 자신이 왕이 되고자 하는 야심을 품고 있다. 그렇다면 광의 야심이 성공할 수 있도록 도와주고 부추기는 수밖에.'

오자서의 수하 중에 전제(專諸)라는 천하의 칼잡이가 있었다. 그래서 그를 광에게 추천했다.

"천하에서 둘째가라면 서러워할 만큼 특출한 검술가입니다. 무엇보다 자객(刺客) 일을 시키면 식은 죽 먹기보다 훨씬 쉽게 해치울 것입니다"

"왜 그 자를 나에게 추천하는 거요?"

"혹시 장군께서 필요하실 듯해서······."

그동안 태자의 아들 승도 무사히 오나라로 도망와 있었다.

오자서는 세상을 모른 척 승과 함께 초야에 묻혀 농사만 지으며 때를 기다리고 있었다.

이때 초나라의 형편도 변했다. 5년 후에 평왕이 죽은 것이다. 평왕은 일찍 태자 건의 부인이 될 뻔했던 진의 공주를 가로채어 왕비로 삼았고 그녀에게서 아들 진을 얻었었다.

평왕이 죽고 진이 즉위하니, 이가 곧 소왕(昭王)이다.

오왕 요는 초나라가 국상(國喪)을 당해 혼란한 틈을 타서 두 왕자를 출병케 해 초나라를 덮치도록 했다. 그러나 초나라 군세도 만만치 않아 오나라 군사들은 퇴로가 차단당한 채 오도 가도 못하고 갇힌 신세가 되었다.

"전제, 기회는 지금이다. 군사들이 모두 출전해 나라 안의 경비는 비어 있으니 왕을 시해하라!"

공자 광의 명이 떨어졌다. 전제는 오의 요왕을 살해하고 자신도 요왕의 경호원들에게 의해 무참히 찢겨 죽었다.

이로써 공자(公子) 광(光)이 즉위했으니 그가 곧 오왕 합려(闔廬)이다.

초나라를 공격하다가 갇힌 두 왕자는 부왕의 시해 소식을 듣고 초에 항복하고 말았다.

초에서는 오의 두 왕자를 안휘성 서성현 서(舒) 땅에 봉했다. 합려가 왕위에 올라 뜻을 이루자, 오자서를 불러 외무대신 행인(行人)으로 삼았다.

초나라에서는 새 왕이 등극한이래 정쟁이 심해 대신인 극완(郤宛)과 백주리(伯州犁)가 주살되었다. 그 바람에 백주리의 손자 백비(伯嚭)가 오에 망명했다. 오에서는 백비를 대부로 삼았다.

　합려가 왕위에 오른 지 3년 만에 초를 공격하여 오자서와 백비가 지난날 오를 배반했던 두 왕자까지 사로잡았다.

　이때 초의 도읍까지 진격하고자 하였으나 군사(軍師)인 손무(孫武, 孫子)의 만류로 회군하고 그 이듬해 초의 여섯 군데의 땅과 첨현을 쳐서 얻는 것으로 만족했다.

　9년이 되어 합려가 오자서와 손무를 불러 초를 치고자 물었다. 이에 손무가 대답했다.

　"백성은 원기 왕성하고 병사는 사기충천합니다."

　오자서가 나섰다.

　"초의 장군 낭와는 탐욕스러워 속국인 당(唐)·채(蔡) 백성들이 모두 그를 원망하고 있습니다. 그러니 초를 치기 전에 당과 채를 우리편으로 끌어들인 후에 연합하여 공격하면 훨씬 쉬울 듯합니다."

　오자서의 계략대로 당·채와 연합하여 한수(漢水)를 사이에 두고 초와 대치했다.

　오왕의 아우 부개(夫槪)가 성급히 공격하기를 원했으나 왕이 거절하자 공명심에 불탄 부개는 성급히 사병 5천을 이끌고 초의 장군 자상(子常)을 쳤다.

자상은 장왕(裝王)의 막내아들 자낭(子囊)의 손자로, 귀한 신분으로 태어난 덕분에 권력의 요직에 앉게 되기는 했지만 본시 그릇이 크지 못한 인물이었다.

공교롭게도 모두가 신중을 기하기 위해 반대하던 부개의 공격은 오에 결정적인 역할을 했다. 자상이 정나라로 쫓겨 패퇴하자, 오는 승세를 타고 밀물처럼 초의 도읍 영(郢)으로 밀고 들어갔다.

오군은 초와 다섯 번의 접전 끝에 초나라 수도 영을 점령했다.

소왕은 호북성 천문현 서쪽 운몽(雲夢)으로 도망쳤다가 도둑 떼들에 쫓겨 다시 안륙현 운(鄖)을 거쳐 수(隨)로 피신했다.

일찍이 신포서(申包胥)는 오자서의 친구였다. 오자서가 달아나면서 그에게 외쳤다.

"두고 봐라. 내 반드시 돌아와 초를 멸하리라!"

그러자 신포서는, '그렇다면 나는 기어코 초나라를 지켜내겠다.'고 하였다.

오나라 군대가 입성하여 초의 소왕을 잡으려고 이 잡듯이 뒤졌으니 찾지 못했다.

오자서가 악에 바쳐 소리 질렀다.

"평왕의 무덤부터 파헤치고 그 시체를 가져와라!"

결국 오자서는 평왕의 시체를 파내어 3백 번이나 태질을 하면서 분을 풀었다. 이를 가리켜 '무덤을 파헤쳐 원수가 죽은 뒤에도 복수를 한다'는 굴묘편시(掘墓鞭屍)가 유래하였다.

신포서가 오자서에서 편지를 보냈다.

그대는 한때 평왕을 모시던 신하로서 부형(父兄)이 간신들의 참소로 죽었다고는 하나, 그토록 잔인한 만행을 저지를 수 있는가? 왕의 무덤을 파헤치고 그 시신에 형륙(刑戮)을 가했다는 것은 아직 들어본 일이 없네. 그대가 초나라를 멸하면 나는 반드시 초나라를 일으켜 세우겠다고 맹세한 일이 있다. 사세가 역전되기 전에 그대는 속히 초나라를 떠나라. 나는 반드시 초나라를 재건할 것이다.

신포서의 편지를 받은 오자서는 깊은 탄식을 했다. 확실히 평왕의 무덤을 파헤치고 시신에 채찍질을 가한 것은 지나친 점이 있었다. 그러나 그의 원한은 골수에 사무쳐 있었고, 열혈남아로서 부형의 원수를 갚는 것은 당연한 일이라고 생각했다. 오자서는 필묵을 가져오게 하여 답장을 썼다.

부모의 원수는 일찍부터 불구대천의 원수라고 하였노라. 그대가 나를 꾸짖는 것을 이해하지 못할 바는 아니나 일모도원(日暮途遠), 길은 멀고 해는 짧으니 어찌 하겠는가. 피 끓는 열혈남아로 충효를 겸하지 못하고 효만을 받들어 초를 멸하니, 그대는 초를 재건하라. 그것은 그대의 일이다.

오자서의 답장을 받은 신포서는 그 길로 진(秦)나라로 달려갔다. 위급을 알리고 구원을 청했으나 진나라에서는 군사를 선뜻 내어주지 않았다.

신포서는 궁정 뜰에 꿇어 앉아 일곱 낮 일곱 밤을 울면서 구원을 청했다. 이쯤되자 진의 애공(哀公)은 신포서의 충정에 감탄하지 않을 수 없었다.

"초나라에 저와 같은 어진 신하가 있는데 어찌 멸망하게 두겠는가? 이는 하늘의 뜻을 거역하는 일이다."

신포서는 눈물을 흘리면서 감사의 인사를 올렸다.

진의 애공은 즉시 병거 5백 승(乘)을 동원하여 공자 포(浦)와 호(虎)에게 신포서와 함께 초나라를 구하라는 지시를 내렸다.

진군은 기치 청검을 드날리며 호호탕탕 오군을 향해 진격하여 초 땅에 있는 오나라 군대를 쳤고, 직(稷)에서 크게 이겼다.

그즈음, 오왕 합려는 소왕을 찾느라고 초나라에 오래 머물러 있었디. 이때 그의 아우 부개가 먼저 귀국해 들어와 왕위에 올라버렸다.

"그놈! 자상을 칠 적에도 내 명을 거역하더니……."

합려는 서둘러 군사를 몰아 귀국했다. 부개의 군사는 패주하여 초로 달아나 버렸다.

초의 소왕도 오의 내란이 일어난 틈을 놓치지 않고 서둘러 성도 영(郢)에 들어가 군대를 수습하고 부개를 하남성 수평현 당계(堂谿) 땅에 봉하여 당계씨(堂谿氏)라 했다.

그로부터 2년 후 합려는 태자 부차(夫差)를 시켜 초의 강서성 반양현 동쪽 반(鄱)으로 반격하게 했고, 초에서는 오의 진격이 두려워 도읍을 영에서 호북성 의성현 남동 약(鄀)으로 옮겨가 버렸다.

그무렵 오자서와 손무는 서쪽의 강국 초(楚)를 경계하면서 북쪽의 제(齊)와 진(晉)을 위협하고, 남쪽의 월인(越人)을 복속케 했다.

4년 후에는 공자(公子)가 노(魯)나라의 재상이 되고, 다시 5년 후에 오나라 합려가 월나라에 쳐들어가 강소성 소주시 고소(姑蘇)에서 월왕 구천(句踐)에게 기습을 받아 상처를 입었다.

그 작은 상처는 점점 덧나서 합려는 죽게 되어 태자인 부차를 불러들였다.

"부차야, 네 아비를 죽인 자가 월나라인 것을 잊지 말라."

그리고 합려는 죽었다.

부차는 왕이 되자 아버지의 복수전을 결의하고, 그 전의(戰意)를 잊지 않기 위해 섶 위에서 잠을 자고〔와신(臥薪)〕, 신하들로 하여금 자기 방을 드나들 때마다, '부차여, 월왕 구천이 아버지를 죽였다는 것을 잊어서는 안 된다!'라고 소리치게 했다.

그러면 부차는 '잊지 않겠습니다. 3년 뒤에는 반드시 원수를 갚겠습니다.'라고 대답했다.

부차는 백비를 수상으로 태재(太宰)에 임명했다. 손무는 이미 초와의 전쟁을 끝으로 일체의 관직을 벗고 고향에 들어가 세상과 담을 쌓아 살고 있었다.

그로부터 2년 후 부차는 새롭게 출정하여 소주 남서쪽 부초(夫湫)에서 월을 짓밟았다. 월왕 구천은 남은 병사 6천 명을 이끌고 정강성 소흥현 남쪽 회계산(會稽山)에 포위되어 주저앉았다.

구천은 대부 종(種)과 의논하기를, '오의 재상 백비는 탐욕스러워 뇌물을 좋아하므로 그에게 두터운 금은보화를 주고 강화를 청하되, 월나라를 오에 바치고 그의 신하가 되며 왕비를 비첩(婢妾)으로 바치겠노라' 하였다.

월왕이 그렇게 굽히고 들어오자 부차는 몹시 기뻐했다.

이때 오자서가 나서서 간했다.

"월왕 구천은 일시 곤고하여 굽히는 것이니 그를 살려둬서는 안 됩니다. 반드시 죽여야 합니다. 지금 월을 멸망시키지 않으면 후일 후회할 것이 자명합니다."

이미 백비가 왕을 충분히 설득했기 때문에 오왕은 오자서의 말을 듣지 않았다.

5년의 세월이 흘러 제나라의 경공(景公)이 죽자 대신들의 세력다툼이 치열해졌다. 더구나 새 왕은 나이도 어린 데다 너무 유약하므로 나라가 몹시 어지러웠다.

"좋은 기회다! 군사를 즉시 북쪽으로 돌려 진격한다."

이때도 오자서는 오왕의 제나라 침공을 말렸다.

"제를 치기 전에 월나라를 경계하십시오."

"아직도 월나라 타령이오?"

오왕은 오자서의 말을 듣지 않고 제군을 산동성 태안현 남동쪽 애릉(艾陵)에서 대파하고 노(魯)의 왕을 위협한 뒤 개선했다.

그 이후로는 왕이 더욱 오자서의 계략을 소홀하게 여겼다. 이때 구천은 오나라에 복수하기 위하여 자신을 엄격하게 다루었다.

그날 밤에도 잠을 자지 않고 절치부심했다. 잠이 오면 송곳으로 무릎을 찌르고, 겨울에 발이 시리면 오히려 찬물에다 발을 담그고 자신을 꾸짖었다. 겨울이면 방에 얼음을 갖다놓고 여름이면 화로를 끼고 지난날의 치욕을 곱씹었다.

뿐만 아니라 방에 곰쓸개를 매달아놓고 드나들 때마다 쓰디쓴 쓸개를 핥았다〔상담(嘗膽)〕. 그리고는 오나라에서 당한 치욕을 상기하며 복수를 다짐했다.

와신(臥薪)은 오나라 왕 부차가 마른 짚을 깔고 잔 데서 유래했고, 상담(嘗膽)은 월왕 구천이 쓸개를 핥았다는 데서 유래한 것이다. 오늘날 와신상담은 치욕을 씻기 위해 온갖 고통을 참고 견딘다는 의미로 쓰인다.

4년이 지나 오왕은 또다시 제나라를 치고 싶어 했다.

또다시 오자서가 간하자 이제 오왕은 오자서를 귀찮게 여겼다.

"그대가 제나라 사신으로 갔다 오시오. 이번에야 말로 제를 완전히 멸할 터이니 그쪽 사정을 세밀히 염탐해 오시오."

오자서는 낙담했다. 그렇지만 가지 않을 수가 없어 아들을 데리고 갔다.

"아들아, 내가 오왕에게 수차례나 간했지만 끝내 한 가지도 듣지 않는구나. 이제 오는 망할 것이다."

오자서가 제로부터 돌아올 때에는 아들을 제나라의 포숙(鮑叔)의 후손 포목(鮑牧)에게 맡기고 돌아왔다.

오자서는 귀국하자마자 병을 핑계대고 복명도 하지 않은 채 직위를 사퇴하고 집안에 들어앉아 버렸다.

월왕 구천으로부터 많은 뇌물을 받은 백비는 오왕에게 월나라를 신뢰하도록 부추기는 한편, 가장 거추장스러운 오자서에 대해 왕에게 참언(거짓으로 남을 헐뜯는 말)했다.

"오자서는 사람됨이 고집 세고 사나우며 온정도 없습니다. 월의 구천을 참언했다가 대왕께서 듣지 않으시자 꾀병을 구실로 복명도 하기 전에 직위를 사퇴했습니다. 이건 신하로서 무엄한 일입니다. 그리고 제나라에 사신으로 갔을 때 아들을 데리고 가서 포씨에게 맡기고 왔습니다. 이는 제나라와 은밀히 맹약을 맺은 것이 아닌가 생각됩니다. 한시바삐 대책을 강구하십시오."

오왕은 즉시 사자를 시켜 촉루검(蜀鏤劍)을 보냈다. 촉루검을 받은 오자서는 비감했다. 그는 하늘을 향해 큰소리로 울부짖었다.

"하늘이여! 부차가 어떻게 하여 임금이 되었는지 알리라! 선왕은 부차를 잔인하다고 해서 세자로 세우려고 하지 않았으나 내가 그를 천거하여 왕이 되었다. 나는 부차를 위해 초(楚)를 치고 월나라를 이겼으며, 오나라의 위엄을 중원에 떨치게 하였다. 부차는 나의 충정을 듣지 않고 나에게 자진하라는 영을 내렸다. 나는 오늘 왕의 명에 따라 죽을 것이나 장차 월나라 군이 쳐들어와 오나라의 사직을 멸할 것이다. 하늘이 나를 대신하여 무도한 혼군(昏君)을 응보(應報)하리라!"

오자서는 처절하게 울부짖었다. 가족들이 모두 무릎을 꿇고 울음을 터트렸다.

"나는 옛날에 초나라를 배신하고 부형(父兄)의 원수를 갚았다. 이제 또다시 오왕을 배신하면 사람들은 오자서를 열혈남아(熱血男兒)가 아니라고 할 것이다. 내가 죽은 뒤에 나의 두 눈을 빼어 동문에 걸어다오. 월군이 들어오는 것을 보기 전에는 결코 눈을 감지 않으리라!"

오자서는 가족들의 통곡 속에 촉루검으로 목을 찔러 자결했다.

그 후 2년이 지나 오왕은 노(魯)·위(衛)의 왕을 불러 안휘성 소현 북서쪽 탁고(槖고)에서 회맹(會盟)하고, 이듬해에는 북쪽의 황지(荒地)에서 여러 제후들을 불러 모아 마치 자신이 주(周)나라 왕실을 받드는 주인인 양 설쳐댔다. 그러나 그것은 오나라가 피폐해졌음을 감추기 위한 허세에 불과했다.

이때를 틈타 월나라 구천이 비어 있는 오나라의 도성을 습격했다. 구천은 오의 태자를 죽이고 지키고 있던 오군을 몰살시켰다.

"아아, 오자서의 말이 옳았구나!"

뒤늦게 후회한 오왕 부차는 자신이 월왕 구천에게서 받았던 것처럼 사신을 보내어 예물로 월과 화친코자 하였다. 그러나 월왕 구천은 지난날의 오왕 부차에 대한 수모를 용서하지 않고 부차를 목베어 죽였다.

재상 백비가 월왕 앞으로 끌려왔다.

"더러운 놈, 충신을 참소해 죽이고 왕께 충성도 못한 자, 적국과 내통하여 뇌물까지 먹은 놈! 이런 자는 본보기로 요참해야 마땅하다!"

오나라를 평정한 월왕 구천은 군사를 이끌고 장강을 건너서 회수(淮水)를 지나 서주(舒州)에 이르렀다.

구천은 그곳에서 주왕실에 사신을 보내 제(齊)·진(晉)·송(宋)·노(魯)의 제후들과 맹회를 열고 명실공히 중원의 패자가 되었다.

태사공은 이렇게 결론을 맺는다.

원한이 사람에게 끼치는 해독이 얼마나 무서운가? 임금이라도 신하에게 원한을 사서는 안 된다. 처음에 오자서가 부친 오사와 함께 죽었더라면 오자서는 한낱 낙엽에 불과했다.

그러나 소의(小義)에 얽매이지 않고 크나큰 수치를 참고 씻어 후세에 이름을 남겼다.

오자서는 장강에서 진퇴양난의 고통을 당했고, 병들고 유리걸식하면서도 초의 도읍 영(郢)을 잠시도 잊지 않았다. 오로지 은인자중하여 공명을 이루었다. 의열한 대장부가 아니고서는 어떻게 이런 일을 해낼 수 있겠는가.

중니(仲尼) 제자(弟子) 열전

공자는 문화를 계승 발전시키고, 그의 제자들은 그것을 번창시켜 모두 세상의 사표(師表)가 되어 인간으로서 지켜야 할 인의(仁義)의 도(道)를 드높였으며 이를 엄격히 실천했다.

노(魯)나라는 이 무렵 삼환(三桓)으로 불리는 세 대부의 가족, 삼가(三家)가 정사를 좌지우지하고 있었다.

공자는 노나라 창평향 추읍(陬邑)에서 태어났다(B.C. 1551년 노양공 22년). 그의 조상은 원래 송나라의 귀족이었으나 노(魯)나라로 망명하였다. 공자의 아버지 공흘(孔紇)은 자가 숙량(叔梁)이었다. 그러므로 보통 숙량흘(叔梁紇)이라고 불리고 있다. 어머니 안징재(顏徵在)는 공자를 낳을 당시 10대의 어린 소녀였다. 60세가 넘은 숙량흘은 안씨의 셋째 딸을 후처로 맞이한 것이다.

공자의 출생에 대해서는 여러 가지 전설이 있다. 즉 어머니가 니산(尼山)에 기도를 드려 공자를 낳았다고 한다. 그의 머리 가운데는 들어가고 나온 데가 있어 이름을 구(丘, 언덕)라고 했다고 한다.

공자는 어려서 아버지를 여의고 어머니 징재의 슬하에서 자랐다. 공자의 키가 9척 6촌이나 되었기 때문에 사람들은 그를 장인(長人)이라고 불렀다. 공자는 어릴 때부터 성인으로서의 덕성을 갖추고 학문에 정진했다. 그는 하나를 배우면 열을 아는 신동(神童)이었고 추읍에 있는 모든 고서(古書)들을 독파했다.

노나라 삼가(三家)의 하나인 맹손가(孟孫家)에서는 공자의 학문이 깊다는 이야기를 듣고 장자(長子) 맹손무기(孟孫無忌)를 보내 학문을 배우게 했다. 공자는 약관의 나이에 많은 제자를 거느리게 되었다.

맹손무기는 노나라 정권을 잡고 있는 계손사(溪孫斯)에게 공자를 천거했다. 계손사는 공자를 불러다가 학문의 깊이를 알아보기 위해 여러 가지 질문을 던졌다. 공자는 계손사의 질문에 하나도 막힘없이 답변했을 뿐만 아니라 학문이 너무 깊어서 계손사로서는 도무지 알아들을 재간이 없었다.

공자 19세 때 견관(幵官)씨의 딸과 혼인하여 다음해 아들 리(鯉)를 낳았다.

계손사는 공자에게 중도재(中都宰)라는 벼슬을 내렸다. 공자는 중도(中都)를 잘 다스렸다. 백성들은 공자의 말에 복종하는 것을 기쁘게 여기고 칭송하는 것을 잊지 않았다.

공자가 어질고 현명하다는 소문은 노나라 안에 널리 퍼졌다. 노정공(魯定公)은 공자를 불러 사공(司空)이라는 벼슬에 임명했다.

　제경공(齊景公)은 진(晉)나라가 17개국 제후들을 이끌고 초나라의 소릉까지 진출하고서도 초를 정벌하지 못한 것을 보고 제나라가 패업을 되찾아 와야겠다고 결심했다. 그는 국력이 쇠잔해진 위나라와 정나라를 규합해 맹주로 자처했다. 그리고 노나라에 사신을 보내 제나라와 노나라가 친선을 다짐하기 위해 두 나라의 국경이 있는 협곡산(峽谷山)에서 회견을 하자고 사신을 보냈다.

　제경공의 서신을 받은 노정공은 삼환을 불러 대책을 상의했다. 조정은 그 일로 시끄러웠다. 제나라의 흉계에 빠져든다고도 했고, 이참에 친선을 맺어야 한다는 의론이 강해 공자(孔子)의 주관 아래 회견을 하기로 정했다.

　본시 제나라에서는 회견장에서 노정공과 공자를 생포한 후 노나라를 침략할 계획을 세워두고 있었다. 그러나 공자는 이를 미리 간파하여, '주연을 나누는 자리에 마땅히 중원의 예악을 연주해야 하는데 오랑캐의 가무로 협박하려 한다'는 공자의 추궁에 제경공도 무사들을 퇴장시켰다. 공자는 모든 것을 예의에 맞게 처리하고 제경공으로부터 사죄를 받아냈다.

　이로써 제나라와 노나라는 전쟁을 멈추고 친밀하게 지내기로 약속하는 한편, 지난날 제나라에 빼앗겼던 옛땅을 되돌려 받는 성과를 거두었다.

노정공은 공자에게 대사구(大司寇, 법무장관)라는 벼슬을 내렸다. 이무렵 제나라의 남쪽 국경에 길이가 3척이나 되고 몸뚱이가 검으며 목이 흰 새 한 마리가 날아들었는데 부리는 길고 다리가 하나뿐이었다.

이 이야기를 듣고 공자에게 물었다.

"그 새는 상양(商羊)이라는 새로 북해의 바닷가에 살고 있습니다. 상양이 나타나면 큰 비가 내려 홍수가 진다고 합니다. 우리 노나라는 제와 가까우므로, 문양(汶陽) 땅의 백성들에게 제방을 쌓고 수로를 만들어 홍수에 대비해야 합니다."

조정에서는 반신반의(半信半疑)하면서도 문양 백성들에게 공자의 지시를 이행토록 했다. 과연 공자가 예측한 대로 얼마 지나지 않아 제나라 남쪽 국경과 문양 땅에 폭우가 쏟아져 문수(汶水)가 범람했다.

그로인해 문양 땅의 백성들은 안전할 수 있었으나 제나라에서는 홍수로 수천 명이 죽고 집과 논밭이 유실되어 그 피해가 엄청났다.

제경공은 공자 때문에 백성들이 안전하게 되자 공자를 '성인(聖人)'이라고 칭송했다. 이때부터 공자를 성인이라 부르게 되었다.

노정공은 삼환의 세력 때문에 제대로 정사를 꾸릴 수가 없었다.

공자가 이를 간파하여 곧 삼환씨의 세력 근거지인 세 도성의 성곽을 낮추기로 하였다. 이는 바로 임금의 권위와 실권을 회복시키고자 한 조처였으나 소정묘(少正卯) 가신의 저항에 부딪혀 실패하고 만다.

"소정묘가 잔꾀를 부린 모양입니다."

계손사는 공자가 탁월한 인물이라는 것을 알았다. 그는 노나라 재상의 지위에 있으면서도 매사를 공자와 상의하여 처리했다. 그러나 소정묘는 항상 공자의 의견에 반대하고 국론을 분열시키려고 했다.

"강대했던 노나라가 오늘처럼 기운 것은 충신과 간신이 뒤섞이고 상벌이 엄격하지 못했기 때문입니다. 곡식을 잘 자라게 하려면 잡초를 뽑아버려야 하듯이 간신의 무리부터 제거해버려야 합니다. 주공께서는 태묘의 부월(斧鉞)을 신에게 빌려주십시오. 노나라의 썩은 기운을 도려내겠습니다."

공자가 노정공에게 아뢰었다. 노정공은 쾌히 승낙하고 대신들을 소집했다.

그러자 소정묘는 조정에 들어와 공자에게 잘 보이기 위해 오히려 성읍의 성곽을 낮추어야 한다고 주장했지만 공자는 혹세무민한 소정묘를 처단했다.

비로소 공자는 자신의 높은 이상을 노나라의 정치에 반영할 수 있었다. 공자는 나라의 기강을 바로 세우고 예의를 진작시키는 데 힘썼다. 노나라의 풍속은 빠르게 변화되었다. 시장에서는 물건을 파는 상인들끼리의 협잡질이 없었으며, 길에서는 백성들이 남녀가 유별하여 나뉘어 걷고 손님들에게도 친절하였다. 이렇게 노나라는 도둑이 없어지고 백성들이 태평가를 부르게 되었다.

이웃 제나라에서는 노나라의 국력이 신장되자 두려워하게 되어 노래와 춤에 능한 미녀 80명과 말 120필을 노(魯)에 보냈다. 정공과 계환자는 이 선물을 받고 사흘이나 조회를 열지 않았다.

이에 공자는 이들과는 큰 일을 할 수 없다고 판단하고 벼슬을 버리고 자신의 경륜을 펼치기 위해 세상을 떠돌며 인의(仁義)의 도(道)를 세우기 위해 주유천하의 길을 나서기로 했다.

공자는 위(衛)·조(曹)·송(宋)·정(鄭)·진(陳)·채(蔡)·초(楚)를 방문하였다.

공자는 여행 중 여러 차례 고난과 박해를 당해야만 했다. 그는 송나라에서는 생명의 위협을 겪으며 닷새 동안 잡혀 있기도 했다. 또한 진(陳)·채(蔡)에서는 7일간이나 양식이 떨어져 고생하였다.

이렇게 공자는 13년 동안이나 여러 나라를 순방하며 자기의 도덕정치를 채택할 임금을 찾았으나 끝내 만날 수 없었다. 당시의 제후들은 공자의 주장을 현실과 동떨어진 이상으로만 생각했다. 그것은 이들이 무력에 의한 영토 확장과 권모술수에 의한 권력 유지에만 급급했기 때문이다.

제후들을 설득하는데 실패한 공자는 후진의 교육을 위해 13년 동안의 유랑생활을 마감하고 다시 노나라에 돌아왔다.

68세 때였다.

고국에 돌아온 그는 『시(詩)』·『서(書)』·『역(易)』·『악(樂)』·『춘추(春秋)』를 재편찬하여 이를 정식 교재로 채택하였다. 그의 이와 같은 조처는 후진들이 전통문화를 계승하고 새로운 문화를 창출하는데 큰 도움을 주게 된다.

그러나 교육에 전념하는 그에게 슬픈 일이 연이어 일어났다. 즉 그의 외아들 리(鯉)가 50세를 일기로 세상을 떠났다.

그리고 그가 가장 아끼던 제자 안연이 B.C. 490년에 죽었다. 이때 그는, "아! 하늘이 나를 망쳤구나! 하늘이 나를 망쳤구나!"하고 탄식하며 절망에 잠겼다.

비극은 여기서 끝나지 않았다. 다시 위나라에서 벼슬을 하던 제자 자로(子路)가 내란에 휘말려 죽게 된다. 그러나 이런 불행을 겪은 공자 자신도 B.C. 479년(노애공 16년, 73세) 4월 기축일에 숨을 거두었다.

그는 만년에 자기의 한평생을 이렇게 술회했다.

"나는 열다섯 살에 학문에 뜻을 두었고〔十有五而志于學〕, 서른 살에는 학문을 이뤄 자립했으며〔三十而立〕, 마흔 살에는 미혹하지 않게 되었고(四十而不惑), 쉰 살에는 하늘이 내린 사명을 깨닫게 되었으며(五十而知天命), 예순 살에는 사물의 이치를 저절로 알게 되었고(六十而耳順), 그리고 일흔 살에는 무엇이든지 하고 싶은 대로 하여도 법도에 어긋남이 없게 되었다(七十而從心所欲不踰矩)."

공자는 이처럼 자기완성을 위해 한평생 노력했던 것이다. 그러므로 그가 만대의 사표(師表)가 된 것도 우연한 일이 아닐 것이다.

안회(顔回)가 인(仁)에 대하여 질문한 적이 있었다. 공자는 이렇게 대답했다.

"자신의 사욕을 이기고 바로 예의의 길로 돌아가면 천한 사람들이 모두 그 인덕(仁德)을 따를 것이다."

그때 공자는 안회를 이렇게 비평했다.

"훌륭하다. 회는 한 그릇의 밥과 한 쪽박의 물로 주림을 참으면서 누추한 뒷골목에 살고 있지만, 그는 그 근심을 이겨낸다. 다른 사람들 같으면 참아낼 수 없을 것이다."

그리고 또 공자는 회를 이렇게 평했다.

"회는 내 말을 바보처럼 듣기만 한다. 그러나 물러가 친구들과 이야기하는 것을 들어보면 줄거리의 중요한 도리를 제대로 밝히더라. 그래서 그는 어리석지 않다."

그리고 공자는 다시 회를 두고 말했다.

"회는 등용되면 소신껏 도(道)를 실천할 것이고, 등용되지 않는다면 숨어서 홀로 도를 즐길 것이니, 그렇게 할 수 있는 사람은 회밖에 없을 것이다."

그러나 안회는 32세에 머리털이 하얗게 희어지더니 곧 죽었다.

노나라의 애공(哀公)이 공자에게 물었다.

"제자들 중에 누가 가장 학문을 좋아합니까?"

"안회라는 자가 있습니다. 학문을 매우 좋아하여 노여움을 남에게 옮기지 않고, 같은 잘못을 결코 되풀이 하지 않습니다."

"그를 데려 오시오."

"그렇지만 그는 불행히도 젊어서 죽었습니다."

민손(閔損)은 자를 자건(子騫)이라 했다. 공자가 그를 두고 말했다.

"효성이 지극한 자건이여, 너의 효성을 아무리 칭찬하여도 아무도 반대할 사람은 없을 것이다."

그는 권력 있는 대부를 섬기지 않았다. 노나라의 세력가인 계씨(季氏)가 그를 비읍의 장으로 삼으려 하자 그는 이렇게 사양했다.

"나를 벼슬자리로 부른다면 노나라를 떠나 제나라의 문수(汶

水)가로 가서 살겠소."

 염경(冉耕)의 자는 백우(伯牛)이다. 공자가 항상 그의 덕행을 칭찬했다. 그런데 그는 불행히도 문둥병(한센병)에 걸렸다. 공자는 그를 문병 가서 창문을 통해 손을 잡고 통탄했다.

 "이것이 그대의 천명(天命)이란 말인가! 이토록 아까운 인물에게 이런 병이 걸리다니……."

 염옹(冉雍)의 자는 중궁(仲弓)이다.

 중궁이 정치에 대하여 물었을 때 공자는 이렇게 답했다.

 "집을 나서서 남과 사귈 때에는 소중한 귀인을 만난 것처럼 대하고, 백성을 부리는 위치에 서거든 마치 중요한 제사를 드릴 때처럼 신중하게 하라. 제후의 나라에서 벼슬을 하거나 대부의 집을 섬기거나 어쨌건 남에게 그로 인해 원한을 사지 말아라!"

 염구(冉求)는 자를 자유(子有)라 했다. 염구가 노나라 대부(大夫) 계씨 집안의 집사(執事)가 되었을 때 계강자(季康子)가 공자에게 물었다.

 "염구는 어진 사람입니까?"

 "천 호(千戶)의 식읍을 가지고 전차 백 대를 가진 경대부의 집에서 그가 부세(賦稅)의 일을 맡더라도 훌륭하게 일을 잘 처리해 내겠지만 어질다는 뜻하고는 다른 말이지요?"

"자로(子路)는 어떻습니까?"

"염구(冉求)와 같습니다."

중유(仲由)는 자가 자로(子路)인데 변(卞) 땅의 사람이다.

자로는 성격이 거칠고 용맹했으며 고집이 세었다. 그는 심지어 공자에게도 행패를 부릴 만큼 포학했다.

그러나 공자는 예의를 다해 그를 조금씩 이끌었으므로 결국 그는 유자(儒者)의 옷으로 갈아입고 예물을 바치며 제자되기를 청하였다.

자로가 우선 정치에 대해서 물었다. 공자는 그 중요한 요점을 말했다.

"한마디로 솔선해 실행하고 수고를 다해야 한다."

"군자에게도 용기가 필요합니까?"

"군자는 의(義)를 가장 소중히 여긴다. 군자가 용기만 좋아하고 의로움을 모르면 난신(亂臣)이 되고, 소인이 용기만을 좋아하고 의로움이 없다면 도둑이 된다."

자로는 하나의 가르침을 듣고 그것을 실천하기 전에는 다른 말 듣는 것을 꺼렸다.

"자로는 단 한마디 말로써 송사(訟事)를 척결하기를 좋아한다. 자로는 나보다 용기를 더욱 좋아하지만 불행히도 그것을 적절하게 쓸 줄을 모르는구나. 그래서 그로인해 자기 명대로 죽을지 모르겠다. 그는 다 떨어진 솜옷을 걸치고서도 앞에 여우털이나 담비털 같은 화려한 옷을 입은 사람과 마주서서도 눈썹 하나 까닥 안할 사람이다. 유의 학문이 비록 당상(堂上)에는 올랐지만 안방 깊숙이 들어오지 못한 게 아쉽구나."

자로가 위(衛)나라 포(蒲)의 대부가 되어 떠나가면서 공자한테 하직 인사를 하러왔다.

"좋은 말씀 한마디만 가르쳐 주십시오."

"포에는 힘센 자들이 많아 다스리기 어려울 것이다. 그 자들에게 공손하고 너그럽게 올바로 대하거라. 그래야만 그 자들을 제어할 수 있다. 겸손하고 올바르게 다스림으로써 임금의 은혜에 보답하게 되는 것이다."

자로가 위의 대부 공회(孔悝)의 읍재(邑宰)로 있을 때의 일이다.

반란이 일어나 반란군을 제어하기 위해 자로가 단신으로 뛰어들어 칼바람이 한바탕 일었다. 중과부적이었다. 상대가 친 칼에 자로의 갓끈이 끊어졌다.

"잠깐 기다리게. 군자는 죽을 때도 갓을 벗지 않는다네."

이때 공자는 위나라에서 반란이 일어났다는 소문을 들었다.

"아, 자로가 죽겠구나."

"그걸 어떻게 아십니까?"

문하의 한 사람이 물었다.

"그는 죽음을 두려워하지 않기 때문이다."

끝내 자로는 갓끈을 매다가 죽었다는 소문이 들려왔다.

 단목사(端木賜)는 위나라 사람인데 자는 자공(子貢)이다. 자공은 변설이 교묘했다. 그래서 공자는 항상 그의 말재주를 꾸짖었다.
 어느 날 공자가 자공에게 물었다.
 "너와 안회 중에 누가 더 낫다고 생각하느냐?"
 "저 같은 게 어찌 안회와 견주겠습니까?"
 "왜?"
 "회는 하나를 들으면 열을 알고 저는 둘밖에 모릅니다."
 자공이 가르침을 받은 한참 후에 공자에게 물었다.
 "선생님, 저는 어떤 인간이겠습니까?"
 "쓸만한 그릇이다. 종묘의 제사에 사용하는 상품의 제기, 호련(瑚璉)이다."
 어느 날 자공이 공자에게 물었다.
 "부유해도 거만하지 않고 가난해도 비굴하지 않는 일은 좋은 건가요?"
 "괜찮다. 그러나 가난해도 도를 즐기고 부유해도 예의를 지키는 것만큼은 못하다."
 제나라 대부 전상(田常)이 제에서 난을 일으키려고 했다. 그러나 제의 대부들 4성(姓, 고(高)·국(國)·포(鮑)·안(晏))의 사람들이 이를 꺼려했다. 그렇지만 강력한 군사를 놀릴 수가 없어 전상은 눈을 돌려 노(魯)나라를 치고자 했다.

공자가 이 소식을 듣고 제자들에게 말했다.

"노나라는 우리들 조상의 무덤이 있는 곳이다. 나라가 이토록 위급한 지경에 이르렀는데 누가 나서겠는가?"

자로가 나섰다.

"제가 제나라로 가서 전상을 설득시키겠습니다."

"너는 그를 설득시킬 수가 없을 것이다."

이에 자장(子張)과 자석(子石)이 동시에 나섰다.

"저희들은 어떻습니까?"

"너희들 재주로도 힘들다."

한참 후에 자공이 나섰다.

"선생님, 제가 가겠습니다."

공자는 잠깐 생각한 뒤에 말했다.

"자공이라면 가능할지 모르겠다."

그렇게 해서 자공은 제나라로 건너갔다. 전상을 만난 자공은 우선 이렇게 설득했다.

"그대가 노나라를 치려는 것은 잘못입니다."

"어째서 그렇소?"

"노나라는 치기가 어려운 나라이기 때문입니다. 우선 그 성벽은 엷고 낮으며, 주변의 연못은 좁고 얕으며, 임금은 무매하고 대신들은 무능하며, 병사와 백성은 전쟁을 무서워합니다. 이런 나라와 상대가 된다고 생각하십니까?"

전상은 어리둥절한 표정이 되었다.

"차라리 싸우려면 오나라와 하십시오. 오나라는 성이 높고 두터우며, 못은 넓고 깊으며, 갑옷은 견고하고 무기는 예리하며, 정예병들이 성곽을 철통같이 지키며, 대부들은 현명하니 얼마나 치기 쉬운 나라입니까?"

전상은 크게 화를 냈다.

"듣자하니 그대가 어렵다는 것은 남들이 쉽다는 것이고 그대가 쉽다는 것은 남들에게는 어려운 일이 아니오? 나한테 거꾸로 말해주고 있으니 지금 그대는 제정신인가?"

"저는 이렇게 듣고 있습니다. 근심이 국내에 있을 때에는 강한 나라를 치고, 근심이 국외에 있을 때에는 약한 나라를 친다고 합니다. 그런데 지금 상공의 근심은 국내에 있지 않습니까?"

"무슨 얘기인지 알아들을 수가 없소."

"상공께서는 주군한테서 세 번이나 봉을 받으려 했지만 세 번 모두 저절을 당했습니다. 그 이유는 나쁜 대부들이 상공의 세력을 꺼렸기 때문입니다."

"그건 사실이오."

"지금 상공께서 만일 노나라를 친다면 노나라는 간단하게

중니(仲尼) 제자(弟子) 열전 • 107

무너질 것이며 적으나마 땅은 넓어질 것입니다. 그런데 문제는 다른 데에 있습니다."

"무엇이 문제요?"

"싸움에 이긴 것으로 주군의 마음은 더욱 교만해지며 노나라를 깨친 것으로 대신들의 위신만 높여 줄 뿐입니다. 한편으로는 상공의 공적은 인정되지 못할 것입니다. 오히려 군주와의 사이가 날로 멀어질 뿐입니다. 이리하여 상공께서는 주군의 마음을 교만하게 만들고 아래로는 주군과 틈이 생기고 대신들과는 다투게 되는 결과가 됩니다. 이렇게 되면 상공이 입신하려 해도 더욱 난처해질 뿐입니다. 그래서 오나라를 치는 일만 못하다는 것을 말씀드린 것입니다.

"오나라와 싸운다면 어떤 이익이 있겠소?"

"오와 맞붙어 패배하는 경우를 말씀드리지요. 병사들은 나라 밖에서 싸우다 죽고 군사(軍事)에 관계된 대신들은 국내에서 그 지위를 잃을 것입니다. 이렇게 되면 상공은 강적인 대부들을 상대하지 않아도 되고 백성의 원한을 한 몸에 받지 않아도 됩니다. 주군은 또한 고립될 것이므로 제나라를 제어할 사람은 오직 상공밖에 남지 않는다는 결론이 나옵니다."

"그럴 듯한 계략이오."

자공은 남의 장점을 칭찬해 주는 데에 인색하지 않았으나 결점을 보면 단호하게 지적하는 성격이었다. 한때 노(魯)와 위(衛)

의 재상으로 있었으며 집안에는 천금의 재산을 쌓아 두었다.

그는 제(齊)나라에서 생을 마감했다.

증삼(曾參)은 산동성 남무성(南武城) 사람으로, 자는 자여(子輿)이다. 공자는 그가 효도에 통달할 수 있는 제자라 생각하고 그를 더욱 지도하여 『효경(孝經)』을 저술하게 했다.

그는 노나라에서 죽었다.

태사공은 이렇게 결론지었다.

나는 공자 제자들의 이름과 대화를 모두 『논어(論語)』에 실린 제나라와의 문답에서 뽑아 엮었으며, 의심나는 것은 여기에 싣지 않았다.

상군(商君) 상앙(商鞅) 열전

상앙(商鞅)은 위(衛)나라를 떠나 진(秦)으로 가서 자신의 학술을 밝혔다.
그의 부국강병책으로 인해 진의 효공(孝公)은 천하의 패자가 되었고,
그의 법(法)은 모범이 되었다.

상군은 위(衛)의 첩들한테서 난 여러 공자(公子)들 중의 한 사람이었다. 이름은 앙(鞅)이고 성은 공손씨(公孫氏)이며 그 조상은 본래 희성(姬姓)이다. 앙은 위나라 후손 공족인 관계로 공손앙(公孫鞅)으로도 부르고 위앙(衛鞅)으로도 부른다.

그는 젊어서부터 '형명(刑名)의 학(學)'을 좋아했다.

위(衛)나라의 재상 공숙좌(公叔座)를 섬겨 중서자(中庶子)의 벼슬자리에 있었다.

공숙좌는 앙의 현명함을 익히 알고 위왕(威王)에게 추천하기 전 깊은 병에 들었다. 이때 위의 혜왕(惠王)은 몸소 병문안을 와서 짐짓 물었다.

"만약 그대의 병이 악화되어 피할 수 없는 일이라도 생긴다면 장차 사직을 누구에게 맡기는 게 좋겠소?"

공숙좌는 마침 잘 되었다 싶었다.

"제 집에 중서자 벼슬에 있는 앙이라는 젊은이가 있습니다. 비록 젊기는 하나 천하의 기재(奇才)입니다. 대왕께서는 그에게 나랏일을 맡기면 큰 탈이 없을 것입니다."

"글쎄……."

왕이 수긍하려 들지 않자, 공숙좌는 좌우를 물리치고 다시 은밀히 말했다.

"만일 대왕께서 앙을 등용치 않으시려거든 그를 죽이십시오. 국경 밖으로 내보내는 경우, 반드시 위나라에게 큰 후환이 될 것입니다."

왕이 돌아간 후 공숙자는 급히 앙을 불렀다.

"방금 전 왕께서 내가 죽은 뒤에 재상이 될 인물을 묻기에 나는 자네를 추천했으나, 왕은 내 말을 들어주지 않을 것 같네. 그리고 나는 덧붙여서 자네를 등용치 않으려면 죽이라고 했네. 왕이 그러마고 떠났으니, 자네는 죽기 전에 어서 이 나라를 떠나게."

앙이 아무렇지도 않은 표정으로 대꾸했다.

"대왕께서 어른의 말씀대로 신을 재상으로 임명치 않았는데 어찌 어른의 말씀대로 죽이라는 말씀인들 듣겠습니까?"

앙은 위나라를 떠나지 않았다.

혜왕은 돌아가서 좌우 신하들에게 말했다.

"공숙의 병은 몹시 무겁다. 자기가 죽거든 나랏일을 중서자인 공손앙에게 물으라 했는데, 어찌 올바른 정신으로야 그런 말을 하겠는가."

혜왕은 공숙좌의 말을 노망 정도로만 생각하고 있었다. 그리고 공숙좌는 죽었다.

얼마 후 진(秦)나라의 효공(孝公)이 천하에 포고령을 내렸다.

우리의 선조 목공(穆公)이 이룩했던 위업을 다시 이룩하고 동쪽의 잃었던 땅을 되찾으려 하니, 이에 온 천하에 명을 내려 현명한 인재를 구하는 바이다!

앙이 그 소문을 듣고 잠시도 지체치 않고 서쪽의 진(秦)나라로 떠났다. 앙은 우선 효공으로부터 총애를 받는 경감(景監)을 만나 그의 주선으로 진왕을 만날 수 있었다.

앙은 진왕을 상대로 '나라 다스리는 도리'에 대해 열심히 유세하는 데도 효공은 졸기만 했다.

앙은 하릴없이 물러나와 경감에게 한 번만 더 뵙게 해 달라고 졸랐다. 그래서 닷새 후 효공을 다시 뵐 수 있었다. 그렇지만 이번에도 별 볼일 없이 물러나왔다.

"오늘은 무슨 허튼 소리를 했기에 왕께서 그토록 역정을 내시는 거요?"

"지난번에는 '제왕의 도', 오늘은 하·은·주 3대의 성왕(聖王)들이 정치한 왕도(王道)를 설명했는데 역시 마음에 드시지 않았나 봅니다. 마지막으로 한 번만 더 기회를 마련해 주십시오."

며칠 뒤 앙은 다시 효공을 만났다.

앙이 물러난 후, 경감은 역시 조심스럽게 진왕에게 물었다.

"역시 앙은 쓸모가 없지요?"

"아니오. 쓸만하오. 좋은 손님이오. 이야기할 만하오.

경감이 물러나와 앙에게 물었다.

"대체 오늘은 왕께 무슨 말씀을 드렸기에 그토록 흡족해 하시는 거요?"

"오늘은 제가 대왕께 무력으로 정치하는 패자(覇者)의 도(道)를 가지고 말씀드렸더니 몹시 관심이 있으신가 봅니다. 기회를 엿보아 다시 뵙도록 해주시오. 이제는 대왕의 마음을 알았습니다."

얼마 뒤 앙은 다시 효공을 만나게 되었다.

이번에는 경감이 앙을 만날 수가 없었다. 무슨 이야기를 나누는지 효공은 며칠 동안 앙을 놓아주지 않고 궁중에 머물러 있게 했다.

며칠이 더 지나서야 경감은 비로소 앙을 만날 수 있었다.

"제가 공에게 삼황오제(三皇五帝)의 도를 실행하면 하·은·주 3대의 비견될 만한 태평성대를 누릴 수 있다고 말씀드렸지요."

"그래서 제왕의 도를 실천하겠다고 하셨소?"

"아니오. 너무나 길고 멀어서 기다릴 수가 없다고 하셨습니다."

"그래서 어떤 결론을 얻었소."

"이 시대에 이룰 수 있는 부국강병책을 말씀드렸더니 그토록 좋아하실 수가 없더군요."

"정말 잘 되었소!"

"하지만 부국강병책만으로는 하·은·주 시대의 임금의 덕화(德化)란 기대할 수 없다고 분명히 말씀드렸습니다."

앙은 이렇게 진나라에 등용되었다.

앙이 국법을 고치려고 서두르자 효공은 천하사람들이 자기를 비방할까 몹시 두려워했다. 이에 앙이 설득했다.

"확신이 없는 행위에는 공명이 따르지 않고 확신이 없는 사업에는 성공도 없습니다. 본시 남보다 뛰어난 행위를 하면 원래가 세상의 비난을 받게 마련이며, 남들이 모르는 탁견을 가진 자는 반드시 오만하다는 소리도 듣게 됩니다. 어리석은 자는 일의 성과에 대해서 어둡지만 슬기로운 사람은 일이 시작되기도 전에 그 성과를 미리 압니다. 백성들이란 일을 시작할 때에는 의논할 수 없으나 일의 성과는 함께 즐길 수가 있습니다. 지고한 덕을 논하는 자는 속선과 타협하지 않으며, 큰 성과를 이루는 자는 범인(凡人)과 상의하지 않습니다. 그러므로 성인(聖人)은 적어도 나라를 강하게 하기 위하여 옛법을 모범으로 삼지 않으며, 적으나마 백성들에게 이익이 된다면 구태여 구례(舊禮)를 좇지 않는 법입니다."

"좋다. 그대로 해보자!"

그러나 대신들의 반발도 만만치 않았다.

"고법(古法)을 본받으면 잘못이 없고 구례(舊禮)를 따르면 허물이 없다고 했습니다."

이에 앙이 무짜르듯 결론적인 말을 쏟았다.

"세상을 다스리는 길이 어찌 한 가지 방법밖에 없겠습니까? 그 나라에 편리하면 옛법을 구태여 본받을 필요가 없습니다. 은의 탕왕과 주의 무왕은 구법을 따르지 않고 왕업을 이루었고, 하의 걸왕과 은의 주왕은 옛법을 바꾸지 않고도 멸망했습니다. 그러므로 옛법에 반한다해서 비난할 것도 아니며, 구례(舊禮)를 따른다해도 굳이 칭찬할 일도 못됩니다."

"좋다. 앙의 생각대로 한다."

효공은 드디어 결단을 내렸다.

진왕은 앙을 좌서장(左庶長)으로 삼고 변법(變法)의 영(令)을 확정케 했다.

1. 다섯 혹은 열 집씩 한 조로 하여 죄를 적발하거나 죄에 연좌되게 하고, 부정을 고발하지 않으면 허리를 자르는 형

벌, 요참(腰斬)에 처한다. 또한 부정을 고발하는 자는 전쟁터에서 적(敵)의 머리를 벤 자와 같이 상을 주고, 부정을 감춘 자는 적에게 항복한 자와 같은 벌을 준다.

2. 백성으로 두 사람 이상의 남자가 한 집에 살면서 분가하지 않는 자는 그 부세(賦稅)를 두 배로 한다.

3. 군공(軍功)이 있는 자는 각각 그 공의 크고 작음에 따라 벼슬을 받는다.

4. 어른이나 아이나 다 힘을 모아 밭갈이와 베짜기를 본업으로 삼고, 곡식이나 비단을 많이 바치는 자는 부역(賦役)을 면제한다.

5. 상공업에 종사하여 이익만을 추구하거나 게을러서 가난한 자는 모두 조사해서 관청의 노비로 삼는다.

6. 공실(公室, 귀족)의 일족이라도 군공(軍功)이 없으면 심사를 거쳐 공족(公族)의 족보에서 삭제한다.

7. 가문의 존비(尊卑)와 작위, 봉록의 등급은 분명히 하고 각각 그 차등을 둔다.

8. 개인 소유의 전지(田地)와 택지의 면적, 신첩(臣妾)의 수, 남녀 노비의 수, 의복의 종류와 형식은 가격의 등급에 따른다.

9. 공이 있는 자는 호화로운 생활을 할 수 있으나 공이 없는 자는 부유해도 화려한 생활을 할 수 없다.

법령은 마련되었지만 앙은 아직 공포하지 않았다. 법령을 믿지 않을까 걱정이 되었기 때문이었다. 그래서 앙은 묘안을 짜냈다. 18자(尺)나 되는 나무를 도성 저잣거리 남문에다 세워놓고, '이것을 옮겨 북문에다 세우는 자에게는 10금을 준다'라고 고시를 했다.

그러나 백성들은 이상하게만 생각하고 아무도 그것을 옮기지 않았다. 이번에는 상금을 올려 50금을 준다고 썼다.

그때 어떤 사람이 그것을 옮겼다.

앙은 그를 불러 50금을 주고, '나라는 백성을 속이지 않는다'는 사실을 분명히 했다.

그런 후에야 앙은 새 법령을 반포했다.

신법(新法)이 백성들에게 시행된 지 일 년이 되었다. 새 법령이 불편하다면서 호소하는 자가 천을 헤아렸다.

바로 그때 태자가 법을 어겼다.

앙은 태자를 법대로 처단하려 했으나 인군의 후사(後嗣)이므로 처벌할 수 없어 편법을 썼다. 곧 태자 대신 태자의 보좌관인 공자 건을 처벌하고 태자의 스승 공손가(公孫賈)에게 먹물을 새기는 경형(黥刑)에 처했다.

그제야 진나라 백성들은 새 법령에 따랐다.

법령이 시작된 지 10년 만에 진의 백성은 마음으로 복종하게 되었다. 길에 떨어진 물건을 줍지 않았고 산에도 도적이 없었다. 생활은 풍족해지고 전쟁에는 용감하였으며 사사로운 싸움조차 겁을 먹을 정도로 나라는 잘 다스려졌다.

그런 후 5년이 지나자 진나라는 부강해졌다. 주(周) 천자가 종묘의 제사에 쓴 고기를 효공에게 보내니 제후들이 모두 경하해 마지않았다.

앙이 위군을 격파하자 위나라는 사신을 진으로 보내어 황하 서쪽의 땅을 갈라 진에 바치고 강화한 후 안읍을 떠나 대량(大梁)으로 천도했다.

위의 혜왕은 탄식하며 말했다.

"과인이 공숙자의 말을 듣지 않아 나라가 이 모양이 되었다."

앙이 위군을 격파하고 돌아오자 진에서는 앙에게 하남성 내 향현 서쪽 오(於)와 상주의 동쪽 상(商) 등의 15읍을 봉해 상군(商君)이라 불렀다.

세월이 흐르는 동안 진의 종실과 외척 중에서 앙을 원망하는 소리가 많아졌다. 그리고 얼마 후 효공이 갑자기 죽고 태자가 섰다. "상군(商君)이 모반하려 하고 있습니다. 군사를 보내어 그를 포박하십시오."

권세가 바뀌니 세상도 바뀌었다. 앙은 다급해 국경 밖으로 도망치기 위해 개사에 들려 숙박하려 했으나 '여행증'이 없어 잠도 잘 수 없었다.

"상군의 법에는 여권이 없는 사람을 투숙시키면 연좌의 벌을 받게 됩니다."

 상앙은 자기가 만든 법에 자기가 걸려들었다. 그리고는 붙잡혀 모반의 죄로 거열형에 처하여 조리 돌림을 당했다.

 태사공은 이렇게 결론을 지었다.

 상군은 천성이 각박한 사람이다. 효공에게서 벼슬자리를 얻기 위해 처음부터 마음에도 없는 '제왕의 도'를 늘어놓은 것은 속임수에 불과했다. 그리고 효공을 만나는 부탁을 임금이 아끼는 총신을 이용한 점도 교묘하다.

 등용된 후에는 은혜로운 정이 없었으며, 결국은 진나라에서 엄격한 법령에 의해 악명을 떨치게 된 것은 그만한 이유가 있다 하겠다.

소진(蘇秦) 열전

천하 열국이 진(秦)과의 연횡(連衡)을 경계한 것은 진의 그칠 줄 모르는 침략 의도를 두려워했기 때문이다. 그러나 소진은 열국을 존속시키고 합종(合縱)을 맹약케 하여 탐욕스런 강대국 진을 눌렀다.

소진(蘇秦)은 동주(東周)의 낙양(雒陽, 洛陽)으로 제나라에 가서 귀곡(鬼谷) 선생을 스승으로 모시고 장의(張儀)와 함께 학문을 배웠다.

귀곡 선생은 귀곡자(鬼谷子)라고도 일컬으며 종횡가(縱橫家)의 조상으로 알려졌다. 하남성 등봉현의 남동 귀곡(鬼谷)에 살았으므로 귀곡 선생이라 한다. 『귀곡자(鬼谷子)』 3권이 전한다.

소진이 외국에서 유학하던 수년 동안 많은 곤궁을 겪고 집으로 돌아갈 수밖에 없었다.

파리한 모습에 다 떨어진 신발, 남루한 옷차림으로 책 보따리를 둘러맨 채, 몸은 마를 대로 마르고 얼굴은 까맣게 타서 볼썽사나운 기색이었다.

집에 다다르니 아내는 베틀에서 내려오지도 않고, 형수는 밥도 지어 주지 않았으며, 부모조차 말을 하려 들지 않았다.

소진은 탄식하였다.

"처는 나를 지아비로 여기지 않고, 형수는 나를 시동생으로 여기지 아니하며, 부모님은 나를 자식으로 여기지 않으니 이 모든 게 나의 죄이다."

이에 밤을 새워 책을 펴보기 시작하였다. 책 궤짝 수십 개를 펼쳐 놓고 태공망(太公望) 여상(呂尙)의 병법에서,『음부경(陰符經)』을 찾아내어 엎드려 읽고 외고 가려 뽑아 열심히 연구하였다.

책을 읽다가 잠이 오면 송곳으로 허벅지를 찔러 피가 다리까지 흘러내렸다. 그러다 보니 한 해가 획 지나갔다.

그때 그는 깨달았다.

"도대체 선비라는 자가 머리 숙여가며 남에게서 글을 배워 놓고도 영화로울 수가 없다면 무슨 소용인가? 됐다, 가자! 나는 이제 상대의 마음을 헤아려 알 수 있는 췌마(揣摩)의 비법을 깨달았다. 이것이야말로 당세의 군왕을 설득시킬 만하다."

소진은 우선 가까운 주나라 현왕(顯王)을 알현코자 하였다.

"만나보실 필요도 없습니다. 그 자는 미친 자입니다."

소진을 잘 알고 있는 왕의 측근들로 인해 그는 배알조차 하지 못하고 물러나와 서쪽 진나라로 발걸음을 옮겼다.

그때는 상앙의 부국강병책으로 성장한 시기였다.

마침 혜공이 죽고 그 아들 혜왕이 등극하여 어수선한 때였다. 소진은 혜왕을 설득했다.

"진은 사방이 험준하고 견고한 산하로 둘러싸인 요새입니다. 위수(渭水)가 띠를 두르듯 흐르고 있고, 동쪽에는 함곡관과 황하가 있으며, 서쪽에는 한중(漢中)이 있고 남쪽에는 파(巴)·촉(蜀)이 있고 북쪽에는 대군(代郡)과 산서성 북쪽 마읍(馬邑)이 있어 천연적인 곳집[부고(府庫)]이라 할 수 있습니다. 진나라의 많은 선비들과 백성들에게 병법을 가르친다면 천하를 병합해 황제라 일컬을 수 있을 것입니다."

진왕은 소진의 변설을 듣다가 중간을 끊으면서 짜증스럽게 대꾸했다.

"날으는 새라도 날개가 다 자라기 전에는 하늘 높이 나를 수가 없는 법이요. 우리 진나라는 아직 정사가 정돈되지 못한 처지라 남의 나라를 병탄한다는 것은 무리요, 다른 데나 가 보시오."

진왕은 당시에 상앙을 죽인 지 얼마 안 된 후라 유세객을 달가워할 처지가 아니었다.

소진은 동쪽으로 가 조(趙)나라를 찾아갔다.

조의 숙후(肅侯)는 아우인 성(成)을 재상으로 삼아 봉양군(奉陽君)이라 불렀는데, 봉양군은 소진을 탐탁치 않게 여겼다.

"시간 뺏기지 말고 다른 나라로 가 보시오."

소진은 조나라에서도 버림받는 신세가 되어 이번에는 연(燕)

나라로 터벅터벅 걸어 들어갔다. 그리고 그곳에서 일년여 동안을 탐색한 후였다.

"연은 동쪽으로 조선과 요동이 있고, 북에는 임호(林胡)·누번(樓煩)이라는 두 호국(胡國)이 있고, 서쪽으로는 운중(雲中)·구원(九原)의 땅이 있고, 남으로는 호타수(嘑沱水)와 역수(易水)의 두 강물이 있습니다."

"옳게 보았소."

"국토는 사방 2천여 리, 무장한 갑사(甲士) 수십 만, 전차 6백대, 군마 6천 필, 곡식은 수년을 견딜 수 있습니다."

"연의 내용을 그토록 소상히 아시니 놀랍소."

"어디 그 뿐입니까? 남쪽의 풍성한 물산과 북쪽의 대추와 밤, 그 모두가 백성이 밭 갈지 않고도 넉넉한 식량이 됩니다. 열국을 훑어보더라도 이처럼 생활이 안락하고 전쟁 한 번 치러보지 않은 나라는 연나라밖에 없습니다. 대왕께서는 그 이유를 알고 계십니까?

"모르오. 그 모두가 하늘의 축복이 아니겠소?"

"아니오. 왜구의 침범도 없고 병사가 피해를 보지 않은 것은 남쪽을 조나라가 막아 주고 있기 때문입니다."

"조나라가요?"

"진과 조가 다섯 차례나 싸워 진이 두 번 이겼고 조가 세 번 이겼지요. 두 나라 모두 피폐해지기는 마찬가지입니다. 그런데도 연나라는 침략당하지 않았습니다. 만일 조가 연을 공격해 온다면 어떻게 되겠습니까?"

"실상은 그것이 걱정이오."

"아마도 조나라 군사는 열흘이 못되어 수십만 군이 호타수를 곧바로 건너 역수까지 뛰어넘어 불과 4, 5일이면 연의 국토에 다다르게 됩니다."

"그것이 두려운 일이요. 묘책이 없겠소?"

"조나라와 합종〔合縱, 趙·韓·魏·燕·楚·齊 6국이 세로(縱)로 벌려져 있어 서로가 힘을 합쳐 秦에 대항하자는 계책〕하십시오. 천하가 종(縱)으로 하나가 되기만 하면 연나라는 아무 우환이 없어집니다."

"아직은 우리 연나라에 우환이 없으나 서쪽의 조와 남쪽의 제가 앞으로 어떻게 나올지가 걱정이오. 더구나 우리는 작은 나라이고, 제와 조는 강국들이 아니겠소. 만일 그대가 합종을 성립시켜 연을 편안케만 해줄 수 있다면 나라를 들어 그대를 좇겠소."

"제가 조나라에 다녀오지요."

연왕 문후는 소진에게 거마와 황금, 그리고 비단을 후히 주어 조나라로 가게 했다.

때마침 조나라의 재상 봉양군은 죽고 없었다. 그래서 소진은 곧바로 조의 숙후를 설득할 수 있었다.

"대왕의 의행(義行)이 고결, 현명하시다는 소문을 듣고 그 가르침을 받자와 진작에 어전에 들르고 싶었습니다만 봉양군께서 저를 질투하시어 충성스런 의견을 아뢸 길이 없었습니다. 대왕께서는 사민(士民)들과도 가깝게 지내려 하십니다. 감히 우견을 말씀드리겠습니다."

"어서 말씀해 보시오."

"대왕께서는 백성들을 안정시키고 편안케 하시는 것이 최우선으로 삼고 계십니다. 그런데 제나라와 진나라, 양국과 적대관계에 있게 되면 조의 백성들은 안정될 수 없습니다. 그렇다고 해서 진의 편을 들어 제를 쳐서도, 제의 편을 들어 진을 공격해도 백성들은 안정될 수 없습니다. 그러나 지난날 진과의 전쟁에서도 그렇고 진나라가 천하에서 적대시할 나라는 조나라밖에 없습니다. 그렇지만 진이 감히 기병해서 조나라를 치지 않는 이유는 한(韓)과 위(魏) 두 나라가 합심해서 진의 배후를 찔러 오지 않을까 두려워서겠지요?"

"옳은 말입니다."

"제가 가만히 천하의 형세를 살펴보니, 제후들의 땅은 진나라의 다섯 배가 되며, 제후들의 병사는 진의 열 배가 됩니다. 제후 6국이 하나가 되어 힘을 합해 서쪽을 치면 진은 반드시 깨어지도록 되어 있습니다. 만일 그렇지가 못하고 강한 진을 겁내어 진을 섬긴다면 진의 신하가 되는 것이지요. 남을 신하로 삼는 것과 남의 신하가 되는 것은 엄청난 차이지요."

"한 가지 물어 봅시다. 저들 연횡론자(連衡論者)들의 의도는 무엇이오?"

"좋은 질문입니다. 한마디로 그들은 여섯 제후들을 공갈쳐서 진나라에 땅을 베어주라는 것이지요."

"그럴 경우 연횡을 유세하는 자들은 어떤 은혜를 입소?"

"뻔하지요. 누대를 높이 올려 궁실을 아름답게 꾸미고 가무를 즐기겠지요. 자기 조국이야 진나라에 먹혀 망하든 말든 전연 근심하지 않으며 사욕을 계속 채우기 위해 제후국들을 더욱 위협해서 땅을 베어 진에 바치도록 윽박지르겠지요."

"됐소. 잘 들었소. 그러니 그대는 여섯 나라가 합종하여 진을 배척하는 계책을 계속 사용하라는 뜻이구려."

"그러합니다."

"그렇게 하려면 내가 어떻게 해야 하오?"

"우선 한·위·제·초·연·조의 장군과 재상들을 하남성 안양시 동북의 강, 원수(洹水) 가에 모아 볼모를 교환하고 백마를 죽여 그 피를 입에 발라 맹세하고 굳게 약속해야 합니다."

"어떻게?"

"진이 초를 치면 제·위의 정예군사가 곧 출동해 초를 돕고 한은 진의 양도(糧道)를 끊고, 조는 황하와 장수를 건너고 연은 상산의 북쪽을 지키기로 하십시오."

"만일 진이 한·위를 치면 어떻게 되오?"

"초는 그 후방을 끊고 제는 즉각 정예병을 출동시키며, 조나라는 황하와 장수를 건너고, 연은 운중을 지키면 됩니다."

"진이 제를 칠 수도 있겠는데?"

"그땐 초가 그 배후를 끊고, 한이 성고(城皐)를 지키고, 위는 그 길을 막고, 조는 황하와 장수를 건너 박관(博關)으로 가고, 연은 정예병을 내어 제를 돕는다고 하십시오."

"진이 연을 치면 어떻게 되오?"

"조가 상산을 지키고, 초는 무관(武關)에 출병하고, 제는 발해를 건너고, 한·위는 정병을 내어 도우면 됩니다."

"이제 진이 조나라를 공격해 올 경우만 남았구려."

"한은 의양에서 포진하고, 초는 무관으로 출병하고, 위는 황하 서쪽에 포진하고, 제는 청하를 건너고, 연은 정병을 내어 조를 도우면 됩니다."

"맹약을 어기는 나라가 있을 텐데."

"간단합니다. 다른 5국의 병력으로 이를 응징하십시오."

"그렇구려. 만약 합종이 성공한다면 진나라도 함곡관을 나와 산동을 침범하지 못하겠구려."

"어디 그 뿐이겠습니까? 대왕께서는 마침내 패업의 위업도 이루게 되겠지요?"

조왕은 그제야 흥분한 목소리로 말했다.

"과인은 나이도 젊고 왕위에 오른 지도 얼마 안 되어 아직 국가의 백년대계를 들어볼 만한 시간이 없었소. 그런데 지금 그대가 사직을 보존케 하고 제후를 안정시키며, 천하가 보존되는 계책을 주었으니 기쁘기 그지없소. 그대가 말한 대로 하리다."

이에 조왕은 마차 1백 대, 황금 1천 일(鎰, 280㎏), 백벽(白璧) 1백 쌍, 비단 천 필을 갖추어 소진에게 주어 제후들과 합종의 맹약을 맺고 오도록 보냈다.

소진은 서둘러 한의 선혜왕(宣惠王)을 만나 '닭의 부리가 될지언정 쇠꼬리는 되지 말라'는 식으로 달래고, 위(魏)나라 양왕(襄王)을 만났다.

"진을 섬기자는 연횡론이 우세하오. 대부분의 신하들은 그걸 원하고 있소."

"지금 대왕께선 신하들의 말만 듣고 진을 섬기려 하시지만 무릇 진을 섬기려면 반드시 땅을 쪼개 바쳐야 할 것입니다. 땅은 한정되어 있는데, 싸움도 하기 전에 영토의 결손을 보자고 간언하는 신하는 충신이 아니고 간신입니다. 어찌 신하된 자로서 인군의 땅을 떼어 바치는 외교를 하자는 자를 충신이라 부르겠습니까. 그자들은 나중에 닥쳐올 환란에 대해서는 조금도 책임지지 않는 자들입니다. 곧 바깥의 강한 진나라 권세를 빌어 안으로 자기 군주를 위협해 땅을 팔아먹는 행위일 뿐입니다."

"옳은 말이오. 그대는 6국이 합종하라는 뜻이오?"

"그렇습니다. 뜻을 하나로 뭉치면 강한 진나라의 우환을 해소시킬 수 있습니다. 조왕(趙王)께옵서 저를 시켜 맹약을 받아 오라 하시었습니다."

잠시 후 위왕은 분연히 말했다.

"좋소. 과인의 불민한 탓으로 밝은 가르침을 이제야 깨달았소. 이제 그대를 통해 조왕의 권고까지 들은 이상 그대의 말을 좇겠소."

위왕을 설득시킨 소진은 동쪽으로 더 나아가 제나라로 갔다.

제에는 선왕(宣王)이 있었다.

"어떤 좋은 방법이라도 없겠소."

마침 제왕은 전전긍긍하고 있었다.

"진이 제를 치려면 한·위의 땅을 등지고 위의 양진의 길을 지나 산동성 제령현 항보(亢父)의 험준한 산을 넘어야 합니다. 더구나 진이 제에 깊이 침투하고 싶어도 한·위가 연합하여 진의 뒤쪽을 위협하지 않을까 두려워하고 있습니다."

"그렇다면 진의 행동은 허세란 말이오?"

"바로 그렇습니다. 속으로는 두렵고 의심스러우니까 밖으로 공갈치고 거만스럽게 굴면서 감히 전진해 오지 못하는 것입니다."

"잘 들었소. 제나라는 멀고 바다에 치우친 땅이며, 더 나아갈 데도 없는 동쪽 변경의 나라라, 지금까지 그대 같은 고견은 아직 한마디도 들을 기회가 없었소. 지금에사 그대가 조왕의 가르침을 전하니 삼가 나라를 들어 거기에 따르겠소."

소진은 제왕으로부터도 합종의 계략을 쓰기로 약속 받아낸 후 다시 서둘러서 초(楚)나라로 향했다.

남서쪽의 초에는 위왕(威王)이 있었다. 그는 합종이냐 연횡이냐를 놓고 고민중이었다.

"국토는 사방 5천 리, 양곡은 10년을 지탱할 수 있고 갑병은 1백 만, 이토록 강한 초나라가 더구나 현명함을 지니신 대왕께서 서면(西面)하여 진을 섬겨 보십시오. 천하의 제후들 모두가 진의 장대(章臺) 밑으로 줄줄이 따라서 입조할 것입니다. 진나라에서 볼 때는 초나라만큼 방해되는 나라가 없습니다. 초나라가 강하기 때문이지요. 그러니까 결국 초나라가 강해지면 진나라가 약해지고, 진이 강해지면 초가 약해진다는 결론이 나옵니다. 두 양웅(兩雄)이 한 하늘 아래에 설 수 없기 때문이지요."

"그렇다면 그 대책을 어서 말해 보오."

"쉽게 말씀드려 여섯 나라가 합종하여 진나라를 고립시키는 계략을 채택하도록 권하고 싶습니다."

"나에게 돌아오는 이익은 뭐가 있겠소?"

"제가 산동의 여러 나라를 시켜 공물을 바치도록 하고, 대왕의 명령에 복종토록 하며, 사직과 종묘를 초에 의존케 만들며, 각국의 병사들을 대왕의 뜻대로 사용할 수 있도록 해드리겠습니다. 그 뿐만 아니라 한(韓)·위(魏)·제(齊)·연(燕)·조(趙)·위(衛)의 합종의 친교가 이뤄지면 초는 천하의 왕국이 될 것이고, 연횡이 이루어지면 진이 천하의 제왕국이 될 것입니다."

잠깐 생각에 잠기던 초왕이 흔연히 고개를 들어 소리쳤다.

"좋소. 그대의 말대로 하겠소. 그대가 천하 제후를 하나로 집결시켜 위기에 처한 나라들을 안전하게 존속시키려는 대의명분이 마음에 들었소. 과인은 나라를 받들어 그 계책을 따르겠소."

결국 소진 혼자서 6국을 합종의 맹약을 시켜 힘을 합치도록 만들어 놓았다. 그로 인해 소진은 합종 맹약의 장(長)이 되었고 6국의 재상을 겸임했다.

북쪽으로 조왕에게 경과를 보고하기 위히어 가는 중에 낙양을 지나게 되었다. 소진을 따르는 마차와 화물을 비롯해 제후들이 사신을 보내 내린 선물들이 많아서 그 행렬은 임금의 그것보다 훨씬 화려하고 엄청났다.

주나라 현왕(顯王)은 소문을 듣고 두려운 나머지 도로를 정소하게 하고 사자를 직접 교외에까지 보내어 소진을 위하게 했다.

그가 고향집에 들렀을 때 소진의 형제·처·형수 등은 먼

발치에서 곁눈으로 볼 뿐 감히 똑바로 쳐다보지를 못하고, 고개를 숙인 채 소진의 식사 시중만 들고 있었다.

소진이 빈정대는 투로 형수에게 물었다.

"전날 그토록 나를 박대하더니 갑자기 이게 웬일이오?"

말이 떨어지기가 무섭게 형수는 넙죽 땅에 엎드리며 말했다.

"용서해 주십시오. 서방님의 지위가 높고 재산이 많은 것을 보았기 때문입니다."

소진은 탄식하면서 중얼거렸다.

"나는 그냥 한 몸인데 빈천하면 업신여기고 부귀하면 일가 친척까지도 두려워하고 공경하니, 하물며 남들이야 따져 무얼 하리. 내게 낙양성 부근에 두 마지기의 밭뙈기만 있었더라도 내 어찌 여섯 나라 재상의 관인을 찰 수 있었겠나?"

하고 탄식하면서 소진은 1천 금을 내어 가족과 벗들에게 뿌렸다. 처음에 소진이 연나라로 갈 때 백 전을 꾸어 노자를 삼았었는데 부귀해진 후에 백금(百金)으로 이것을 갚았다.

그리고 6국이 합종한 맹약서를 진에 통고했다. 그로부터 진의 병사가 감히 함곡관 동쪽을 엿보지 못한 것이 15년이었다.

그 후 소진은 제나라에서 새 왕의 총애를 받으려다 대부들과 갈등을 겪을 때 자객에 의해 중상을 입고 그 상처가 도져 죽었다.

태사공은 이렇게 결론을 지었다.

소진은 제후들에게 유세하여 그 이름을 세상에 드러냈다. 그의 변론술은 권모술수와 임기응변에 능한 것이었는데 소진은 반간(反間, 첩자)의 오명을 뒤집어쓰고 죽게 되자, 천하가 그를 조소하여 그의 술법을 배우기조차 꺼려했다.

민간에서 몸을 일으켜 6국을 연결시키는 합종의 맹약을 맺게 한 그의 활약을 보면 소진은 지모가 대단히 뛰어난 인물로 추측된다.

장의(張儀) 열전

조(趙)·한(韓)·위(魏)·연(燕)·초(楚)·제(齊) 6국이 세로로 벌려 합종의 맹약을 하고 있었으나 장의는 자기주장을 밝히고 다시 열국(列國)을 흐트러뜨렸다.

장의(張儀)는 위(魏)나라 사람이다.

일찍이 소진과 함께 귀곡(鬼谷) 선생에게 사사하며 학술을 배웠다. 소진도 장의의 재능을 따르지 못한다고 생각하고 있었다.

장의 또한 소진과 마찬가지로 제후들을 찾아다니며 유세(遊說)했으나 아무도 그에게 귀 기울여 주지는 않았다.

인정받기는커녕 오히려 굴욕만 치렀다.

한번은 초나라 재상 소양(昭陽)의 잔치에 가서 술을 마셨는데 소양의 집에 있던 도리옥〔화씨지벽(和氏之璧)〕을 잃어버렸다고 소란이 일어났다.

"장의가 수상합니다. 평소 행동도 좋지 않거니와 집안이 워낙 가난합니다."

연회에 참석했던 손님들이 모두 불청객 장의를 도둑으로 몰았다. 장의는 속절없이 수백 대의 매를 맞았다.

"나는 훔치지 않았소!"

아무리 아니라고 해도 막무가내로 매를 맞았다.

온몸이 걸레가 되어 가까스로 집에 들어와 아내에게 자기 혀를 내밀었다.

"여기 좀 보게. 아직도 혀가 붙어 있는가?"

"공연히 책 같은 걸 읽어 유세만 하지 않았어도 이런 꼴은 당하지 않했을 것 아니요. 그래도 혀는 붙어 있군요."

하도 어이가 없어 아내도 웃으면서 대꾸했다.

"그럼 됐소. 혀만 붙어 있으면 충분하오."

이 즈음에 친구 소진은 벌써 조왕을 설득해 합종의 맹약을 맺는데 성공하였으나 진나라가 제후들을 쳐서 맹약을 깨며 합종국들이 서로 배반하지 않을까 두려워하고 있었다. 그런 불상사가 일어나지 않기 위해서는 진나라에 적당한 인물이 등용되어야 한다고 생각했다.

"역시 장의밖에 없는데……."

소진은 비밀리에 수하를 장의한테 보냈다.

"내 이야기는 하지 말고 일단 장의를 나한테 데리고만 와주게."

그래서 수하는 장의한테로 가서 속살거렸다.

"왜 이렇게 고생하고 계십니까? 장 선생님께서는 소진과 죽마고우(竹馬故友)라면서요. 헛고생 그만 하시고 한번 찾아가 보시지요. 그가 친구이니 박대하지는 않으실 것입니다."

"그렇소!"

장의는 의기양양하여 조나라의 소진한테로 갔다. 그리고 당당하게 자신의 이름을 올려 면담을 신청했다. 그러나 이레가 지나도록 소진한테서는 소식이 없었다.

"어떻게 된 거요? 장의가 왔다는 한마디만 디밀면 버선발로 나올 만도 한데……."

"주인님은 바쁘십니다."

"그럼 난 가겠소."

"잠깐만 기다려 보십시오. 제가 다시 한번 간청해 올리겠습니다."

그렇게 어렵사리 면회가 허락되었는데 소진은 장의를 당하(堂下)에 앉혀놓고 물끄러미 바라볼 뿐이었다.

그 뿐만 아니라 자신의 밥상에는 산해진미를 가득 차려놓고 자신에게는 보잘것없는 음식상을 내려주었다. 그리고 소진은 장의를 굽어보며 빈정거렸다.

"자네는 지난날 나보다 훨씬 너 재주가 뛰어났었는데 지금 보니 별볼일 없구만. 내가 인군께 말씀드려 말직이라도 벼슬을 내리고 싶지만 자네가 미덥지 못해 그마저도 못하겠네."

생각지도 못한 소진의 모욕에 장의는 그 자리를 박차고 나오며 고래고래 욕설을 퍼부었다.

"좋다. 요놈 어디 두고 보자! 옛친구라 믿고 찾아왔더니 나를 그토록 깔아뭉개다니, 무어 네놈이 합종이라? 나는 진나라로 들어가 연횡으로 네놈의 합종을 하나씩 박살낼 것이다. 요놈!"

장의는 씩씩거리며 진나라로 향했다.

소진은 자기의 심복을 급히 불렀다.

"장의는 천하의 어진 선비다. 나는 그의 소맷자락에도 못 미친다. 단지 운이 좋아 내가 먼저 등용되었을 뿐이다. 그가 가는 곳마다 따라가거라. 설사 그가 진나라에 가더라도 돈이 없어 등용되기 어려울 것이다. 돈과 거마를 줄 테니 그에게 뒷돈을 대주어 진나라에서 성공하도록 도와주거라."

"그분이 작은 이익에 만족하여 대성하시 못한 것을 염려하셨습니까?"

"그렇다. 그래서 무참히 모욕을 준 것이다. 그가 성공할 때까지는 나의 도움을 눈치 채지 못하도록 하거라!"

"명심하겠습니다. 한 가지 의문은 그분이 진나라의 이익을 위하게 되면 조나라에 피해가 없는지요?"

"진나라에 이익을 주어야 조나라에 큰 이익이 있다. 그런 줄만 알아라!"

소진의 심복 수하는 모른 척 장의를 뒤쫓았다. 그리고 우연인 것처럼 같은 숙식을 하면서 장의가 하고 싶은 것은 무엇이든 다 들어주었다.
"이 은혜는 잊지 않겠소!"
　그렇게 되어 장의는 진의 혜왕(惠王)을 알현할 수 있었다. 그의 유세는 성공하여 진나라의 객경(客卿)이 되었다. 바야흐로 천하의 제후들을 차례로 정벌하는 계략이 먹혀들었던 것이다.
"저는 이제 헤어질까 합니다."
　소진의 수하가 이별할 뜻을 내비치자 장의는 깜짝 놀랐다.
"왜 그러시오. 이제 방금 출세하여 당신한테 은혜를 갚으려 하는데 무슨 말씀이오?"
"그 은혜는 소진 어른한테서 갚으시오."
"뭐라고요?"
"저는 선생의 인물됨을 하나도 모릅니다. 오로지 선생님을 아시는 분은 소진 어른뿐입니다. 선생을 격분시켜 진나라에서 성공하도록 도와주신 분은 제가 아니라 그분이십니다. 저는 심부름꾼에 불과합니다."
"아! 그게 진정이오?"
"그렇습니다. 선생께선 이미 등용되셨으니 저는 그분의 명령대로 지금 돌아가야 합니다."
"어찌 이런 일이, 내 참! 소진의 술수에 놀아나면서도 그것을 깨닫지 못하다니. 역시 나는 소진에게 못 미치나 봅니다. 돌아가거든 소군(蘇君)한테 분명히 전해 주시오. '내가 진의 재상으로 있는 한 조(趙)는 치지 않겠다'고. 뿐만 아니라 소진이 살아 있는데 내가 감히 무슨 일을 벌이겠소. 나는 소진의 속마음을 짐작합니다. 진나라가 조나라를 쳐서 합종의 맹약이 그로 인해 깨어지지 않을까 걱정했을 것입니다."

그 후 장의는 진나라의 재상이 되었다. 그리고 초나라 재상 소양(昭陽)에게 글월을 보냈다.

내가 처음 너의 잔치에서 술을 마셨을 때 너는 나를 구슬을 훔친 범인으로 몰았다. 그리고 나를 수없이 때렸다. 지금도 맹세하거니와 나는 너의 구슬 따위는 훔치지 않았다. 이제 그 빚을 갚고자 한다. 너는 네 나라를 잘 지켜라. 그러나 나는 네 나라를 박살내어 훔치고 밀 것이다.

장의가 재상이 된 지 4년이 되었다.
"대왕, 이제는 왕위에 오르시어 천하에 위엄을 드높이시지요〔진의 효공(孝公)에 이르기까지 공(公)으로 불리다가 혜문군(惠文君)도 그제야 왕(王)이라 호칭됐다〕."
"그래도 괜찮겠소."
"지당하신 호칭입니다."

1년이 지나서 장의는 진의 장군이 되었다. 그런 후 하남성 위(魏) 땅 섬(陝)을 탈취하고 상군에다 요새를 구축했다.

그로부터 2년 뒤에는 진의 사신이 되어 제·초의 재상들과 강소성 설상(齧桑)에서 회합했다.

다시 동쪽으로 돌아온 장의는 진의 재상자리를 내놓고 위나라 재상이 되어 위왕에게 진을 섬기라고 건의했다.

그 뿐만 아니라 다른 제후에게도 그런 관계를 본받게 하려고 애를 썼다. 그러나 위왕은 장의의 권고를 받아들이지 않았다.

이때 진왕은 위의 하남성 곡옥(曲沃)과 산서성 평주(平周)를 탈취해 버렸다. 장의가 다시 위왕에게 권고하여 말하였다.

"누차 말씀드렸지만 진을 섬기는 게 제일입니다. 그러면 초·한은 감히 위에 손대지 못하고 초·한의 근심이 없으니 대왕께서는 베개를 높이 하여 안면할 수 있고 국가에도 근심이 없어집니다."

"좋소. 나라를 들어 그대의 계략을 따르기로 하겠소. 진나라로 그대를 보낼 터이니 진왕께 화목할 것을 요청해 주겠소?"

위가 합종의 맹약을 배반케 하는 공로를 세운 장의는 진나라로 돌아와 다시 재상이 되었다.

3년이 지나서 위가 진을 배반하고 합종에 다시 가담했는데 진이 위나라의 곡옥(曲沃)을 새로 쳐서 빼앗자 놀란 위가 또다시 진을 섬기게 되고 말았다.

장의가 진의 사신으로 초나라에 가 있을 때 소진이 죽었다는 소식이 들려왔다.

 "이제야말로 스스로를 위하여 뜻을 펼 때이다."

 장의는 초왕에게로 달려갔다.

 "진의 국토는 천하의 절반이며 그 병력은 4개국의 그것과 맞먹습니다. 험준한 산으로 둘러싸이고 황하가 띠처럼 둘러쳐져 있어 사방이 가히 천연의 요새입니다. 군사 1백만 명, 전차 1천 대, 군마 1만 필, 양곡의 축적 또한 산봉우리만 합니다. 법령은 분명하여 사졸은 안심하고 전쟁터에 나가 죽으며, 인군은 현명하고 준엄하며 장군은 지략 있고 무용(武勇)이 뛰어납니다. 이런 형세이니 그 어떤 열국도 빨리 항복하지 않으면 멸망합니다. 더구나 합종을 맹약하는 자는 맹호를 공격하는 양의 무리나 다름이 없습니다. 양이 호랑이에 대적할 수 없다는 건 대왕께서도 잘 아시지 않습니까?"

 "알고는 있소."

 "대왕께서는 지금 맹호 대신 양들과 손을 잡고 계십니다."

 "또다시 합종의 얘기겠구려."

 "생각해 보십시오. 천하 두 강국이라면 어느 나라이겠습니까?"

 "그야 진과 초나라이지요."

 "그렇습니다. 그러하니 양국이 서로 다투면 둘 다 살아남을 수가 없지요. 차라리 맹호인 진과 손을 잡으십시오."

"과인이 진과 화친하고자 하면 그대는 중간에서 어떤 역할을 해주겠소?"

"진의 태자를 오게 해서 볼모로 삼도록 하겠습니다. 동시에 초에서도 태자를 진에 볼모로 보내십시오. 뿐만 아니라 진의 왕녀를 대왕의 시첩이 되게 할 것이며, 1만 호가 넘는 도읍을 받게 해드리겠습니다. 이렇게 되면 진과 초가 장구하게 형제의 나라가 되어 끝내 서로 공격하는 일이 없어질 것입니다."

초왕은 장의의 의견을 받아들이기로 했다.

장의는 그 길로 한나라로 향했다. 한왕을 만나자 마자 장의는 또 설득하기 시작했다.

"한나라 땅은 험악하여 백성들 대부분이 산지에 살면서 생산하는 오곡은 콩 아니면 보리입니다. 더구나 한 해라도 수확이 없으면 백성들은 금세 지게미와 쌀겨조차 배불리 먹지 못하게 됩니다. 국토는 사방 9백 리에 불과하며 2년을 지탱할 식량도 없습니다."

"사실 한나라는 그만도 못하오."

"현명한 군주로서 위험을 택하지 말고 먼저 진을 섬겨 평안하십시오. 대체로 화근을 만들어 놓고 복이 들어오기를 바란다면 그 계략의 얄팍함 때문에 진나라의 깊은 원한만 사게 됩니다. 진을 거역하고 초를 따르면 멸망하지 않을래야 않을 수가 없게 됩니다."

"진나라가 우리 한나라에 대해서 바라는 바는 뭐요?"

"진나라가 원하는 것은 우선 초나라를 약화시키는 것이니, 그 역할을 한나라가 해달라는 것이지요."

"무슨 얘기요?"

"한나라가 초보다 강해서가 아니라 지세가 그렇다는 뜻입니다. 대왕께서는 서면하여 진을 섬기고 초를 치십시오. 진왕이 기뻐할 것입니다. 초를 쳐 그 국토를 얻고 화는 진으로 돌려 버린다면 그보다 좋은 계략이 어디에 있겠습니까?"

"옳은 계책인 것 같소."

한왕이 장의의 계략을 받아들이자 장의는 곧 진으로 돌아왔다. 진왕이 몹시 기뻐하며 다섯 개의 읍을 봉해 장의를 무신군(武信君)이라 불렀다.

장의는 진왕과 계략을 상의한 뒤 이번에는 동쪽의 제나라로 갔다. 장의는 제의 민왕을 만나 이렇게 말했다.

"지금 강국인 진과 초는 공주를 시집보내고 부인을 얻어오는 등 절친한 형제의 나라가 되었으며, 한나라는 의양을 바치고, 위나라는 황하 서쪽을 내놓고 조나라는 하남성 면지(澠池)에 입조(入朝)하고 황하와 장수 사이의 땅, 하간(河間)을 베어 주어 진을 섬기고 있습니다."

"과인이 진을 섬기지 않으면 어찌될 것 같소."

"한·위를 시켜 제의 남부를 공략할 것이며, 조의 병사를 총동원해 청하(淸河)를 건너 박관(博關)을 향해 쳐들어올 것입니다. 제(齊)가 일단 공격을 받으면 뒤늦게 진을 섬기려 해도 늦습니다. 숙고하시기 바랍니다."

제왕은 장고한 후에 머리를 들었다.

"동해 먼 바닷가에 치우쳐 있는 나라라 국가의 장구한 이익을 들어본 적도 없으며 그와 같은 위태로움도 깨닫지 못했소. 이제 선생의 계략을 따르리다."

장의는 제나라를 떠나서 이번에는 서쪽에 있는 조나라로 서둘러 떠났다.

조왕을 만난 장의는 다시 설득하기 시작했다.

"지금 초나라는 진나라와 형제의 나라가 되고 한과 위는 진의 동쪽 울타리 역할을 하는 신하의 나라가 되었으며, 제나라는 물고기와 소금이 나는 땅을 바쳤습니다. 바로 이 점은 조나라의 오른팔을 자른 것과 같은 형국이지요. 과연 오른쪽 팔을 잘린 채로 남과 싸우며 자기 원군도 없이 고군분투하는 일이 위태롭지 않다고 말할 수 있겠습니까?"

"그건……, 과인이 비록 어리나 진나라로 서둘러 달려가겠습니다."

조왕을 설득시킨 장의는 끝으로 연나라로 갔다.

"지난날 조나라가 침범해 왔을 때 대왕께서는 10개의 성읍을 바치며 사과까지 한 적이 있지요?"

"두려워서 그랬소."

"그런 조왕이 이제는 면지에서 입조하여 하간(河間)의 땅을 바쳐 진을 섬기고 있는데, 대왕께서는 서둘러 진을 섬겨야 되지 않겠습니까?"

"조나라가 단독으로 쳐내려올 수는 없겠소?"

"그것은 연나라 하기 나름입니다. 연이 재빨리 진을 섬기면 조나라는 진의 눈치를 보느라 병사를 일으키지 못하지요. 대왕, 생각해 보십시오. 서쪽으로 진의 강한 원조가 있고, 남으로 제·조의 우환이 없어지는데 연으로서 이보다 더 좋은 계략이 어디에 있겠습니까?"

연왕은 숙고한 뒤에 단호히 말했다.

"과인은 미개한 벽지에 살고 있어 몸집은 어른이지만 생각은 어린애와 다름없소이다. 이토록 훌륭한 계책을 주시는데 어찌 듣지 않겠소이까? 서면하여 진을 섬기지요."

연은 항산(恒山) 기슭의 다섯 성시(城市)를 바쳤다. 장의는 스스로 기뻐하며 진왕에게 공적을 보고하기 위하여 서둘러 귀국을 하고 있었다.

그런데 장의가 아직 함양(咸陽)에 도착하기도 전에 진의 혜왕이 죽고 무왕(武王)이 뒤따라 섰다. 무왕은 태자 적부터 장의를 좋아하지 않았다. 그리고 새 왕의 신하들이 장의를 헐뜯었다.

장의(張儀) 열전 · 145

"그 자는 언행에 신의가 없는 자입니다. 좌우로 나라를 팔아가며 자신만 받아들어지기를 원하는 사람입니다. 진나라가 그를 다시 등용한다면 천하의 웃음거리가 될 것입니다."

그래서 진의 무왕은 장의를 쓰지 않았다.

제후들도 장의가 무왕과 사이가 좋지 않다는 것을 듣고는 연횡(連衡)의 약속을 포기하고 다시 합종을 했다.

장의는 자신의 신변에 위험이 닥쳐오고 있다는 사실을 깨닫고 위(魏)나라로 가 일년 만에 죽었다.

태사공은 이렇게 결론지었다.

삼진(三晉, 韓·魏·趙)에는 임기응변, 권모술수의 유세객들이 많았다. 합종책이나 연횡책을 말해 진나라를 강하게 만든 사람들은 대부분 삼진 사람들이다. 생각해 보면 장의의 행적이 소진보다는 더욱 악랄한 데가 많다. 그러나 세상에서 소진을 더욱 미워하는 것은 소진이 먼저 죽고, 장의가 소진의 단점을 과장되게 폭로했기 때문이다. 더구나 자기주장을 도와 연횡론을 성공시켰기 때문일 것이다.

맹자(孟子)·순경(荀卿) 열전

> 맹자는 유가(儒家)·묵가(墨家)가 남긴 문헌을 섭렵하고 도덕의 대강을 분명하게 했으며, 양(梁) 혜왕(惠王)의 이익 본위의 마음가짐을 꺾어놓고 지난날의 흥망성쇠를 개진했다.

맹가(孟軻)는 맹자의 본명으로 산동성 추현, 추국(鄒國) 사람이다.

그는 공자(孔子)의 손자인 자사(子思)의 제자에게서 학업을 닦고 학문의 도에 통달한 후에 제(齊)나라에 노닐며 선왕(宣王)을 섬겼다.

그러나 선왕은 맹자의 주장을 응용할 수 없었기 때문에 맹자는 양(梁)나라로 갔다.

양 혜왕 역시 맹자의 주장을 실행하기에는 무리가 있다 생각하고 그를 받아들이지 않았다.

그 무렵 진(秦)에서는 상앙(商鞅)을 등용해 부국강병책을 썼으며, 초나라와 위(魏)나라에서는 오기(吳起)를 등용해 무력으로 승리를 거두어 적국을 약화시켰으며, 제에서는 위왕(威王)·선왕이 손빈(孫臏)과 전기(田忌) 같은 인물들을 기용해 세력을 떨치고 있었으므로 제후들은 제(齊)나라를 종주국으로 받들고 있었다.

그리고 천하는 합종과 연횡의 외교에 힘을 기울이고 침략하고 정벌하는 일만을 능사로 치던 시대였다.

그런 상황에서 맹자는 현실과는 정반대로 요임금이나 순임금, 하·은·주 3대 성왕의 덕치(德治)를 역설하고 있었으니 어디를 가든 그를 받아들일 수가 없었다.

이에 맹자는 할 수 없이 정계에서 은퇴해 제자인 만장(萬章)과 더불어 『시경(詩經)』과 『서경(書經)』을 정리하고, 공자의 사상에 몰두해 7편으로 구성된 『맹자(孟子)』를 저술했다.

그 뒤를 이어 제나라에서 학문적으로 추자(騶子) 일파가 대두되었는데, 추기(騶忌)·추연(騶衍)·추석(騶奭)이 그들이다.

추기는 맹자보다 앞선 시대 사람으로 거문고 연주를 잘해서 위왕으로부터 성후(成侯)에 봉해지고 재상의 자리에 올랐다.

추연은 맹자보다 뒤의 사람으로 제후들이 더욱 사치해지고 음란해져 덕을 숭상할 수 없게 된 상황을 보았다. 곧 『시경(詩經)』의 『대아편(大雅篇)』에 보이는 것처럼 먼저 자신을 수양하지만 일반 서민에게 미치지 못하는 현실을 본 것이다. 그래서 그는 『괴우(怪迂)의 변(辯)』·『종시(終始)』·『대성(大聖)』 등 10만 자

이상의 저서를 남겼다.

추연의 학설에 대하여 왕후나 귀인들이 처음에는 감화되는 듯했으나 현실적으로 실제에 응용할 수 있는 내용이 아니어서 모두 아쉬워했다.

추연은 제나라에서 존중되었는데, 양나라 혜왕은 교외에까지 나아가 예를 갖추었다.

그가 조나라에 갔을 때는 평원군이 경건한 태도로 그의 곁에서 보좌했으며, 연나라에서는 소왕이 직접 비를 들고 길을 깨끗이 쓸어 그의 길잡이가 되었을 뿐만 아니라 제자들의 좌석에 끼여 가르침 받기를 청할 정도였다.

추석은 추연의 학문을 받아들여 『추석(음양가)』 12편을 썼다.

순우곤(淳于髡)은 제나라 사람으로 박학다식하고 기억력은 뛰어났으나 학문상의 특별한 수상은 없었다. 그는 양의 혜왕을 두 번이나 만났는데 한마디의 말도 없었다. 혜왕이 순우곤을 소개한 사람을 불러 꾸짖었다.

"어찌된 일이오? 그대는 순우곤을 칭찬하면서 관중이나 안영도 따르지 못할 인물이라 하지 않았소."

"순우곤의 말에 실수가 있었습니까?"

"실수고 말고 할 여지도 없소. 그 자는 단 한마디의 말도 하지 않았소."

소개한 자는 고개를 갸우뚱하고 순우곤에게 왕의 말을 전했더니 순우곤은 화를 내었다.

"당연하지 않소. 내가 왕을 처음 만났을 때는 왕은 경마에 정신이 팔려 있었소. 두 번째에는 왕이 음악에 정신이 쏠려 있었소. 그러한데 내가 무슨 말을 할 겨를이 있었겠소."

왕은 그 말을 듣고 깜짝 놀랐다.

"아, 그건 모두 과인의 실수였소."

"무슨 뜻인지……."

"순우 선생이 처음에 왔을 때 어떤 사람이 나에게 훌륭한 준마를 받쳤는데 그 경마를 타보기도 전에 선생이 오셨던 거요."

"그랬군요. 음악 때문은 또 무엇입니까?"

"선생이 두 번째 왔을 때 하필이면 명창(名唱)이 내게 노래를 들려주기 위해 왔기 때문이었소. 내가 정신이 그런 것들에 있었던 것은 사실이오. 내가 사과할 테니 그를 한 번 더 불러주시오."

그 후 혜왕은 순우곤을 만났는데, 순우곤은 한 번 입을 열자, 사흘 밤낮을 말해도 지치지 않았고, 혜왕 역시 조금도 싫증을 내지 않고 감동하여 경청했다.

혜왕이 순우곤에게 대신이나 재상의 지위를 주어 그를 우대하려 하였다.

"아닙니다. 벼슬을 얻고자 드린 말씀이 아닙니다."

사양하고는 물러갔다.

혜황은 그를 사두마차에 태우고 비단과 황금 등 선물을 듬뿍 주어 그를 극진히 환송했다. 순우곤은 평생을 벼슬길에는 오르지 않았다.

순경(荀卿)은 조나라 사람으로 50세가 되어 제나라에서 유학하였다.

"추연의 학설은 현실과 동떨어졌지만 나름대로 흥미로웠다. 추석의 학설 역시 현실에는 적용키 어려우나 그 문장만은 절묘하게 구비되어 있다. 순우곤은 아무리 오랫동안 함께 지내도 그는 좋은 말만 쏟아져 나온다."

그리고 순경은 다시 그 세 사람을 두고 이렇게 노래했다.

> 유원(悠遠)한 천(天)을 말하는 광대한 기우(氣宇)의 추연이여,
> 용을 아로새긴 것처럼 아름다운 문장의 추석이여,
> 수레바퀴의 기름통이 끓을 때 끝없이 흐르는 기름처럼
> 유창하게 흘러나오는 지혜의 순우곤이여!

그들이 모두 죽은 뒤에는 순경이 가장 장로격의 학자였다.

제나라에서는 세 차례나 대부의 장으로서 좨주(祭酒)가 되었는데 참소를 당하자 초나라로 떠났다.

초의 춘신군(春申君)이 순경을 산동성 현령으로 임명했으나 춘신군이 죽자 그도 면직되어 난릉에 눌러 살았다.

 훗날 진의 재상이 된 이사(李斯)가 그때 순경의 제자로 있었다.

 순경은 유가(儒家)·묵가(墨家)·도가(道家)를 새롭게 정리하는 등 수만 자의 저서를 남기고 죽었다.

맹상군(孟嘗君) 열전

> 맹상군은 빈객을 좋아하고 한 가지 기술이나 재주가 뛰어난 선비들과 접촉하기를 즐겼으므로, 인재가 맹상군의 봉읍 설(薛) 땅으로 모여들었다. 맹상군은 제나라를 위하여 초·위(魏)의 침략을 막았다.

맹상군의 이름은 전문(田文)으로 그의 아버지 전영(田嬰)은 제나라 위왕(威王)의 작은아들이며 선왕(宣王)의 배다른 아우이다. 전영은 위왕 시대부터 요직에 임명되어 국정을 담당했다.

선왕 9년에는 전영이 제의 재상이 되었고, 제의 재상자리에 있은 지 11년 만에 선왕이 죽자 곧 민왕(湣王)이 즉위하여 전영을 산동성 설 땅에 봉(封)했다.

전영에게는 40여 명의 아들이 있었는데, 전문(田文)은 전영의 천첩(賤妾) 소생이었다. 전영은 문文의 어머니에게 5월생은 불길하다고 하여 아이를 낳지 말도록 했는데, 천첩은 몰래 아이를 낳아서 길렀고, 문이 장성했을 때 어미는 전영의 다른 아이들과 함께 아비 앞으로 나서도록 했다.

"뭐라고? 내가 아이를 낳지 말라고 그토록 당부했거늘!"

전영은 문의 어머니에게 소리 질렀다. 천첩은 아무 소리도 못하고 머리만 숙이고 있었다. 그때 문이 나섰다.

"아버님, 아버님께서는 정권을 잡으시고 제의 재상이 되셔서 지금까지 세 분의 임금을 섬기셨습니다."

"그런데?"

"그동안 제의 국토는 늘어난 것이 한 치의 땅도 없는데 아버님의 사가(私家)에만 천만 금의 재산이 쌓여 있습니다."

"그래서?"

"재산은 그렇게 많은데 문하에 단 한 사람의 어진 이도 찾아볼 수 없으니 어인 일입니까? 장군 가문에 장군 나고 재상 가문에 재상 난다고 했는데도 말입니다."

"무얼 말하고 싶은 거냐?"

"지금 아버님의 후궁에는 미인들이 비단옷에 싸여 있고 종과 첩들은 쌀과 고기를 실컷 먹고서도 남아돌아 내다버릴 지경인데, 선비들은 옷 한 벌 얻어 입지 못하고 쌀겨나 지게미조차 배불리 먹지 못하고 있습니다. 아버님께서는 이토록 넘치는 재물로 무얼 하시고자 합니까? 날로 쇠퇴해 가는 국력을 생각하십시오."

"으음, 제법이구나."

그때부터 전영은 아들 전문을 다시 보게 되었다.

"오늘부터 네가 우리 집안일을 맡아 다스리고 손님을 접대토록 하거라."

전문은 비로소 가문에서 인정받게 되었고 전영의 집안에는 빈객들이 모여들기 시작했다.

얼마 뒤 전영은 문을 후계자로 정한 후 죽었다.

문은 예상대로 부친을 대신해 설 땅의 영주(領土)가 되었다. 그가 곧 맹상군(孟嘗君)이다.

맹상군은 가산을 기울여 제후의 손님들을 후대했다. 식객이 수천이나 되었지만 귀천을 가리지 않고 한결같이 잘 대우해 주었으므로 손님들은 누구나 자기가 맹상군과 친하다고 생각하게 되었다.

이때 진나라 소왕이 맹상군의 인물됨의 소문을 듣고 자기의 아우 경양군을 제나라에 인질로 보낸 뒤 맹상군을 초대했다.

"정중한 초청이니 가야겠지요?"

이때 합종의 논리를 폈던 소진(蘇秦)의 아우 소대(蘇代)가 맹상군의 문객으로 와 있었다.

"진나라는 승냥이처럼 음흉한 나라입니다. 초의 회왕을 돌려보내지 않은 진나라가 어찌 맹상군을 돌려보내겠습니까?

소대가 맹상군이 진나라로 가는 것을 반대했다.

"그렇다고 인질까지 보낸 진나라의 청을 거절할 수 없지 않은가?"

"신이 외지에서 오다가 비를 피하고자 어느 움막에 있었는데, 흙으로 만든 토우(土偶, 인형)와 목우(木偶, 목각인형)가 서로 말다툼을 하고 있었습니다. 목우가 토우에게 하는 말이 '너는 흙으로 만들어졌으니 비가 오면 형체도 없이 녹아 흩어지겠구나. 참으로 불쌍하다' 하고 비웃었습니다. 그러자 토우가 하는 말이 '나는 흙으로 만들어 비를 맞아 형체가 없어진다 해도 원래대로 흙이 된다. 그러나 너는 비를 맞고 물에 떠내려가 어디에 있는지조차 찾을 수 없게 될 것이다. 그러니 너야말로 불쌍하구나' 하고 말했습니다. 이처럼 맹상군께서 진나라로 가면 다시는 돌아오기 어려울 것입니다."

"진이 맹상군을 초청했는데 응하지 않는다면 우리가 진을 두려워하는 것을 알리는 것이나 마찬가지 입니다. 그러므로 맹상군을 진에 보내고 인질로 온 경양군까지 돌려보내 우리 제나라가 대국이라는 것을 진나라에 알려야 합니다."

다른 신하가 소대의 주장을 반박했다.

제 민왕도 그 말에 동의하여 맹상군은 진나라로 떠나게 되었다. 1천여 명의 문객들이 자발적으로 맹상군을 수행했다.

진의 소왕은 맹상군이 도착하자 그를 극진히 맞으며 재상으로 앉히려고 했다. 그때 진왕의 측근이 말했다.

"대왕, 맹상군이 명민하고 훌륭한 인물인 것은 분명합니다. 그렇지만 제나라 왕의 일족임을 기억하십시오."

"그렇다면 어떻게 하는 게 좋을까?"

"그는 인물입니다. 죽이십시오. 일단 재상 임명을 중지하시고 우선 연금해 두십시오. 죄를 씌워 죽일 수 있는 계략을 마련해 보겠습니다."

맹상군은 연금당하고 말았다. 맹상군은 애를 태우며 빈객들을 둘러보았다. 그때 한 빈객이 나섰다.

"소왕이 몹시 총애하는 여인이 있습니다. 제가 찾아가 석방을 탄원해 보겠습니다. 제가 그녀를 잘 압니다."

빈객이 소왕의 애첩을 만나자 그녀는 엉뚱한 조건을 제시했다.

"나는 맹상군께서 여우 겨드랑이 흰 털로 만든 호백구(狐白裘)를 가지고 계시다는 얘기를 들었습니다. 그것을 갖고 싶은데······."

빈객은 돌아와 맹상군에게 그런 사실을 전했다. 그러나 실상은 호백구는 한 벌밖에 없어 이미 소왕에게 바친 후였다. 값이 1천 금이나 나가는 천하에 둘도 없는 옷이었다.

그때 빈객들의 말석에 앉아 있던 사내 하나가 벌떡 일어났다.

"제가 해결하지요. 호백구를 가져오기만 하면 될 일 아니겠습니까?"

모두들 그 사내를 응시했다.

"저는 도둑질로 잔뼈가 굵은 사람입니다. 물건을 훔쳐 나오는데 아직까지 실패한 적이 없는 게 제 자랑입니다."

이윽고 밤이 이슥해졌다. 맹상군을 위시해 빈객들은 초조하게 기다렸다. 그는 새벽녘이 되어서야 호백구를 가져왔다.

"이걸 어디서 훔쳤소?"

"진나라 궁중의 보물창고지요. 어차피 천하에 하나밖에 없는 물건이니까요?"

맹상군은 그것을 소왕의 애첩에게 갖다 바쳤다.

애첩은 좋아라하고 소왕한테로 달려가 사정해서 맹상군이 석방되도록 해 주었다.

"자, 시간이 없소."

맹상군 일행은 풀려 나오자마자 말을 달려 도망쳤다. 그러나 함곡관에 도착하자 또 다른 장애가 기다리고 있었다. 관소(關所)의 규정은 새벽 첫닭이 울어야 문을 열어 사람들을 밖으로 내보내줄 수가 있었다.

"내가 호랑이굴을 벗어나긴 했으나 진 소왕이 군사를 보내어 추격할 텐데. 무슨 방법이 없겠소?"

맹상군이 문객들을 돌아보며 물었다. 그 말이 끝나자 행렬 뒤에서 갑자기 '꼬끼오!' 하고 닭 우는 소리가 들렸다. 그는 항상 말석에 앉아 있던 자였다. 그의 닭 우는 소리가 어찌나 절묘했던지 인근의 민간에서 닭들이 일제히 울었다〔계명구도(鷄鳴狗盜), 닭 울음소리와 좀도둑질로 맹상군을 위기에서 구했다는 고사〕.

관문을 지키는 군사들은 새벽이 된 것으로 알고 관문을 열어 맹상군 일행을 통과시켜 주었다.

한편 진의 소왕은 맹상군을 석방시킨 것을 뒤늦게 후회하여 그들을 추격케 했다. 맹상군 일행은 이미 함곡관을 벗어난 뒤였다.

"귀신이 곡을 하는 재주가 있다더니, 맹상군의 문하에는 기이한 재주를 가진 문객들까지 있구나."

진의 소왕은 깊이 탄식했다.

맹상군은 함곡관을 벗어나 조나라로 들어섰다. 조나라 재상은 평원군 조승이었다. 평원군 또한 현인(賢人)으로 명성이 높은 위인이었다.

평원군은 맹상군이 온다는 말을 듣고 교외까지 문객들을 데리고 나와서 영접했다. 맹상군이 현인이라는 말을 들은 평원군의 문객들은 맹상군의 왜소한 체구와 볼품없는 모습에 빈정대며 비웃었다.

"저런 인물이 현자(賢者)라니 소문이 잘못 되었군."

사람들은 껄껄대고 손가락질하며 웃기까지 했다. 그날 밤이었다. 맹상군을 비웃은 평원군의 문객들이 모조리 죽임을 당했다. 맹상군을 따르는 문객들 중 칼을 잘 쓰는 무사늘의 소행이 분명했다. 그러나 평원군은 이에 대해서 한마디도 할 수 없었다.

맹상군은 조나라에서 평원군의 융숭한 대접을 받고 제나라로 돌아왔다. 제 민왕은 교외까지 나와서 맹상군이 살아 돌아온 것을 반겼다.

이로써 맹상군의 집에는 문객들이 더욱 많아졌다.

어느 날 풍환(馮驩)이란 자가 짚신을 끌고 찾아왔다.

"먼 길 오시느라 고생이 많으셨소. 선생은 나에게 무엇을 가르쳐 주시겠습니까?"

"나는 가난하고 당신은 선비를 좋아한다기에 의지할까 싶어서 왔을 뿐입니다."

그러나 풍환은 일년 동안 진언 한마디 올리지 않았다.

"선생께서 알다시피 내가 여러 문객들을 거느리다 보니 재정이 몹시 어렵습니다. 수고스럽겠지만 설읍에 가서 내가 금전을 빌려 준 사람들에게 이자와 원금을 받아와 주십시오."

풍환은 맹상군의 제안을 승낙하고 그날로 설읍으로 출발했다. 맹상군이 문객을 보내 이자와 원금을 받으러 왔다는 소문을 듣고 많은 사람들이 이자와 원금을 갚아서 10만 냥이라는 많은 돈이 쌓이게 되었다. 풍환은 그 돈으로 술과 고기를 사서 잔치를 벌이게 했다. 그리고 맹상군에게 빚이 있는 사람들을 모두 불러들였다.

"기한을 늦추면 이자를 갚을 수는 있는 자니 기한을 늦춰도 이자를 갚을 수 없는 자도 모두 채무증서를 갖고 오라!"

백성들은 저마다 채무증서를 들고 풍환에게로 왔다. 풍환은 그들에게 술과 고기로 배불리 먹이며 채무를 변제할 수 있는지 없는지의 여부를 낱낱이 파악했다. 그리하여 변제할 능력이 있으나 기한이 촉박한 자에게는 기한을 연장해 주었고, 도무지 변제할 능력이 없는 자의 채무증서는 불에 태워버렸다.

"맹상군께서 너희들에게 돈을 빌려 준 것은 이자를 받기 위해서라기보다 가난한 너희들의 생계를 돕기 위한 것이었다. 허나 그분에게는 수천 명의 식객이 있으니, 그분 재정도 넉넉하다고 할 수 없어 부득이 이자라도 받아서 충당하려는 것뿐이다. 그래서 나는 변제할 수 있는 자는 기한을 연장해 주고 도저히 갚을 수 없는 자의 채무증서를 불태운 것이다. 너희들은 재상의 후덕한 마음에 고마워하고 후일 그 은혜를 갚아라!"

백성들은 감동했다.

"이처럼 은혜를 베풀어 주시니 부모처럼 섬기겠습니다."

백성들은 맹상군을 칭송했으나 풍환이 채무증서를 불태워 버렸다는 말은 곧바로 보고 되었다. 맹상군은 어이가 없어 풍환을 소환했다.

"설읍에 갔던 일은 잘 되었소?"

맹상군이 분노를 감추고 풍환에게 물었다.

"빚을 받지는 못했지만 대신 인심을 사가지고 돌아왔습니다."

풍환이 공손하게 대답했다.

"나는 당장 3천 명의 식객을 먹일 돈이 필요하오."

"식객을 먹이는 돈은 재상께서 따로 마련하십시오. 재상에게 돈을 빌린 사람들의 처지가 어려워 그 사람들에게 빚을 갚으라 강요하는 것은 재상의 덕(德)을 잃는 일이었습니다. 그들에게 강제로 빚을 갚으라 하면 그들은 모두 재상을 원망하면서 설읍을 떠났을 것입니다. 이제 그들은 재상에게 후덕한 은혜를 입었으니 목숨을 돌보지 않고 재상을 위해 일할 것입니다."

풍환의 말에 맹상군은 더 이상 할말이 없었다. 비록 3천 명의 식객들을 먹여 살릴 일이 걱정이었지만, 그때 마침 제 민왕이 황금을 보내주어 맹상군의 재정을 메워주었다.

그리고 후일 맹상군이 권력을 잃고 설읍 땅으로 낙향할 때 설읍의 백성들이 열렬히 환영하며 술과 음식을 싸가지고 와 맹상군을 위로했다.

"옛날 선생이 인심을 사왔다고 하더니 바로 이것이었구려."

맹상군은 풍환을 돌아보며 미소를 지었다.

태사공은 이렇게 결론지었다.

일찍이 설 땅을 들른 적이 있는데, 마을에는 거칠고 사나운 젊은이들이 많아 맹자의 고향인 추(鄒)나 공자의 고향인 노(魯)의 풍속과는 사뭇 달랐다.

마을 노인에게 물었더니 그 노인은 이렇게 대답했다.

"맹상군이 천하의 협객들을 불러 모으고 간악한 인간들까지 모아 왔으니 어찌 그 풍속이 온전하겠소. 당시에 따라 들어온 무리가 6만 가구나 되었다 합니다."

　세상에서는 맹상군이 문객들을 좋아하며 또 그런 평판을 즐겼다는 소문으로 보아, 설 땅 노인의 증언도 과장된 것이 아닌 듯하다.

평원군(平原君)·우경(虞卿) 열전

조나라 평원군은 한나라 상당의 태수 풍정(馮亭)과 권모술수를 다투고,
초나라에 가서 구원병을 일으켜 국도 한단을 진군의 포위에서 구출해
군주 조왕의 제후에 대한 명성을 회복시켰다.

평원군 조승(趙勝)은 조(趙)나라 무령왕(武靈王)의 아들이며 혜문왕(惠文王)의 아우로 세 번씩이나 재상이 되고 동무성(東武城)에 봉해졌다.

그는 문객을 좋아하여 수천 명이 모여들었다.

하루는 그의 애첩이 이웃집의 절름발이가 뒤뚱거리며 우물물을 긷는 것을 보고 깔깔대고 웃었다.

화가 난 절름발이가 평원군에게 항의했다.

"나리께선 선비를 중히 여기시기 때문에 문객들이 천하에서 모이는 것으로 알고 있습니다. 제가 불행하게도 다리병신이 되었는데 나리의 애첩께서 저에게 비웃는 실례를 범했습니다. 그녀를 처벌해 주십시오."

"그래, 남의 불행을 보고 비웃었으니 그녀를 벌하겠다."

"이미 약속하셨습니다. 그럼 며칠 내로 그녀의 목을 자르는 것으로 알고 돌아가겠습니다."

속으로는 뜨끔했으나 홧김에 그러는 줄 알고 밝게 웃으며 별스럽지 않게 대꾸했다.

"그래, 목을 자르겠으니 걱정 말고 돌아가거라!"

절름발이가 돌아가자 평원군은 피식 웃었다.

"건방진 놈. 한 번 비웃었다고 남의 애첩의 머리를 요구하다니."

그로부터 일 년쯤 지나자 그토록 득실거리던 문객들과 가신들 반 이상이 떠나갔다. 평원군으로서는 이상하게 여겨 떠나려는 문객 하나를 붙들고 물었다.

"나로서는 여러분을 대함에 있어 결례한 적이 없는 것으로 아는데 왜들 그렇게 떠나십니까?"

"그 이유는 두 가지입니다. 첫째는 약속을 어겼기 때문이며, 둘째는 계집을 선비보다 더욱 귀하게 여기기 때문입니다."

"무슨 얘기요? 난 그런 적이 없는데……."

"공자께선 애첩의 목을 베겠다고 이웃집 절름발이와의 약속을 어기셨습니다. 애첩을 신의보다 더욱 귀히 여기시니 이는 선비를 업신여김과 같습니다. 그래서 떠나려 합니다."

평원군은 크게 뉘우쳐 애첩의 목을 베었으며 절름발이에게 옛일을 깊이 사과했다.

그러자 그의 문하에는 다시 사람들이 모여들었다. 이 무렵 제나라에는 맹상군이 있었고, 위(魏)에는 신릉군(信陵君), 초나라에는 춘신군(春申君)이 있어 뜻하는 바를 위해 서로 힘을 다투어 선비들을 후대했다.

그 무렵 진나라가 힘을 앞세워 한단을 포위하자 나라를 구하기 위해 초와 합종하는 방법밖에 없었다.

평원군이 사신으로 초나라에 가게 되었는데 문무의 빈객 20명과 동행하기로 하였으나 한 자리에 대해서는 인사를 구할 수 없었다. 이때 모수(毛遂)가 자청하고 나왔다〔모수자천(毛遂自薦), 자기가 자기를 추천하는 일〕.

"그대는 나의 식객으로 계신 지 몇 해나 되었소?"

"한 삼 년 되었습니다."

"삼 년씩이나? 세상의 현명한 선비는 주머니 송곳 끝처럼 금세 드러나는 법인데, 그대는 내 문하에 3년씩이나 있으면서 누구도 알지 못하니 그만큼 재능이 없다는 뜻이 아니겠소?"

"공자의 주머니 속에 바로 오늘 넣어달라고 청원하는 것입니다. 진작 저를 주머니 속에 넣으셨더라면 송곳 끝이 아니라 송곳 자루까지 나왔을 것입니다〔낭중지추(囊中之錐), 주머니 속의 송곳이라는 뜻으로 유능한 사람은 숨어 있어도 자연히 그 존재가 드러나게 됨의 비유〕."

마땅한 인물도 없는데다 모수의 간청을 받아들여 그냥 끼워

넣기로 했다.

그러나 초나라에 도착해 보니 합종 반대파에 의해 협상은 완전히 결렬 위기에까지 이르도록 모수는 협상 대표단에 낄 수도 없는 처지였다.

보다 못해 모수는 장검을 허리에 찬 채 당상으로 뛰어오르며 협상 대표인 평원군에게 외쳤다.

"합종의 결론은 이로우냐 해로우냐 딱 두 마디로 요약됩니다. 그토록 간단한 일을 가지고 며칠씩 걸리며 결론을 못 내리니 어찌된 일입니까?"

"누구요?"

"제 가신(家臣)입니다."

초왕은 모수를 업신여기며 꾸짖었다.

"네 주인과 대담하고 있는데 감히 네까짓 게 나서다니, 무엄하다!"

"대왕께서 저를 꾸짖음은 초군의 병사 많음을 믿기 때문입니다. 그렇지만 그건 큰 오산입니다. 지금 열 걸음 앞에는 대왕과 저밖에 없습니다. 초나라 병사 백만이면 무엇합니까?"

"그래도 저놈이!"

"은의 탕왕은 70리의 땅을 가지고도 천하의 왕이 되었고. 주의 문왕은 백 리의 땅을 가지고도 천하의 제후들을 신하로 복종시켰습니다. 지금 초의 땅은 사방 5천 리에 백만 대군이 있습니다. 천하에 대적할 수 없는 강대함인데도 무얼 망설이고 있습니까?"

"무엇을 말하자는 것이냐?"

"지난날 진의 장군 백기(白起)가 불과 수만 명을 거느리고 와서 초나라와의 일전에서 언(鄢)과 영(郢)을 공략하고 이릉을 불살랐으며 선대왕의 능묘를 욕보였습니다. 이것은 초나라에게 있어 백 대가 지난다 해도 잊을 수 없는 통한의 과거가 아닙니까? 조나라에서도 초를 위하여 부끄럽게 여기고 있거늘, 도대체 진을 증오할 줄 모르는 초의 대왕께서는 어찌된 것입니까?"

"……으음!"

"합종하는 것은 초나라를 위함이지 조나라를 위함이 아니라는 뜻입니다."

한동안 당상에는 무거운 침묵이 흘렀다. 큰 신음을 내뱉은 뒤 초왕은 단호한 목소리로 말했다.

"옳소! 선생의 말씀이 맞는 말이오."

이렇게 모수의 힘에 의해 무사히 합종을 결정짓고 평원군은 조나라로 귀국하여 모수를 상객(上客)으로 극진히 모셨다.

조의 한단이 포위되었을 때 초의 춘신군이 병사를 이끌어 구원하러 왔고 위의 신릉군도 군명(君命)이라 속이고 대장군 진비(晉鄙)의 군대를 탈취해 조를 구원하러 왔다.

우경(虞卿)은 유세하는 선비로 삿갓을 쓰고 와서 조의 효성왕에게 유세했다. 한 번 알현하고 황금 백 일과 백벽(白璧) 한 쌍을 받았고, 두 번 알현해서 조나라의 상경(上卿)에 올랐다. 그래서 우경(虞는 봉읍, 하남성)이라 불렸다.

얼마 후 위가 합종하자며 조나라로 사신이 왔는데 조왕은 우경과 상의하고자 했다. 입궐하는 길에 평원군에게도 의견을 물었는데 그는 이렇게 대답했다.

"위와 합종하는 게 유리하오."

우경이 입궐하자마자 조왕이 먼저 실토했다.

"위나라가 합종하자고 청해왔소."

"위와 대왕은 잘못하고 계십니다. 작은 나라가 큰 나라와 함께 일을 도모함에 있어 이익은 큰 나라에 있고, 작은 나라는 그 화를 입는다고 했습니다. 작은 나라인 위나라는 화를 자초하고 있으며 큰 나라인 조나라는 그 복을 스스로 원치 않고 있기에 둘 다 잘못이라고 아뢴 것입니다."

"그런 뜻이었구려. 그러면 합종이 유리하다는 뜻이오?"

"그렇습니다."

우경은 조나라를 위해 오랜 봉사를 하다가 위제(魏齊)의 사건으로 만호후(萬戶侯)의 지위와 경상(卿相)의 인을 던져버리고 위제와 함께 대량으로 가서 곤궁하게 지냈다.

위제는 위(魏)의 재상이었는데 진의 범수(范雎)와는 원수지간이었다. 범수가 후일 진나라의 재상이 되어 위제의 목을 강력히 요구하자 친구인 조나라 재상 우경에게 목숨을 구걸했다.

우경은 위제를 구하려 했으나 여의치 않자 함께 대량(大梁, 하남성, 위의 수도)으로 달아났다가 위제는 자살하고 우경은 불우한 말년을 거기서 지냈다.

우경은 곤궁 속에서도 『우씨춘추(虞氏春秋)』를 저술했다. 그 내용은 『춘추』 등에서 취하여 국가의 득실을 비판한 것이다.

태사공은 이렇게 결론지었다.

평원군은 혼탁한 세상에서의 재사(才士)였으나 대국을 통찰하는 지혜까지는 없었다. 세속에 이욕(利慾)은 지혜를 가린다고 했듯이 평원군은 풍정(馮亭)의 간특한 말을 믿어 장평의 40만 대군을 사지에 빠뜨렸으며 수도 한단을 함몰시킬 뻔했다.

우경은 사태를 고려하여 사정을 참작해 조나라를 위한 교묘한 계략을 획책하였다. 다만 위제의 역경을 보고 참을 수가 없어 부귀를 버리고 대량으로 달아나 곤궁하게 지냈다.

그것은 의(義) 때문이었다. 그러나 우경이 곤궁하지 않았더라면 걸작으로 그의 이름을 후세에 남기지 못했을 것이다.

위공자(魏公子), 신릉군(信陵君) 열전

> 부귀한 몸으로서 빈천한 선비들에게 겸손했고 현명하고 유능한 인물이면서도 못난 사람에게 무릎을 꿇었던 것은 오직 신릉군(信陵君)만이 할 수 있었다.

위공자(魏公子) 무기(無忌)는 위 소왕(昭王)의 막내아들이며 안희왕의 배다른 아우인데, 소왕이 죽고 안희왕이 즉위하자 왕은 공자를 신릉군(信陵君)에 봉했다.

그 무렵 범수(范雎)가 위의 재상이었던 위제(魏齊)와 철천지원수가 된 후, 망명해 진나라의 재상으로 있었다.

그는 위에 대한 원한으로 자주 진군을 출동시켜 위나라를 겁박하고 있었다.

안희왕과 신릉군은 이런 사태에 대해 조심하고 있었다. 위공자 신릉군은 사람됨이 인자하고 겸손했다. 사람들과 항상 겸양으로 교제하며 항상 자신을 낮추었다. 그런 까닭에 선비들이 천하에서 삼천 명씩 몰려들어 다른 제후국들은 위공자의 명망이 두려워 감히 군사를 십여 년간 출동시키지 못하고 있었다.

그때 동문(東門) 문지기 후영(侯嬴)이라는 나이 칠십의 숨은 선비가 있었다. 신릉군이 그의 현명함을 듣고 후한 예물을 싸들고 빈객으로 모시고자 했다.

"제가 아무리 궁색하고 어렵다 해도 재물을 받을 수는 없습니다. 그 대신……."

후영은 공자가 비워둔 수레의 상석에 스스럼없이 올라탔다.

"제 친구가 저잣거리의 푸줏간 일을 하고 있습니다. 주해(朱亥)라는 친구인데 쓸만합니다. 곧장 만나러 가시지요."

공자는 말고삐를 더욱 공손하게 잡아 후영이 이끄는 대로 말을 몰았다. 그런데 후영은 공자를 무시한 채 말에서 내려 주해와 오랫동안 얘기를 주고받는 것이었다. 공자의 시종들은 저마다 불만을 터뜨렸다.

"도대체 저 문지기 늙은이와 개백정이 뭐가 그리 대단해서 주인님은 저토록 겸손한가. 당장 저 늙은이와 개백정을 요절내고 싶다만……."

"글쎄 말일세. 지금 집에서는 왕족과 재상, 장군 등 빈객들이 잔칫상 앞에서 술잔을 들고자 주인이 돌아오기만 눈이 빠지게 기다리고 있을 텐데……."

그래도 공자는 모른 척 말고삐를 잡고 있었다.

후영이 한참만에 공자 옆으로 돌아왔다. 그리고는 미안해하는 태도가 전혀 없었다.

공자의 집으로 왔을 때는 이미 잔치 자리가 무르익었을 때였다. 그제야 후영은 공자 앞으로 와서 축수한 뒤 조용한 음성으로 말했다.

"오늘 제가 저지른 무례를 용서해 주십시오. 공자님의 인품이 어떤 분인가 하고 시험해 본 것이었습니다."

"시험을?"

"저는 동문의 문지기에 불과합니다. 그리고 누추한 시장바닥으로 모셔가서 오랫동안 서 계시게 했습니다. 장터의 사람들이 모두 지켜보며 저한테는 소인배라 수군거렸고, 공자님은 성인이라시며 더욱 공손한 태도를 취했습니다. 한편으로는 공자님의 명예를 높여드린 겁니다."

"자신을 낮추면서까지 저의 명성을 높여 주신 선비님의 깊은 심중은 헤아릴 길이 없습니다."

"낮에 들렸던 푸줏간이 생각나십니까? 그는 현자(賢者)입니다. 개백정이라고 해서 예사로 여기면 아니 됩니다."

"빈객으로 모실 테니 소개시켜 주시지요."

그 후 공자는 여러 차례 주해를 찾아갔으나 말대꾸조차 듣지 못하고 항상 빈 수레로 돌아오곤 했다.

위나라 안희왕 2년에 진나라 소왕이 조나라 군대를 격파시키고 성도 한단을 포위한 변란이 일어났다.

조나라 혜문왕의 아우 평원군의 부인이 공자 신릉군의 누이였다. 평원군은 위나라 왕과 공자에게 편지를 띄워 위급함을 알리고 구원을 요청했다.

위나라 왕이 장군 진비(晉鄙)에게 십만 대군을 주어 조나라를 구원케 하자 진나라에서 위나라 왕에게 사자를 보내어 협박했다.

"우리는 내일쯤 조나라 항복을 받을 수 있을 거요. 만일 조나라를 구원하는 나라가 있다면 조나라를 친 후 반드시 구원해 준 나라로 군대를 돌려서 쑥대밭을 만들어놓고 말겠다 하셨소이다."

위왕은 겁이 많은 사람이었다. 진나라 사자의 위협에 놀라 진비의 진격을 멈추게 했다.

조나라는 바람 앞에 등불, 그야말로 풍전등화(風前燈火)였다. 평원군은 처남인 위공자에게 책망과 더불어 간절히 읍소했다.

"위공자의 드높은 명예와 의리는 어찌되었습니까? 이대로 조나라가 망하도록 내버려 두시렵니까? 공자 누이의 처지를 생각해서라도 구원해 주십시오!"

위공자는 다급했다. 위왕을 설득했으나 요지부동이었다. 위공자는 가신들을 모아서라도 구원병으로 출진코자 하니 그 소문은 삽시에 퍼졌다. 이때 동문 문지기 노인 후영이 가만히 찾아들었다.

"공자께서 출진코자 한다면 왕의 침실에 간수되어 있는 장군 진비의 병부(兵符)를 가지고 가십시오."

"병부를 어찌 꺼낼 수가 있겠소?"

"지난날 공자께서는 왕의 총애를 받고 있는 여희(如姬)의 부친이 억울하게 죽었을 때 원수 갚은 일이 있습니다. 그러니 여희에게 부탁을 하십시오."

과연 후영이 일러준 대로 여희에게 부탁을 하자 병부(兵符)를 훔쳐다 주었다.

또다시 후영이 가르침을 주었다.

"곧장 가셔서 진비의 군대를 탈취하십시오. 북으로는 조나라를 구원하고 서로는 진의 군대를 몰아내니 이는 오패(五覇)가 세웠던 공과 같을 것입니다."

"그러나 설사 조왕을 위해서는 충신이고 조나라에 대해서는 대공을 세운 격이 되나 위왕을 배반하는 행위임에 틀림없습니다."

"장수가 변방에서 적군과 대치하고 있을 때는 군주의 명령이라도 받아들이지 않는 경우가 있습니다. 그때는 진비를 죽이십시오."

"진비를! 그는 충성스런 백전노장인데, 그런 인물을 내 어찌 죽이겠소?"

"공자께서는 일을 그르칠 작정입니까? 그러실 줄 알고 제가 공자님과 함께 가실 인물을 점찍어 두었습니다."

"그가 누구입니까?"

"개백정 주해를 데려가십시오. 철퇴를 귀신 같이 쓰는 천하장사입니다. 지난날 공자께 말대꾸도 안했지만 그는 분명 같이 가 줄 것입니다. 그는 의사(義士)입니다. 그리고 저는 늙은 몸이라 조나라에 도착할 즈음 북쪽 하늘을 바라보며 제 목을 끊어 험지의 동행을 대신하겠습니다."

주해는 과연 후영의 말대로 위공자와 동행하는 일에 흔쾌히 승락했다.

드디어 둘은 진비의 진중에 도착했다.

"군사를 내게 넘기라 했소!"

공자는 반쪽의 병부를 진비에게 내밀었다.

진비는 병부를 받아 맞추어 보더니 딱 맞아 떨어지는데도 불구하고 고개를 갸우뚱거렸다.

"워낙은 중차대한 일이라. 대왕의 칙서도 없이 임무교대를 요구하시니 수상쩍을 수밖에요. 진중에서는 대왕의 명령도 듣지 않을 수가 있지요. 다시 확인해 볼 때까지는 병권을 돌려드릴 수가 없습니다."

"말이 많다!"

옆에 섰던 주해가 감추어 온 철퇴를 휘둘러 진비의 머리를 사정없이 깨뜨려버렸다.

진중이 어수선해지자 공자는 병영에 명령을 내걸었다.

 부자(父子)가 함께 군영으로 소집돼 온 자가 있거든 아버지 된 자는 먼저 고국으로 돌아가고, 형제가 있는 경우에는 형이 즉시 귀국할 것이며, 외아들이라면 곧 집으로 돌아가 부모를 공양하라!

위공자는 남은 군사 8만 대군으로 진나라 군대를 공격했다. 진군은 한단의 포위를 풀 수밖에 없었다. 조나라 왕과 평원군은 몸소 전선까지 나와 공자를 맞이했다.
"천하의 현인으로서 위공자를 따를 만한 의인(義人)은 아무도 없소이다."
그때 후영이 북쪽을 향해 스스로 목을 찔러 죽었다는 소식이 들려왔다.
"과연 의인이다!"
위공자는 사후 수습을 하기 위해 죽은 진비의 수하 장수를 불러 명했다.
"그대들은 군사를 이끌고 본국으로 돌아가시오."
"공자께서는?"
"나는 귀국할 수가 없소. 나는 진비의 병부를 훔쳐내어 왕의 명령을 사칭해 군사를 움직였고, 왕의 충신이자 백전노장인 진비까지 죽였소. 비록 결과는 좋았다 하나 조나라에는 공훈이 있으되 위나라에는 역적이오."

위나라 군대를 돌아가게 한 뒤 공자는 자신의 빈객들과 함께 조나라에서 무료한 나날을 보내고 있었다.

조나라에서는 위공자에게 다섯 개의 성읍을 봉해 주고자 하였으나 주해가 의(義)를 들어 받아들이지 말라는 충고에 그 마저도 거절했다.

위공자의 명성은 그로인해 더욱 높아지고 많은 빈객들이 그의 당하로 모여들었다.

한편 위나라로부터 뜻밖에 하남성 영릉현 신릉(信陵)의 땅을 위공자에게 봉해 주었다는 소문이 들려왔다.

"이는 필시 나를 끌어들여 죽이려는 유인책이다."

그래도 위공자는 조나라에 눌러앉았다. 어느 날 주해가 말했다.

"가까운 곳에 모공(毛孔)이라는 처사와 설공(薛公)이라는 처사가 살고 있는데 모두 현인입니다. 만나 보시지요."

"그들은 어떤 사람이오?"

"현인은 함부로 얼굴을 내놓지 않지요. 모공은 도박꾼들과 친하고, 설공은 술꾼과 친해 작부에 얹혀 신답니다."

"알 만하오. 후영이 문지기에 장돌뱅이였고, 주해가 개백정이었지만 천하의 현인이었던 것처럼. 하하하!"

위공자를 따라 주해도 모처럼 웃었다. 공자가 어렵게 모공과 설공을 만나 교우를 시작하자 그들이 마음에 들어 몹시 흡족히 여겼다. 그 때문에 공자는 술판과 도박판에서 소일하는 경우가 많았다.

그럭저럭 위공자가 조나라에 머문 지 10년이 되었다. 천하의 정세도 어지럽게 뒤바뀌고 있었다.

진나라는 명성을 떨치는 위공자가 조나라에 있으므로 그곳을 치지 못하고 오히려 위공자가 없는 틈을 타 위나라를 공격했다.

"큰일이다! 공자의 명성이 그토록 높을 줄 몰랐다. 신릉군으로 봉했는데도 돌아오지 않으니 이를 어찌해야 되나? 진의 공격을 물리치려면 공자가 돌아와야 될 텐데……."

위왕은 가시방석이었다. 사신들을 계속 보내어 공자의 귀국을 간청했다.

"나는 귀국하지 않겠다. 내가 귀국하면 전날의 배신을 빌미 삼아 처형할 것이다. 위나라 사신을 내 집에 들여놓지 마라!"

위공자의 결심이 워낙 굳세어 귀국을 권유하는 자도 없었다. 그때 모공과 설공이 찾아들어 위나라에 귀국하지 않는 것을 질타했다.

"저더러 죽을 곳을 찾아들라는 말씀이오?"

"그렇소! 의롭게 죽을 자리를 가리는 것이 의인이오. 지금 진나라의 공격을 받아 위나라가 위급한데도 공자는 편히 있고자 함이오? 공자의 명성이 높은 것은 배후에 위나라가 있기 때문입니다."

"그건……."

"만약 진나라가 대량을 공격하고 선왕의 종묘라도 파헤친다면 공자께서는 무슨 면목으로 천하에 나설 수 있겠습니까?"

"그렇다! 죽음의 명분을 알고 있으면 하늘을 우러러 한 점 부끄러움이 없다."

마차를 몰아 위나라로 돌아가면서도 공자는 조금도 두려움을 느끼지 않았다.

위나라 왕은 공자를 보자 울음부터 터뜨렸다.

"오오, 공자! 돌아왔구려. 전날은 내가 잘못했소. 천하에 부끄러움이 없는 그대의 의로움을 생각 못하고 작은 배신만 섭섭해 했구려. 자, 어서 상장군의 인을 받으시오."

공자는 모공과 설공의 충고를 고마워했다.

위나라 안희왕 30년이었다.

공자는 서둘러 제후들에게 사신을 보내어 자신이 상장군이 되었음을 알렸다.

"위공자는 천하의 의사(義士)이시다. 어서 군대를 보내 그를 도와야 한다."

공자는 다섯 나라의 군대를 이끌고 황하의 서쪽 하외(河外)로 나가 진나라 장수 몽오(蒙驁)를 패주시켰다.

그 뿐만 아니라 위공자는 진나라 대군을 추격해 함곡관에 이르렀다. 그 이후로 진나라 군대는 감히 함곡관을 나올 엄두를 내지 못하였다.

그 무렵 공자의 위세는 천하를 떨쳐 제후의 빈객들 중에 병법을 바치는 경우가 많았는데, 공자는 이를 묶어 『위공자(魏公子) 병법, 혹은 위료자 병법』이라 스스로 이름 지었다.

진왕(秦王)은 위공자가 존재하는 한 함곡관 밖으로 진격할 수 없으므로 공자의 손에 죽은 진비의 빈객 하나를 매수하는데 성공했다.

"금 십만 근을 줄 테이니 어떻게 하든 위왕과 공자 사이를 이간시켜 갈라놓도록 하라!"

빈객은 부지런히 돈을 풀어가며 공자가 왕이 되려하고 제후들도 힘을 합쳐 공자를 왕으로 세우고자 음모를 꾸민다는 소문을 퍼뜨려 위왕의 귀에 들어가도록 했다.

위왕이 긴가민가하며 망설이고 있을 때 진나라에서 축하 사절을 보내왔다.

"현명하신 공자께서 왕으로 등극하셨다는 소문을 듣고 여러 가지 예물을 가지고 축하하러 왔습니다."

이쯤 되자 위왕은 공자를 의심하지 않을 수 없어 상장군의 인수를 빼앗았다.

그날 이후로 위공자 신릉군은 신병을 구실로 왕이 불러도 입조하지 않으며 빈객들과 더불어 세상 인심을 한탄하고 밤낮으로 술을 퍼 마시며 여색에 탐닉했다.

그렇게 살기를 4년, 공자는 마침내 술병으로 세상을 등졌다. 바로 그 해에 안희왕도 죽었다.

진나라에서는 위공자가 죽었다는 소문을 들은 즉시 몽오를 시켜 다시금 위나라를 공격했다.

몽오는 단번에 20여 성을 함락시키고 동군(東郡)을 설치했으며, 18년 뒤 위의 가왕(假王)을 사로잡고 위의 성도 대량을 도륙했다.

태사공은 이렇게 결론지었다.

천하의 공자들 중에는 많은 선비와 즐겨 교유한 이들이 많다. 그러나 위공자 신릉군의 명성이 제후들 중에서도 단연 으뜸이었던 것은 그 이유가 있다.

신릉군은 초목이나 저잣거리에 숨어 살거나 떠도는 은자나 현자와 교유하고, 그 신분이 낮고 비천한 이들과 만나는 것을 즐겼으며, 그들의 말을 귀담아 듣고 실천에 옮겼다. 특히 그들과의 만남을 부끄럽게 여기지 않았다.

춘신군(春申君) 열전

> 주군을 위해 한 몸을 바쳐 획책하고 강한 진나라에 인질로 가 있는 태자(고열왕)를 탈출시키고, 유세하는 선비들을 남쪽 초로 오게 한 것은 춘신군의 의기(義氣)에 의한 것이다.

춘신군이 초나라 재상으로 있을 무렵에 제나라에서는 맹상군이, 조나라에서는 평원군이, 위나라에서는 신릉군이 있어 유능한 선비들을 앞다투어 빈객으로 맞아들이고자 서로 힘을 기울이고, 그들의 힘으로 국력을 신장시키고 또한 권력을 유지하려 했다.

춘신군의 이름은 헐(歇)이었으며 성은 황씨(黃氏)이다. 당시 진나라는 한나라와 위나라를 굴복시키고 연합군으로 초나라를 공격하고자 하였다.

이에 초나라 경양왕은 급히 춘신군 황헐을 사신으로 보내 진의 침략을 막아보려 했다.

지난날 초의 회왕이 진의 속임수에 빠져 진에 입조했다가 귀국하지 못한 채 그곳에서 객사한 적이 있었다. 경양왕은 바로 그 회왕의 아들이다.

진에 도착한 황헐은 우선 글월을 올려 화친코자 하였다.

지금 천하에는 진과 초보다 강한 나라는 없습니다. 대왕께서는 초를 침략코자 하나 그것은 위험한 일로 화친하는 것이 이롭다는 것을 말씀드리고자 합니다.

대왕께서는 제나라와 국경을 접하고 있으면서 한과 위를 굴복시켰습니다. 그리고 대왕께서는 지금 백성의 숫자 많음과 병력의 강대함만을 믿고 천하 제후를 신하로 삼으려고 무리수를 두신다면 후환이 있지 않을까 심히 염려하는 바입니다.

한과 위나라는 귀국과의 전쟁에서 부자(父子)와 형제가 죽음을 당한 게 어언 10대(代)에 이르고 있습니다. 지금 그들은 진의 침공을 우려해 마지못해 귀국을 받들고 있으나 그것은 한낱 임시방편의 속임수에 불과합니다.

만약 대왕께서 초를 공격하고 진·초의 전쟁이 장기간 어우러져 싸우고 있을 때, 제·한·위·조 네 나라가 한꺼번에 연합하여 대왕의 중심부를 가른다면 어찌하겠습니까?

신의 생각으로는 진·초가 동맹하여 한나라에 대처하면 한은 반드시 복종할 것입니다. 산동의 험준한 산자락으로 옷깃을 삼고, 굽이진 황하의 이로움으로 띠를 삼는다면, 한나라는 반드시 귀국의 관문이나 지키는 제후가 될 것입니다.

이렇게 하여 그 여세로 정과 위를 겁박하면 자연 귀국의 제후국으로 떨어질 것입니다.

결국 대왕의 판도는 자연 동해에서 서방을 하나로 꿰뚫어 천하의 허리를 장악하게 될 것입니다.

그리되면 연과 조는 제와 초의 원조를 받을 수 없고, 제와 초는 연과 조와 가깝게 될 수 없어 연·조를 위협하면서 제와 초를 협박하면 자연 네 나라는 한꺼번에 항복할 것입니다. 살펴 혜량해 주십시오.

진의 소왕이 황헐의 글을 읽고 흡족한 듯이 말했다.

"일리 있는 말이다. 초나라 진격을 중지시켜라!"

진은 곧 한·위를 부드럽게 위무하고 초에는 예물을 보내 동맹국이 될 것을 약속했다.

황헐은 진왕의 약속을 받고 초나라에 귀국했다가 태자 완(完)과 함께 진으로 인질이 되어 들어갔다.

이들은 진에서 오랫동안 억류되어 있었다. 그런데 초에서는 경양왕이 병이 깊이 들었는데도 진왕은 태자의 귀국을 허락지 않았다. 이에 황헐이 계책을 내었다.

"아무래도 모험을 감행해야 되겠습니다. 만약 대왕께서 갑자기 돌아가시면 태자께서 안 계시니 대왕의 형제분 양문군의 두 아들 중 한 분이 왕위에 오르게 됩니다. 그러니 탈출해야 합니다."

"태부께서도 함께 가시는 겁니까?"

"그건 불가능한 일입니다. 저는 남아서 뒤처리를 하겠으니, 제 걱정은 마시고 먼저 떠나십시오."

태자는 자신이 데리고 있는 사인(舍人)의 마부로 위장하고 함곡관을 빠져나가는데 성공했다.

이때 황헐은 태자의 숙사에 대신 머물면서 태자의 병을 칭탁(稱託)해 한동안 외출도 하지 않았다. 진군이 추적할 수 없을 즈음, 즉 이미 함곡관을 탈출했으리라고 생각되었을 때 그는 자진하여 진왕 앞으로 갔다.

"대왕, 저에게 죽음을 내려주십시오. 제가 초의 태자 완(完)을 탈출시켰습니다. 지금쯤 초의 국경에 들었을 것입니다."

"무엇이라?"

초의 태자가 탈출한 사실이 확실해지자 진왕은 황헐을 하옥시키고 자결할 것을 명하였다. 이때 승상 응후가 간했다.

"대왕, 황헐은 신하된 자로서 주군을 위해 한 몸을 던졌습니다. 작은 잘못보다는 큰 이득을 챙기십시오. 분명 태자가 즉위하면 반드시 황헐을 등용할 것입니다. 그를 벌하지 말고 돌려보냄으로써 은혜 입게 하시고 계속 초와 화친을 계속 이어가십시오. 선비는 은혜 갚는다 했습니다."

황헐은 승상 응후의 도움으로 무사히 초나라로 돌아갔다. 그리고 몇 달 후 경양왕이 죽고 태자 완이 고열왕(考烈王)으로 즉위했다.

고열왕은 황헐을 재상으로 임명하고 춘신군(春申君)에 봉해 회수(淮水)의 북쪽 땅 12현을 하사했다. 춘신군은 초왕에게, '그곳은 제와의 국경지대이므로 조정에서 직접 관장하는 것이 마땅하다'고 진언하여 양자강 하류 강동(江東) 땅으로 바꾸었다.

춘신군이 재상에 오른 지 4년이 되자 세상의 변화가 있었다. 진나라가 조나라를 공격하여 한단을 포위하는 사태가 일어났다. 조의 평원군이 구원을 요청하자 춘신군은 즉시 병사를 이끌고 가 조나라를 구했다.

또한 고열왕 8년에는 북쪽으로 진격해 노나라를 멸하고 순경(荀卿)을 현령으로 삼았다.

초로서는 이때가 가장 강성한 시절이었다.

어느 날 조의 평원군이 감사 사절단을 보내왔다. 조나라로서는 자국의 허약한 모습을 보이지 않으려고 사신들에게 대모(瑇瑁, 거북껍질)로 비녀를 만들고, 화려하게 도검(刀劍)의 칼집을 주옥으로 장식한 복장으로 우선 춘신군에게 면회를 청했다.

춘신군에게는 3천여의 빈객이 있었는데 그들이 주옥으로 장식한 신을 신고 나왔으므로 조의 사절들은 망신만 당했다.

그 무렵 진나라에서는 장양왕이 즉위하여 여불위를 재상으로 삼아 문신후(文信侯)에 봉하고 동주(東周)를 탈취했다.

그 뿐만 아니라 진의 인접국들이 끊임없는 진의 침공에 모두들 전전긍긍했다.

춘신군이 재상이 된 지 22년의 일이다. 제후들을 불러 모아 합종을 맹약하고 초왕이 맹주가 되어 서쪽 진나라에 대항하기로 했다.

그런데 춘신군이 총사령관이 되어 제후의 군대를 이끌고 출전했으나 함곡관에서 크게 패하고 말았다. 이에 맹주로서의 초왕은 춘신군에게 책임을 물어 그로부터 서먹한 사이가 되었다.

춘신군은 빈객 주영(朱英)의 권고를 받아들여 초왕에게 수도를 진(陳)에서 수춘(壽春)으로 옮기도록 건의하여 허락받아 신임을 얻었다.

이때까지 초왕에게는 자식이 없었다. 재상으로서 춘신군은 걱정이 되어 아이를 잘 낳는 체형을 골라 왕에게 여럿 바쳤으나 허사였다. 문제는 왕에게 있는 것이었다.

그 즈음 이원(李圜)이란 자가 자기 출세를 위해 춘신군에게 자기 누이동생을 바쳤는데 그녀가 절세가인이었다. 이원의 여동생은 춘신군의 총애를 얻었고 어느덧 임신하기에 이르렀다. 이에 이원은 엉뚱한 욕심이 생겨 동생을 불러내어 괴이한 계략을 짜고 그녀를 설득했다.

이원의 여동생은 총애하는 춘신군의 앞날을 위하고 자신을 위한다는 명분으로 초왕의 총애까지 얻어 사내아이를 낳았다.

초 고열왕은 20년 동안 자식이 없다가 자식을 얻게 되어 기쁨은 이루 형언할 수 없어 태자로 책봉했으며 그녀를 왕후로 삼았다.

초왕은 왕후의 오라비 이원을 중용하여 측근에 두었다.

춘신군이 재상이 된 지 25년이었다. 왕이 병들었을 때 모사 주영이 다시 간했다.

"대왕께서는 언제 승하하실 지 모릅니다. 승상께서 어린 군주를 위해 나라를 섭정하실 수도 있지만 미리 방책을 세워두셔야 합니다. 그러기 위해서 저를 궁중에 두어 병권을 쥘 수 있는 낭중(郞中)으로 삼아주십시오."

"그게 무슨 말이오?"

"왕후의 오라비 이원이 문제입니다. 그는 승상으로 인해 권력을 쥘 수 없기에 승상을 없앨 기회를 도모하고 있습니다. 이미 사병(私兵)을 양성하고 있으며, 대왕께서 운명하시는 날 그는 분명 왕궁을 짓쳐 권력을 장악한 후, 승상을 척살할 것입니다."

한참동안 묵묵히 생각에 잠겨 있던 춘신군은 흔연히 머리를 흔들며 말하였다.

"그대가 하신 말씀은 전연 나와 무관한 일이오."

"젠장……."

주영은 자신의 말이 춘신군에게 먹혀들지 않는다는 사실을 알았다. 그리고 머잖아 자신의 몸까지 화가 미치리라 생각되어 그날로 멀리 도망쳤다.

그런 일이 있은 지 보름 만에 고열왕은 죽었다.

주영이 예고한 바대로 이원은 사병들을 거느리고 입궐해 궁문에서 매복해 있다가 춘신군을 찔러 죽였다. 그 뿐만 아니라 사병들을 몰아 춘신군의 가족들까지 모두 도륙해 버렸다.

"왕후 임신의 비밀이 새어나올까 봐 공연히 걱정만 했네……."

춘신군의 아들, 이원의 누이동생이 낳은 어린 태자가 즉위하니 이가 곧 초의 유왕(幽王)이다.

태사공은 이렇게 결론을 지었다.

일찍이 춘신군이 제 한 몸을 던져 진의 소왕을 설득하고 초의 태자를 귀국시킬 때만 해도 얼마나 충성스럽고 지혜로웠던가, 후일 이원의 술책에 넘어가고 목숨까지 잃게 된 것은 그의 노망 탓이었으리라. '결단해야 할 일을 결단하지 않으면 도리어 화를 입는다'는 옛말이 맞는 말이다.

범수(范睢)·채택(蔡澤) 열전

> 범수는 위(魏)의 재상 위제(魏齊)에게서 모욕을 능히 참고 견디며, 강한 진(秦)나라의 재상이 되어 명성을 떨쳤다. 그리고 말년에 그는 현인 채택을 추천하여 그에게 지위를 양보하였다.

범수(范睢)는 원래 위(魏)나라 대량(大梁) 사람으로 자는 숙(叔)이다. 집이 가난하여 제후를 유세할 여비조차 마련할 수가 없었다.

그는 어느 날 굶주림에 지쳐 중대부(中大夫) 수가(須賈)의 집 앞에 쓰러진 것이 인연이 되어 그의 식객이 되었다.

제나라가 강국이 되자 침략할 것을 두려워하여 중대부 수가가 제(齊)의 사신으로 갈 때 범수도 함께 수행했다.

수가는 제나라에 가서 제나라 양왕에게 지난날 5국의 연합군이 제를 공격한 일을 사과하고 화목하게 지낼 것을 청했다. 그러나 제나라 양왕은 펄쩍 뛰었다.

"선왕이 계실 때 위나라와 제나라는 손을 잡고 걸(桀)·송(宋)

을 쳐서 멸망시켰소. 그런데 연나라가 제를 칠 때 위는 제를 배신하고 연에 가담했으니 이처럼 파렴치한 일이 어디 있겠소. 비명에 돌아가신 선왕을 생각하면 피눈물이 흘러내리는 듯하오. 그런데 무슨 염치로 친선을 청한단 말이오. 입이 열이라도 할말이 없으리다."

제나라 양왕의 노기서린 추궁에 수가는 답변할 말이 궁벽하여 안절부절못했다.

이때 범수가 나서서 낭랑하게 말했다.

"대왕의 말씀은 앞뒤가 전도된 말씀입니다. 위나라의 전 임금께서 송나라를 친 것은 제왕(齊王)의 분부에 따른 것입니다. 제나라는 위와 초, 세 나라가 송을 친 뒤에 땅을 나누어 갖자고 제안했습니다만 제나라의 선왕께서는 약속을 지키지 않고 송의 땅을 모두 차지하고 나중에는 초와 우리 땅까지 빼앗고 말았습니다. 제나라가 이렇게 신의를 버리고 욕심을 냈기 때문에 제후들은 서로 연합하여 제를 치게 된 것입니다. 그리고 위나라는 제나라를 토벌하는데 가담했으나 임치성 공략에는 빠지고 우리가 제에 빼앗긴 땅만 되찾고 군사를 철수했습니다. 이러한 점을 보더라도 위가 신의를 잃었다고 나무랄 수는 없을 것입니다."

제 양왕은 범수의 청산유수와 같은 변설에 감동했다. 그리고 은밀히 범수에게 사자를 보내 제나라에서 벼슬을 할 생각이 없느냐고 물어 보았다.

"주인을 모시고 사신으로 온 제가 어찌 이웃나라에서 벼슬을 살겠습니까? 이는 옳지 않은 일입니다."

범수는 완곡하게 사양했다.

"과인은 그대를 객경으로 임명하여 함께 부귀를 누리고 싶소."

제 양왕은 또다시 많은 황금과 함께 술과 고기를 보내고 객경 벼슬을 제안했다. 범수는 여전히 제 양왕의 제안을 사양하고 황금을 돌려보냈으며, 술과 고기만 못이기는 체하고 받았다. 제 양왕은 범수의 완강한 태도에 탄식했으나 어쩔 수가 없었다.

이 사실을 나중에 수가의 귀에도 들어갔다.

"범수 따위가 제 양왕으로부터 그런 후한 대접을 받았겠는가? 이는 필시 위나라의 비밀을 제나라에 고해 바친 대가일 것이다."

위나라로 귀국한 수가는 노여움을 품고 있다가 위나라 재상이며 실력자인 공자(公子) 위제(魏齊)에게 그런 사실을 일러바쳤다. 일의 잘못됨이 범수에게 있었다고 덮어씌우기 위한 계략이었다.

위제는 불같이 화를 냈다. 가신을 시켜 범수에게 죽을 만큼 매질을 하도록 했다. 그의 몸은 갈가리 찢기고 걸레처럼 너부

러졌다. 조금만 더 맞으면 숨이 끊어질 듯했다. 그들은 범수를 멍석에 둘둘 말아서 변소 구석에다 버렸다. 그러고는 오줌이 마려운 빈객들이 그에게 오줌 세례를 주게 했다.

얼마 후 시간이 흘렀는지 모른다. 범수는 간신히 정신이 돌아와 죽어가는 목소리로 자신을 지키는 군사를 불렀다.

"나는 이미 죽은 목숨이오. 이왕 죽을 목숨, 집에서 죽게 해주시오. 나를 집에 데려다주면 집에 있는 황금을 모두 드리리다."

군사는 범수가 측은하기도 하고 황금에도 마음이 동했다.

"잠깐 재상님께 다녀올 테니, 죽은 체하고 기다리시오."

군사는 위제와 문객들이 술을 마시는 당상으로 달려갔다. 그들은 대취해 있었다.

"변소에 버린 범수의 시체에서 악취가 진동합니다. 시체를 밖에 내다버려도 괜찮겠습니까?"

군사가 위제에게 물었다.

"여기 성스러운 재상부에서 시체 썩는 냄새를 풍겨서야 되겠습니까? 시체를 버리도록 허락하십시오."

문객들이 일제히 아뢰었다.

"그래, 그놈의 시체를 멀리 갖다 버려라!"

위제가 혀 꼬부라진 목소리로 허락했다.

군사는 재빨리 범수를 들쳐 업고 범수의 집으로 달려갔다.

범수는 군사에게 후한 사례를 하고 자신이 입고 있던 옷을 멀리 산속에 버리게 했다. 군사가 돌아가자 범수는 아내와 아이들에게 당부했다.

"위제는 의심이 많아 내일 술이 깨면 반드시 나를 찾을 것이오. 나를 오래 전에 결의 형제한 정안평(鄭安平)의 집에 데려다 준 후, 내가 죽은 것처럼 헌 옷가지를 찾아다 장례를 치르도록 하시오. 나는 몸이 나으면 외국으로 피신할 것이오."

범수의 부인은 안전하게 범수를 정안평의 집에 데려다주고 산속에서 범수의 옷가지와 명석을 갖다놓고 통곡하며 장례식을 치뤘다.

다음날 숙취에서 깨어난 위제는 범수의 시체를 찾게 했다. 산짐승이 시체를 물어갔다고 결론을 내리고 범수의 장례식을 지켜보게 했다.

'범수는 틀림없이 죽었구나!'

위제는 그제야 안심했다.

정안평은 범수의 인물됨을 알고 있었던 터라 그를 데리고 일단 숨어 버렸다. 범수는 이름을 바꾸어 장록(張祿)이라 부르고 있었다.

그 무렵 진나라 소왕의 접대관인 왕계(王稽)가 위나라에 왔다. 정안평이 신분을 속인 채 하인이 되어 왕계를 모셨다.

왕계가 위나라를 떠날 즈음에 '혹시 진나라에 데려갈 만한 인물이 없겠소!' 하는 소리를 들은 정안평은 독대를 신청했다.

"마침 제가 사는 곳에 장록 선생이라는 천하의 현인(賢人) 한 분이 있습니다."

"그를 데려와라."

"그분 역시 주인님을 뵙고 천하 형세를 논하고자 하나 그를 죽이겠다는 원수들이 노리고 있어 감히 모셔 올 수가 없습니다."

"그러면 밤중에 몰래 데려오시오."

그렇게 되어 범수는 정안평의 안내로 왕계를 만날 수 있었고 왕계는 범수의 인물됨을 담박에 알아차리고 수레에 몰래 태워 진나라로 들어갔다.

함양의 동쪽 호관(湖關)에 이르렀을 때, 재상 양후가 순찰하면서 다가오는 것이 보였다.

"누구의 행차이옵니까?"

"재상 양후시옵니다. 소개시켜 드릴까요?"

"아닙니다. 제가 듣기로 그는 진나라 전권을 휘두르며 제후국의 유세객들을 몹시 싫어하는 것으로 알고 있습니다. 아마 저를 보면 분명 욕보일 것이니 수레 속에 숨어 있겠습니다."

얼마 안 되어 양후가 다가와 왕계의 수레를 멈추게 했다.

"수고가 많네. 관동에는 별일 없던가?"

"예, 없었습니다."

"그대는 제후국에서 유세객 같은 자를 데려오진 않았겠지?"

"구태여 데려올 필요를 느끼지 않았습니다."

"그런 자들은 남의 나라나 어지럽히는 무익한 자들일 뿐이지."

양후가 떠난 후 범수는 왕계에게 일렀다.

"수레 속에 사람이 있지 않나 의심하면서도 수색을 하지 않더군요. 양후는 머리 회전이 빠른 인사로 들었는데 뜻밖입니다."

그러면서 범수는 내뺄 몸짓을 했다.

"아니, 어딜 가시려는 겁니까?"

"두고 보시오. 그 자는 곧 후회하고 반드시 되돌아올 것입니다. 먼저 일찌감치 가서 기다리고 있겠습니다."

아니나 다를까 왕계가 십 리쯤 갔을 때 양후가 기병들을 몰고 달려와 급하게 수레 속을 샅샅이 수색했다.

"장록은 무서운 혜안을 가진 인물이다!"

왕계는 속으로 중얼거렸다. 그리고 범수를 찾아 다시 수레에 태우고 함양으로 들어갔다.

양후와 화양군(華陽君)은 소왕의 모친인 선태후(宣太后)의 아우이고, 경양군(涇陽君)과 고릉군(高陵君)은 모두 소왕의 친동생들이었다.

양후가 재상의 자리를 차지했으므로 나머지 세 사람은 번갈 아가며 장군이 되어 봉읍을 받았다. 모두 태후와의 연고로 사가(私家)의 부유함이 왕실을 무색케 했다.

양후가 진의 장군이 되어 한·위를 넘어 제의 강수(綱壽)를 쳐서 자신의 봉읍인 도(陶)를 확장할 계획을 세우고 있었다.

범수는 이때다 하고 진왕에게 정중한 글월을 올렸다.

'집을 번창케 하는 인재는 나라 안에서 구하고, 나라를 번창케 하는 인재는 천하에서 구한다'고 들었습니다. 만약 천하에 명민한 군주가 있을 때 다른 군주가 자기 나라를 융성케 못하는 이유는 어디에 있을까요? 그것은 명민한 군주가 남의 번영을 막기 때문이 아니겠습니까? 명의(名醫)는 병자의 생사를 짐작하고 성군(聖君)은 일의 성패를 밝게 합니다. 이로우면 이것을 행하고 해로우면 버리며 의심스러우면 좀더 이것을 시험해 봅니다. 이런 점은 순임금이나 우임금이 다시 태어나더라도 다시 하실 일입니다. 저에게 궁궐을 구경할 기회라도 주시어 존안을 우러러 뵐 수 있는 영광을 베풀어 주십시오. 그때 만일 제가 드리는 말씀 중에서 한마디라도 쓸 만한 것이 없다면 대왕의 심사를 어지럽힌 죄를 달게 받아 주벌(誅罰)에 복종할 따름입니다.

왕은 급히 범수를 만나볼 것을 서둘렀다.

범수는 별궁에서 왕을 알현하도록 되어 있었다. 그러나 수레에서 내린 범수는 모른 척하고 긴 회랑을 돌아 본궁 쪽으로 걸어 들어갔다.

"서라! 여기가 어딘 줄 알고 감히 들어오느냐!"

환관들이 길을 가로막았다. 범수는 시치미를 뚝 떼고 말했다.

"여기가 어디요?"

"대왕께서 계시는 왕궁인 줄 몰라서 그러느냐?"

저만큼 왕의 행차가 보였다. 그래도 범수는 못 본 척 더 큰 소리를 질렀다.

"진나라에도 왕이 계시오?"

"무어라고!"

"내가 듣기로는 진에는 왕은 계시지 않고 태후와 양후만 있다고 하던데······."

"무엄한 놈!"

범수와 환관들이 다투는 소리를 듣고 진왕이 급히 소리쳤다.

"그만 두어라!"

진왕은 범수를 궁중으로 데리고 갔다. 그리고 좌우의 근신들을 물리치고 비로소 범수에게 물었다.

"선생은 과인에게 어떤 가르침을 주겠소?"

"저는 지금 외국에서 온 떠돌이 신세입니다. 대왕과의 교분도 없었습니다. 그런데 왕께 말씀드리고자 하는 내용은 모두 왕의 잘못을 지적하는 것뿐입니다. 특히 왕의 혈연관계에 대한 것뿐입니다. 그래도 들으시겠습니까?"

"짐작은 했소이다."

"바로 말씀드리지요. 만약 대왕께서 지금처럼 위로는 태후의 위엄을 두려워하고, 아래로 간신의 아첨에 미혹되어 깊은 궁중에만 앉아 여인들의 치마폭에서 벗어나지 못하며, 정사를 간신들의 손에만 맡겨 오랫동안 혼미에 빠져 현명한 신하와 간악한 신하를 구별하지 못하시니 그것이 걱정스럽습니다."

"과인이 그러하오?"

"대왕의 나라는 사방이 산천으로 둘러싸인 천연의 요새입니다. 북에는 감천산(甘泉山)과 곡구(谷口)가 있고 남으로는 경수(涇水)와 위수를 띠고, 감숙성 농(隴)과 사천성 촉(蜀)이 서쪽에 있고 함곡관과 상판(商阪)이 동쪽에 있습니다. 전투병이 백만 명, 전차가 천 대입니다. 유리하면 나가 싸우고 불리하면 안에서 지키니 이야말로 바로 왕자王者의 땅입니다. 백성 또한 부지런하고 용감하니 이 또한 왕자의 백성입니다."

"그 좋은 조건 속에서도 공업을 이루지 못하는 이유가 뭐지요?"

진왕이 일어나 가르침을 구하려 하자 범수도 일어나 서로 맞절을 했다.

"한마디로 대왕의 군신들 중 자기 책임을 감당하는 자가 없고 함곡관을 15년 동안이나 닫아 두었기 때문입니다."

"양후가 강수를 치려고 준비 중인데……."

"바로 그 계략이 잘못되었음을 말씀드리는 중입니다. 어째서 산동(山東, 관동)을 넘보지 않습니까?"

"강수를 치는 계략이 어째서 잘못되었다는 거지요?"

"남의 나라인 한나라·위나라의 땅을 넘어 제나라 강수를 친다는 게 옳다고 생각하십니까? 그것은 마치 옛적 제나라 민왕이 남쪽 초나라를 쳐서 장군까지 죽이고 천리의 땅을 넓혔습니다만 결국 한 치 한 자의 땅도 얻지 못한 일과 똑같습니다."

"그렇다면 어떻게 하는 게 진나라에 유리하겠소?"

"먼 나라와는 교제하고 이웃나라를 공격하십시오."

"원교근공(遠交近攻)이라!"

"그렇게 하면 한 치의 땅을 얻어도 왕의 땅이 되고 한 자의 땅을 얻어도 왕의 땅이 됩니다."

그때부터 진왕은 범수를 객경(客卿)에 임명하고 군사(軍事)에 관한 일을 계획하게 했다.

그러는 동안 위나라 회(懷)를 쳐 빼앗고 2년 후에는 형구(邢丘)까지 정복했다. 그리고 한나라를 공격하여 진(秦)의 수중에 두었다.

범수는 날이 갈수록 진왕과 사이가 가까워졌다. 왕의 신임이 두터워졌다고 생각한 범수는 그제야 전부터 하고 싶었던 심중의 말을 꺼냈다.

"전날 제나라에는 전문(田文, 맹상군)이 있다는 명성을 들었습니다만 왕이 있다는 소문은 듣지 못했습니다. 마찬가지로 진나라에는 태후와 양후, 그리고 화양군 · 고릉군 · 경양군의 명성은 들었습니다만 대왕의 존재는 듣지 못했습니다."

"무슨 얘기요?"

"태후께서는 당신 마음대로 국정을 행사하시고, 양후는 외국으로 사신을 가도 왕께 보고조차 하지 않는 지경이며, 화양군과 경양군 역시 백성을 처단하는 일을 두려움 없이 행사하고 있으며, 고릉군은 관리들을 마음대로 인사 처리하면서 왕의 재가도 청하지 않습니다. 그뿐만 아니라 양후는 왕의 무거운 권위를 대신 쥐고 흔들며 제후들을 제재하고 천하의 땅을 갈라 왕만이 행사할 수 있는 부절을 마음대로 보내고 있으며, 적국을 정복하고 타국을 제 마음대로 치는 등 진의 국정을 전단하고 있습니다. 또한 전쟁에 이기고 공격한 땅을 국가에 돌리는 것이 당연지사인데, 그는 그 이익을 자신의 봉읍인 도국(陶國)으로 거두어들이고 그 손해는 제후들에게 뒤집어씌웁니다. 결국 전쟁에 지면 그 원한은 백성에게 돌아가고 그 화는 사직으로 돌아갑니다."

"이를 어떻게 조처하면 좋겠소?"

"소문이 새어나가거나 기회를 놓치면 오히려 화가 대왕께 미칠 것입니다. 일을 처리하시고자 하신다면 결단성 있게 지금 당장 하십시오."

"좋소! 태후를 폐하고 양후·고릉군·화양군·경양군을 함곡관 밖으로 추방하겠소."

진의 소왕이 전등석화처럼 전격적으로 단행하니 그들은 미처 왕에게 손을 쓸 수도 없게 되었다. 양후의 인수를 거두어 범수에게 재상의 벼슬을 내리고 양후를 도(陶)땅으로 돌아가게 했다.

도(陶) 땅으로 떠나는 양후의 짐수레는 1천 대가 넘고 진귀한 보물과 재화는 왕실의 그것보다 많았다.

진나라는 범수를 응(應)에 봉하고 응후(應侯)라 불렀다. 진의 소왕 41년이었다.

범수가 진에서 재상의 자리에 올랐지만 장록(張祿)이라 부르고 있었기 때문에 아무도 그의 정체를 몰랐다. 위나라에서도 범수는 이미 죽은 사람으로 치부하고 있었다.

그때 위나라는 진이 자신들을 공격하려 한다는 소문을 듣고 수가를 사신으로 서둘러 보냈다.

수가가 도착하자 범수는 아무도 모르게 남루한 옷차림으로 수가의 숙사를 찾아가 기웃거렸다. 범수를 본 수가가 깜짝 놀랐다. 저승사자를 만난 듯했다.

"아니 그대는 범숙(范叔, 범수의 자) 아닌가?"

"죽지 않고 이렇게 살아 있습니다."

"진나라에서 만나다니 뜻밖이군. 그래 지금은 무얼 하고 있는가?"

"남에게 고용되어 품팔이를 하면서 입에 풀칠하고 살지요."

"무척 곤궁해 보이는군."

수가는 범수를 불쌍히 여겼던지 자기의 솜옷을 한 벌 꺼내 주었다.

"감사합니다."

"진나라에서는 장록이라는 분이 재상이라고 들었는데 혹시 자네는 그 분에 대해서 뭐 좀 알고 있는 게 없는가?"

"훌륭한 분이지요. 마침 제 주인과 절친한 사이입니다."

"아주 잘 되었네. 내가 재상을 만날 수 있도록 자네가 중간에 손 좀 써주게. 그리고 마침 내 수레가 고장 났는데 수레를 구할 수 없을까?"

"그러지요."

범수는 곧장 돌아가 네 필의 말이 끄는 사두마차를 끌고 왔다.

"타십시오. 재상의 관저로 가시면 됩니다. 지금 저희 주인도 거기에 계십니다."

범수는 수가를 태워 재상의 관저 쪽으로 말을 몰았다. 도로가의 백성들은 모두가 엄숙히 예를 차렸고 혹은 두려움에 숨어버렸다.

"왜들 저러나? 나를 보고 모두들 최고의 예우를 다하고 있으니……."

재상 관저의 문에 이르렀다. 범수가 수레에서 내리며 수가에게 말했다.

"여기서 잠깐만 기다려주십시오. 재상께 면회 신청을 하고 오겠습니다."

범수가 안으로 들어간 뒤 수가가 혼자 기다렸다. 그런데 꽤 오랜 시간이 지났는데도 소식이 없었다. 답답함을 견디지 못한 수가가 문지기에게 조급증을 내며 물었다.

"꽤 오랜 시간이 지났는데 범숙은 왜 나오지 않는가?"

"범숙이 누구요?"

"나와 함께 수레를 타고 와서 먼저 들어간 사람 말이오."

"이 사람이 단단히 미쳤군! 우리 재상님을 함부로 일컫다니!"

"무어요!"

수가는 쇠뭉치로 뒤통수를 얻어맞은 듯 파랗게 질려 부들부들 떨리고 오금이 저려왔다. 그때 안으로부터 전갈이 왔다.

"들어오시랍니다."

기가 막혔다. 도망치고 싶었지만 그럴 수도 없었다. 생각 끝에 웃통을 벗고 무릎걸음으로 들어갔다. 사죄의 뜻이었다.

한 곳에 이르니 장막이 걷히고 수많은 시종을 거느린 채 범수가 정장 차림으로 앉아 있었다.

"죽을죄를 지었습니다."

수가는 땅에다 머리를 조아렸다.

"죽을죄라……."

"가마솥에 끓여 죽여도 좋을 만한 죄를 지었습니다만 용서하시어 저 북쪽 오랑캐의 땅으로나마 추방해 주십시오."

"그건 내 뜻대로 할 일이다. 네 죄상이 몇 개나 된다고 생각하느냐?"

"머리털을 뽑아 헤아린다 해도 속죄하지 못할 만큼 많습니다."

"그렇지가 않다. 딱 세 가지가 있을 뿐이다."

"예에?"

"내 조상의 무덤이 위나라에 있거늘 내가 과연 위나라를 배반할 생각이 있었을까? 그런데도 너는 전날 나를 제나라와 내통했다고 위제에게 중상모략 했다. 이것이 네 죄의 하나이다."

"죽여주십시오!"

"위제가 나를 욕보이기 위해 죽도록 매질을 하고 걸레가 다 된 내 몸을 변소에다 버렸을 때 너는 그것을 말리지 않았다.

이것이 네 죄의 둘이다."

"죽여주십시오."

"위제의 빈객들이 술에 취해 돌아가며 내 몸에다 오줌을 눌 적에 너마저도 내게다 오줌을 싸지 않았느냐? 어찌 그럴 수가 있던가!"

"죽여주십시오."

"죽여 줘? 벌레 같은 놈! 그렇지만 네 목숨만을 살려 준다."

"예에?"

"조금 전 초라한 내게 옛 친구를 생각하는 은은한 정으로 솜옷을 주었기 때문이다. 그 솜옷이 너를 살린 것이다. 어서 돌아가 기다려라!"

사과하고 용서하는 과정은 거기서 끝났다. 범수는 그 길로 왕궁으로 들어가 소왕에게 위나라 사신 수가와의 사이에 있었던 전후 사정을 낱낱이 고했다.

"과인도 생각하는 바가 있으니 일단 그 자들을 귀국시키시오."

범수가 제후의 사신들을 초청해 성대한 잔치를 베풀고 있을 때 마침 수가가 귀국 인사를 하기 위해 찾아왔다. 그러나 수가만은 당상에 앉히지 않았다. 굳이 당하에 앉힌 뒤 말죽여물을 그의 앞에다 놓고 이마에 먹물들인 죄인 둘을 수가의 양 옆에 앉히고 말처럼 음식을 먹게 했다.

"네가 굳이 찾아왔으니 귀띔해 주겠는데, 위왕한테 말해서 지체 없이 위제의 목을 가져오지 않으면 대량(大梁, 위도)을 쳐서 쑥대밭을 만들어 놓겠다고 전해라!"

수가는 그 즉시로 걸음을 놓아 줄행랑을 쳤다. 그리고 귀국하여 위왕에게 진나라에서 있었던 일들을 빠짐없이 아뢰었다.

소식을 들은 위제는 두려워서 그대로 있을 수가 없어, 조나라로 도망쳐 평원군 밑에 숨어 버렸다.

그 후 평원군은 진 소왕의 겁박에 못이겨 모든 직위를 내놓고 옛 친구인 위제와 함께 신릉군의 도움을 받고자 했으나 그가 선뜻 만나주지 않자 위제는 분노와 절망으로 제 목을 찔러 자결했다.

어쨌든 위제의 목을 얻은 조왕은 진나라에 보냄으로써 평원군을 귀국시킬 수 있었다.

한편 범수는 사지에서 자기를 구해준 정안평을 소왕에게 인도하여 장군이 되게 하였고, 왕계를 추천하여 하동태수에 임명했으나 그는 3년이 지나 반역의 무리에 들어 죽임을 당했다.

그 일로 범수는 더욱 의기소침해질 수밖에 없었고 소왕은 조정으로 나와 자신의 불민함을 탄식했다.

이때 채택(蔡澤)이 연나라에서 진나라로 왔다. 채택은 진나라에 와서 노골적으로 재상 범수를 욕하고 다녔다.

"그 자 말이 '나는 연나라의 세객 채택이다. 천하의 걸물이며 박학다식하고 지혜로운 선비지. 내가 딱 한 번 진왕을 뵙기만 하면 응후(범수) 따위는 단번에 궁지로 몰아넣을 텐데. 그의 자리를 금세 내가 빼앗아 버릴 텐데'라며 떠들고 다닙니다. 잡아올까요?"

범수가 생각할수록 호기심이 났다.

"의도적으로 떠들고 다니는 것 같다. 짐짓 모셔오너라."

얼마 후 채택이 불려 들어왔다. 그는 들어와서 범수에게 아무렇게나 인사했다.

"그대가 나를 비방하고, 나를 대신하여 진나라 재상이 된다고 떠들고 다녔는가?"

"그렇습니다. 들으셨군요."

"그 이유가 무엇인가?"

"말씀드리지요. 무릇 계절에는 봄·여름·가을·겨울 사계절이 있고, 그 계절은 어쩔 수 없이 바뀌어 갑니다. 마치 그 계절이 자신이 이룬 공功의 임무를 끝내고 바뀌어 가듯이 말입니다."

"그래서?"

"대개 사람이 태어나서 온몸이 건강하여 손발이 잘 놀고, 귀가 잘 들리고, 눈이 잘 보이며 여전히 지혜롭다는 이는 선비로서 크게 취할 바가 아니겠습니까? 그리고 자신의 지향하는 바가 천하에 공감을 얻어 천하 사람들이 그를 그리워하고 존경하고 사모한다면, 이는 지혜로운 선비로서 바람직한 소원이 아니겠습니까?"

"그래서?"

"지난날 진나라의 상군(商君)이나 초나라의 오기(吳起)나 월나라의 대부 종(種)과 같은 이들은 권력에 너무 집착하다가 끝마침이 불우했습니다. 과연 그들을 본받아도 좋을 만한 인물입니까?"

범수는 채택이 순환하는 역사의 증좌를 예로 들며 자기를 설득하고 있음을 눈치 챘다. 그리고 가만히 경청했다.

"만약 승상이 지금 자리에서 물러가지 않고 있다가 닥쳐올 환란이 앞의 세 사람보다 심하게 위태롭다는 점을 생각해 보신 적이 없으신지요. '해가 중천에 오르면 서쪽으로 자리를 옮기고, 달도 차면 기운다'는 옛말도 있습니다. 만물이 왕성했다 쇠퇴하는 것은 천지간의 변하지 않는 이치입니다. 나아가고 물러가는 것, 굽히고 펴는 것이 그 시대의 사정에 따라 변하는 것이 바로 성인(聖人)의 변치 않는 도리입니다. 그래서 나라에 도가 행해지고 있으면 벼슬하고 나라에 도가 행해지지 않으면 은퇴해야 합니다."

"은퇴라……."

"『일서(逸書)』에도 '성공했으면 그 자리에 오래 머물러 있지 말라' 했고, 『역경(易經)』에 '항룡(亢龍, 높이 올라간 용), 즉 부귀영달한 인간에게는 후회가 있다'라고 씌어 있습니다."

"좋은 말이오. 내가 듣기로도, '하고자 하여 그칠 줄을 모르면 다행히 선생이 나를 일깨워 주서셔 감사하오. 삼가 가르쳐 주신 대로 따르리다."

범수는 채택을 상객으로 대우했다.

며칠 후 범수는 궁중으로 들어가 조용히 진의 소왕에게 말했다.

"신의 빈객 중에 요즘 산동(山東)에서 온 새로운 채택이라는 인물이 있습니다."

"어떤 인물이오?"

"삼왕(三王)의 사적과 오패의 업적이며 세속의 변화에 대해서도 소상히 알고 있는 천하의 재사(才士)입니다."

"그대와 비교해 어떻소?"

"신보다 훨씬 뛰어납니다. 이제까지 많은 사람을 만나 보았지만 그만한 인물은 없었습니다. 진나라 정사를 맡기기에 충분한 인물입니다. 감히 추천하는 바입니다."

소왕이 채택을 불러 함께 담소해 보니 그 재주가 썩 마음에 들어 몹시 기뻐하며 그를 객경(客卿)으로 삼았다.

한편 범수는 신병을 핑계 삼아 재상의 인수를 돌려주었다. 소왕은 범수의 충고를 받아들여 채택을 재상에 임명했다. 그리고 채택의 계략대로 주나라 왕실의 토지를 손에 넣었다.

태사공은 이렇게 결론지었다.

한비자의 말 중에 '소매가 긴 자는 춤을 잘 추고 돈이 많은 사람은 물건을 잘 산다'는 것이 있다.

범수와 채택은 둘 다 변설이 종횡무진하고 권모술수와 임기응변에 능한 인물들이다. 그런데도 다른 나라 제후들에게 유세하여 인정받지 못한 것은 유세한 그 나라의 실력이 모자랐기 때문이다.

그러나 이 두 사람이 비록 나그네 신세로 진나라에 들어갔으나 경상(卿相)의 지위에 올랐으며, 천하에 그 공적을 드날린 것은 참으로 진나라와 열국의 힘이 달랐기 때문이다.

그리고 이 두 사람도 곤궁에 처하지 않았던들 그토록 분발하여 성공하지 못했을 것이다.

염파(廉頗)·인상여(藺相如) 열전

> 인상여(藺相如)는 강대한 진나라에 대하여 자기의 뜻을 마음껏 발휘했고, 한편으로 염파(廉頗)에게는 자신을 낮추어 그의 주군에게 몸을 바쳤다. 그래서 그 주군과 함께 제후들에게 존경받는 존재가 되었다.

조나라 혜문왕이 초의 화씨벽(和氏璧)을 손에 넣었다. 그 화씨벽은 변화(卞和)가 산중에서 얻어 초나라 왕에게 바친 옥이다.

진나라 소공이 그 소식을 듣고 조나라에 사신을 보내어 15개의 성시(城市)를 주는 대신 그 벽을 주었으면 하고 청원했다.

조왕은 여러 대신들을 불러 상의했다.

"벽을 진나라에 주어 보았자, 15개 성시를 얻지 못할 것이며 결국은 속임수에 넘어가 벽만 빼앗기는 결과가 될 것입니다."

"그렇다고 해서 벽을 보내지 않으면 그것을 핑계로 침공해 올 것이 두렵습니다."

의견이 분분했지만 방침을 확정짓지 못한 채 일단 진나라로 회답 사신을 보내기로 결론났다.

그러나 사안이 무척 중차대한지라 누구를 사자로 보낼 것인가가 문제였다.

이때 환관 중 대신인 목현(穆賢)이 나섰다.

"저의 가신 중에 인상여(藺相如)라는 인물이 있습니다."

"그는 어떤 사람이오?"

하고 왕이 물었다.

"제가 한때 죄를 짓고 연나라로 도망치려 한 적이 있었습니다. 지난날 연왕이 친구하자던 약속만을 믿고 말입니다. 그때 인상여는 지난날의 정황과 지금의 현실을 직시하며 차라리 대왕께 처형시켜 달라고 엎드리는 것이 낫겠다며 충고한 바, 그렇게 하여 대왕께 용서를 받았습니다. 그때부터 인상여란 인물이 대단한 현사(賢士)라는 사실을 깨달아 상객으로 모시고 있습니다.

"그렇다면 그를 불러서 물어 보는 게 좋겠소."

하여 인상여가 불려왔다. 그리고 인상여는 자신이 사신으로 가기를 청하였다.

"진나라의 청을 거절할 수도 없거니와 빈말뿐인 15개의 성시(城市)가 교환 조건으로 조나라에 들어오면 벽을 진에 두고 올 것이고, 진나라의 거짓이라면 벽을 다시 조나라로 가져오겠습니다."

그렇게 되어서 인상여는 벽을 받들어 서쪽 진나라로 건너갔다.

진왕이 여러 대신들과 궁녀들에 둘러싸여 인상여를 거만하게 굽어보았다.

인상여가 벽을 받들어 진왕에게 올리자 진왕은 몹시 기뻐했다. 모두들 좋아하며 만세소리까지 들렸다.

진왕은 자기 손으로 직접 벽을 쓰다듬으며 좌우 군신들과 궁녀에게도 만져 보게 하며 오로지 화씨벽에만 정신이 팔려 있었다. 어느 누구의 입에서도 15개 성시를 주겠다는 말은 종시 없었다.

인상여는 예측한 대로 진왕이 조나라에 성시를 돌려주겠다는 생각은 애시당초 없었음을 간파할 수 있었다.

인상여는 부드러운 목소리로 진왕에게 말했다.

"아무리 보옥이라 할지언정 티가 있게 마련이지요."

진왕이 의외라는 듯 화씨벽을 다시금 살펴보며 중얼거렸다.

"과인의 눈에는 보이지가 않는구려."

"어디 제게 보여주십시오."

화씨벽을 돌려받은 인상여는 몇 걸음 뒤로 물러나 궁중 쇠기둥에 몸을 의지하고는 머리털이 곤두서도록 분노한 목소리로 소리 질렀다.

"잘 들으시오! 대왕께선 벽을 얻을 욕심으로 사자를 시켜 조왕에게 편지를 보냈습니다. 물론 조나라 군신들은 신중히 의논을 했습니다. 그러나 한결같이 '진은 탐욕하며 자신의 강함만 믿고 속임수로 벽을 구하고 있는 것 같다. 진이 벽을 대신해 성시로 보상할 것 같지는 않다'고 말했습니다. 그렇지만 소신은 진나라에 벽을 주자고 간청했습니다. '보잘것없는 서민의 교제에도 서로 속이지 않는데 하물며 진나라 같은 대국이 속임수야 쓰겠습니까? 믿고 줍시다.' 그 결과 생각을 바꾸신 조왕께선 닷새 동안 목욕재계하고 저를 시켜 벽을 받들어 삼가 진나라 궁중으로 보내게 했던 것입니다. 말하자면 대국의 위엄에 대한 최소한의 경의 표시를 한 뒤 벽은 진나라에 도착했던 것입니다. 그런데도 지금 막상 도착해 보니 대왕께선 벽을 가져온 사신을 빈객으로 대우하기는커녕 예절 없이 신하처럼 대하며 귀중한 벽을 일개 궁녀들에게까지 돌려 희롱했습니다. 그런 대왕의 행동에서 보상으로 성시를 줄 리가 없다고 판단했기 때문에 제가 벽을 도로 돌려받았던 것입니다. 만일 이런 상황에서 저를 겁주어 벽을 빼앗으려 하시겠다면 이 벽과 함께 제 머리를 이 쇠기둥에 부딪쳐 깨고 말겠습니다."

인상여가 불같이 화내며 기둥을 노려보자 진왕은 황급히 말렸다.

"가만!"

실상은 인상여의 머리가 깨어지는 것보다는 화씨벽이 깨어질까봐 두려웠다.

"무엇입니까?"

"15개의 도읍을 조나라에 돌려주겠소. 어서 지도를 가져오너라."

관리가 지도를 가져오자 진왕은 건성으로 여기저기에다 손가락을 찍었다. 그 역시 속임수임을 단정한 인상여는 진왕에게 엄숙한 목소리로 말했다.

"대왕께서도 아시다시피 이 화씨벽은 천하가 공동으로 전하는 보배입니다. 그리고 누구나 아끼는 천하의 명옥입니다. 조나라 역시 이 벽을 아꼈으나 대왕의 위엄이 두려워 감히 바치기로 했던 것입니다. 그러나 조왕께서는 이 벽을 보낼 때 역시 닷새 동안 목욕재계했습니다. 이것을 받으시는 대왕 역시 닷새 동안 마땅히 목욕재계하고 구빈(九賓)의 예(禮, 왕이 빈객에 대해 행하는 9가지 의례)를 궁정에서 행해야만 합니다. 그래야 저는 감히 벽을 올리겠습니다."

진왕은 체면상 벽을 강제로 빼앗을 수 없다고 생각하고, 닷새 동안 재계할 것을 약속했으며 인상여를 궁중 빈사(賓舍)에 머물게 했다.

인상여는 자신의 종자 한 사람을 조용히 불렀다.

"너는 이 벽을 품 속에 몰래 숨겨 가지고 가만히 진나라를 빠져 나가거라. 아주 남루한 옷일수록 좋겠다.

눈치를 챈 종자가 물었다.

"벽은 조나라가 다시 찾게 될지 모르나 주인님의 목숨이 위태롭습니다."

"내 걱정은 하지 않아도 된다."

화씨벽이 조나라로 이미 돌아가고 난 후였다. 진왕은 닷새가 지나 구빈의 예를 궁정에서 베풀며 인상여와 마주했다.

"과인은 그대가 일러준 대로 모두 이행했소. 벽을 내놓으시오."

"그동안 진나라는 목공(穆公) 이래로 20여 명의 군주가 계셨으나 아직까지 한 분도 약속을 지킨 분이 없었습니다. 소신의 입장에서는 대왕에게 속고 조나라를 저버리게 될까 그것만이 두렵습니다. 그래서 사람을 시켜 이미 벽을 가지고 몰래 조나라로 돌아가게 했습니다."

"무엇이라!"

"진나라는 강하고 조나라는 약합니다. 지금이라도 대왕께서는 단 한 사람의 사자라도 조나라에 보내신다면 지체 없이 벽을 받들고 올 것입니다. 강한 진나라가 먼저 15개의 도성을 갈라 조에게 넘겨준다면 어찌 감히 조나라가 대왕께 벽을 내놓지 않는 죄를 자초하겠습니까?"

"무엄하구나! 저자를 당장 가마솥에 삶아버려라!"

근신들 또한 분노하는 한편 탄식하고 있었다.

"소신이 대왕을 속였으니 그 죄 죽어 마땅합니다만 저를 죽이기 전에 충분히 상의하신 후에 처형해 주십시오."

진왕과 대신들 모두 정신을 가다듬고 있었다.

"지금 저 자를 죽인다 해도 우리가 소인배 소리만 듣게 될 것이옵니다."

"우리가 약속을 지켰다면 어찌 조왕이 벽 때문에 진을 속이겠습니까?"

"차라리 인상여를 후대하여 조나라에 돌려보내는 편이 상국의 인정일까 합니다."

그렇게 하여 인상여는 궁중에서 빈객의 예우를 받은 후 조나라로 돌아갈 수 있었다.

인상여가 귀국하자 조왕은 몹시 기뻐했다. 현명한 인물이 사신으로 갔기 때문에 왕을 욕보이지 않았을 뿐만 아니라 천하의 보옥도 빼앗기지 않았다.

조왕은 인상여를 상대보(上大夫)로 삼았다.

그 후 진나라는 조를 습격해 석성을 빼앗고 그 이듬해에는 조의 병사 2만 명을 죽인 후 조왕에게 회합을 하자고 청하였다. 인상여는 그곳에 가서도 조왕의 체면을 살리고 진왕과 협상을 이끌어냈다. 조왕은 인상여의 공적을 크게 평가한 후 상경(上卿)의 직위에 앉혔다.

이에 반발하여 대장군 염파(廉頗)가 크게 화를 냈다.

"나는 말일세. 조나라의 장군이 되어 성을 공격하고 들판을 달려 싸워 온 큰 공적을 이루었다. 인상여는 본래 비천한 출신인 데다 그까짓 혀끝 몇 번 잘 놀린 대가로 어째서 상경의 지위에 오를 수 있는가. 나는 그 자의 밑에 있는 것이 부끄러워서 도저히 참을 수가 없다. 언제라도 만나기만 하면 그 자를 크게 욕보여야지!"

인상여가 그 소식을 들었다. 그래서 가급적 염파와 만나려 하지 않고 피해 다녔다.

조정에 나아가야 할 일이 있어도 인상여는 병을 핑계로 함께 하는 자리를 피했다. 그 뿐만 아니라 먼 발치에서 염파를 발견하면 골목으로 피해 버렸다.

그러자 인상여의 가신들이 불평하며 떠나고자 하였다.

"저희들은 당신의 높으신 뜻을 사모하여 부모처럼 당신을 섬기고 있습니다. 그런데 염파 대장군과는 같은 서열이면서도 그토록 욕을 당하시며 그가 두려워 숨기까지 하시니 저희들은 부끄러워 참을 수가 없습니다."

인상여는 부드러운 얼굴로 미소 지으며 떼로 몰려 온 가신들에게 물었다.

"염파 장군과 진나라 왕을 비교해 어느 편이 더 무서운가?"

"진왕이 훨씬 두렵지요."

"염장군이 진왕을 어찌 생각할 것 같은가?"

"내심 두려워하겠지요."

"그럴 것이다. 나는 그토록 당당한 진왕의 위세 앞에서도 눈

하나 깜짝이지 않고 오히려 진의 궁중에서 진왕을 꾸짖고 그의 신하들까지 욕보인 나일세. 그런 내가 그까짓 염장군 정도를 무서워할 것이라고 생각하나?"

"그렇지만 피해 다니셨습니다."

"그토록 강대한 진나라가 감히 조나라를 넘보지 못하는 이유가 어디에 있다고 생각하는가? 그건 오직 우리 두 사람 때문일세. 인상여와 염파 말일세."

"예에?"

"우리가 싸우느라 조정이 갈라서면 어찌 되겠는가? 내가 염파를 피하는 이유는 나라의 위급을 먼저 생각하고 사사로운 원수는 뒤로 미루었기 때문일세."

"아아, 주인님! 이제야 까닭을 알겠습니다."

염파도 그 말을 전해 들었다. 그리고는 가시나무 회초리를 한 짐 지고 인상여의 문전에 이르러 웃통을 벗고 사죄해 아뢰었다(부형청죄(負荊請罪, 가시나무를 등에 지고 매질해 줄 것을 청하는 죄)).

"미천하고 아둔한 제가 상경의 그토록 깊은 뜻을 몰라뵈었습니다. 꾸짖어 주십시오."

그로 인해 두 사람의 우의가 통하여 '목이 잘려도 피하지 않을 정도의 막역한 지기', 문경(刎頸)의 교(交)를 맺었다.

그 후 조의 혜문왕이 죽고 아들 효성왕(孝成王)이 섰다. 인상여는 병들어 눕고 조나라 군사는 자주 격파당하였다. 노장(老

註) 염파는 나라 지키는데 분투하고 있었으나 진나라 첩자들의 감언이설에 속아 염파를 파직하고 조괄(趙括)을 대장군으로 삼았다.

조괄은 어려서부터 병사(兵事)에 능통했으나 그 아비 조사 장군이 한 번도 칭찬을 하지 않았다.

조괄의 모친이 남편 조사에게 그 이유를 물었다.

"어째서 당신은 아들의 변론에 꼬박꼬박 지면서도 한 번도 잘한다는 말씀은 해 주지 않습니까?"

"모르는 말씀이오. 전쟁터란 목숨을 거는 장소인데 어찌 전쟁의 승패가 논리대로만 가겠소. 그런데도 저 아이는 병사(兵事)를 너무 쉽게 말하며 논리대로 결판이 날 것으로 믿고 있소. 부디 나라에서 조괄을 장군으로 삼지 말았으면 좋겠소. 만약 조나라가 파멸한다면 그때 그 군대의 장군은 필시 괄이 될 것이오."

조괄이 출진 준비를 하고 있을 때 그의 모친이 조왕에게 청원했다.

"괄을 장군으로 삼지 마십시오."

"무슨 까닭이라도 있소?"

"제가 괄의 아비를 섬길 때 그 분은 장군이었습니다. 몸소 식사를 올리는 자가 열 명이 넘었으며, 벗으로 사귀는 자가 백을 넘었습니다. 대왕께서 혹은 왕실에서 상으로 내려주신 물품이 허다했으나 집으로는 한 가지도 가져다 들이지 않고 모두 군리(軍吏)와 사대부들에게 주어버렸습니다. 출전을 명령받은 시각부터는 가사를 돌보기는커녕 아예 집에는 들리지도 않고 곧바로 출정했습니다. 그런데 지금 아들 괄은 아비와 너무도 다릅니다. 장군이 되어 군리들을 소집하여도 누구 한 사람 그의 말을 존경하여 우러러보는 자가 없습니다. 왕께서 내려주신 금백(金帛)은 모두 집으로 가져와 저장하고, 이익이 될 만한 전택(田宅)은 잘 보아 두었다가 돈만 생기면 사들입니다. 아비와 자식의 생각이 그토록 틀립니다. 괄은 장군의 인품이 못 됩니다."

"어미는 관계치 마시오. 나는 이미 결정했소!"

"그러시면 일이 잘못되어도 집안과는 관계 없는 일로 보아도 되겠습니까?"

"약속하겠소."

조괄은 염파를 대신해 장군이 되자 군령을 모두 바꾸고 군리(軍吏)들도 갈아 치웠다.

진의 장군 백기(白起)는 조괄이 장군이 되었다는 소식을 듣고 회심의 미소를 지으며 불시에 조군을 습격하여 마구 흔들었다. 그리고는 패주하는 척하다가 다시 돌아와 조군의 양도(糧道)를 끊으니 조나라 군사는 둘로 차단되어 포위당했다.

조군은 우왕좌왕하다가 뿔뿔이 흩어지고 도망쳐버렸다. 조괄은 선두에 서서 포위망을 뚫으려 했으나 진군이 쏜 화살에 맞고 즉사했다.

남은 수십 만의 조군은 순순히 진군에 항복했다. 진군은 이들이 반역할까 두려워 땅을 파고 모조리 생매장했다. 조괄의 출병을 계기로 죽은 조나라 군사가 45만이었다.

태사공은 이렇게 결론지었다.

죽음을 각오하면 용기가 솟아오르는 법이다. 죽는 것 자체가 어려운 게 아니라 어떤 경우에 죽어야 하는지 판단하기가 어려운 것이다.

인상여는 화씨벽을 돌려받아 진왕과 쇠기둥을 번갈아 쏘아보며 그들을 꾸짖을 때의 형세는 오직 죽는 길밖에 없었다. 선비란 대체로 겁이 많고 감히 용기를 낼 줄도 모르지만 오로지 인상여가 발분하자 그 위세는 적국을 뒤엎었다.

귀국 후에는 염파에게 양보의 미덕을 보임으로써 그의 명성은 태산보다 무거워졌다.

인상여야말로 지혜와 용기 두 가지를 동시에 지닌 인물이었다.

여불위(呂不韋) 열전

여불위는 진의 공자 자초(子楚)와 친척 같은 관계를 맺어, 제후 나라의 선비들이 빛에 빨려들듯이 진나라로 앞다투어 들어가 섬기게 했다.

조나라의 혜문왕(惠文王)은 진나라의 왕손 이인(異人)을 포로로 잡아온 것을 보고 즉시 죽이려고 했다. 그러나 인상여(藺相如)의 간하는 말을 듣고 이인을 죽이지 않고 공손건(公孫乾)이라는 신하의 집에 보호해 두게 했다.

이 다음 날 진나라와 무슨 일이 있을 때 이 포로를 이용하자는 방침이었던 것은 물론이다. 이인은 나이 이십 넘었고 전쟁하는 데 종군도 하고 싶고 해서 장군 왕전(王翦)과 왕흘(王齕)이 군사를 이끌고 조(趙)나라를 공격하는 싸움에 따라갔다가 조나라의 염파(廉頗)에 의해 포로가 되어 붙들려 갔던 것이다.

조나라 서울 한단에서는 진나라 왕손이 포로가 되어 공손건의 집에 머물러 있다는 소문이 대궐로부터 흘러나오자 길을 가던 행인들이 걸음을 멈추고 기다리는 형편이었다.

"강한 진나라와 싸워서 이겼다! 진 소양왕의 손자가 인질이 되었단다."

모든 백성이 기뻐했다. 서로 치하도 했다.

이럴 즈음에 대궐 안에서 공손건의 일행이 말을 타고 행길로 나왔다. 안장 위에 높이 앉아서 앞서 오고 있는 사람이 대부(大夫) 공손건이고, 그 뒤에 나이는 젊고 비록 몸은 야위었지만 위엄있게 말 위에 앉아 따라오는 청년이 이인(異人)이었다.

'잘났다!'

구경꾼들은 모두 이같이 느꼈다. 뚜렷한 눈, 오똑한 코, 큰 귀, 긴 아래턱, 그리고 느름한 기상, 과연 잘생긴 얼굴이요, 고귀한 태도였다.

"허, 과연 기이하게 잘생긴 귀인이로다. 후일에 반드시 제왕(帝王)이 되리라……" 구경꾼 중에서 이인의 모습을 보고 이같이 감탄하는 나이 삼십이 넘어 보이는 사람이 있었다. 이 사람의 이름은 불위(不韋)요, 성은 여(呂)였다. 여불위는 첫눈에 이인의 운명을 판단했다.

그는 한단 서울에서 자기 집이 있는 양적(陽翟)으로 돌아오는 길에 행인들에게서 들은 이야기를 종합해 보고 비로소 최근의 진상을 알았다. 오랫동안 집을 떠나 타국으로 다니며 장사를 하다 왔기 때문에 그 동안 지나온 일을 몰랐던 까닭이었다.

"오늘 기막힌 보물을 발견했구나!"

그는 혼잣말로 중얼거리며 길을 걸었다. 그는 최근 수년 동안 보물과 비단을 구해 굉장한 이익을 남긴 경험이 풍부한 장사꾼이건만, 오늘 발견한 기화(奇貨)는 보물에 비교할 것이 아니라고 단정했다.

이튿날 그는 새옷을 갈아입고 구슬과 비단과 황금을 준비해 가지고 한단 서울로 다시 갔다. 말탄 장수를 잡으려면 먼저 말을 거꾸러뜨리는 것이 신속하고 확실한 방법이다. 장사하는 법이나 전쟁하는 법이나 이치는 한가지였다.

여불위는 공손건의 집을 방문하여 정중히 인사를 올렸다.

"저의 이름은 여불위입니다. 어린 아이가 어머니를 그리워하듯이 항상 대감을 추앙하고 있다가 오늘 이같이 존안을 뵈오니 무어라 형용할 수 없이 기쁩니다."

"허, 나도 당신에 대해 이야기는 들었소만 이렇게 찾아와 주니 반갑소. 서기 있으시오."

주인은 여불위에게 자리를 권했다.

"처음으로 찾아뵈옵는데 예물로써 가져온 변변치 못한 물건이 있으니 대감께서는 정으로 생각하시고 받아 주시기 바랍니다."

하고 여불위는 들고 온 상자를 탁자 위에 펼쳐놓고 비취와 구슬과 황금을 꺼내놓았다. 어느 것 하나 범연한 물건이 아니요, 광채 찬란한 천하의 보물이었다.

공손건은 눈이 부시는 것을 느꼈다.

"허, 이런 귀중한 보물과 저 황금, 아마 이십 냥은 넘을 것 같소. 해준 일도 없이 남의 것을 받는다는 것은 뇌물이오. 내가 뇌물 받을 이유가 없지 않소?"

하고 공손건은 사양했다.

"대감께서 그같이 말씀하시면 소생이 몸 둘 곳을 모르게 됩니다. 뇌물이라니 천부당만부당한 말씀입니다. 다만 한낱 무역 상인이 처음으로 찾아뵈옵는 예로써 드리는 것이오니 받아 주십시오."

여불위는 머리를 숙인 채 공손히 대답했다.

"그렇게까지 말하니 그렇다면 감사히 받겠소."

공손건은 못 이기는 체하고 황금과 구슬과 비취를 거두어 넣었다. 여불위는 그제야 주인이 정해준 자리에 앉았다.

오월이 되면서 날이 더워진 탓으로 방문을 열어놓고 있었는데, 맞은편 딴 채에도 주인 대감이 쓰고 있는 것만한 큰 방이 있고, 그 방에 얼굴이 잘생긴 젊은 사람이 앉아 있었다. 여불위는 주인을 바라보며 물었다.

"저쪽 마주 보이는 방에 젊은 사람이 있는데 혹시 대감의 자제 되는 사람입니까?"

"아니오. 저 사람은 진 소양왕의 왕손 이인(異人)이라는 사람인데, 지금 우리나라에 인질이 되어 있소. 혜문왕께서 나더러 데리고 있으면서 감시하라 하시므로 내 집에 있는 것이오. 내가 불러다가 노형에게 소개하리다."

공손건은 이같이 말하고 즉시 아이를 불러 맞은편 사랑에 가서 이인을 청해 오라고 분부했다. 조금 있다가 이인이 들어왔다. 여불위는 자리에서 일어나 비켜섰다. 공손건이 주인의 자리에서 건너다보면서 두 사람을 소개했다.

인사가 끝난 뒤 두 사람을 각각 정해준 자리에 앉게 하고 주인대감은 아이에게 음식을 내오라고 분부했다.

"한 잔씩 드시오. 내일이 단오 가절, 이인도 고국 생각이 간절하시겠소."

공손건의 말에 이인은 머리를 수그린 채 말을 못했다. 슬픈가? 괴로운가? 뉘우침이 있는가? 눈물짓지는 않았으나 여불위는 그의 귀인같이 생긴 얼굴에서 복잡한 표정을 얼핏 보았다.

"어려워할 것 없소. 실컷 마시고 유쾌히 이야기들이나 하시오."

하고 자기도 술잔을 기울였다. 두 사람도 따라 마셨다. 한 잔, 두 잔이 거듭되는 사이에 음식이 연달아 나오고, 좌석에 화기가 돌고, 이인과 여불위도 처음보다 훨씬 친밀해진 공기가 보였다.

조금 있다가 공손건이 볼 일을 보러 나갔다.

방안에 심부름하는 아이도 어디로 갔는지 보이지 않자 여불위는 이인 곁으로 가서 가만히 속삭였다.

"소인이 이 댁에 온 것은 실상인즉 전하를 위해서, 전하를 뵈옵고자 하여 그러한 것입니다. 제 뜻을 알아주십시오."

그러자 이인은 여불위의 얼굴을 마주보며 고개를 저었다.

"나 같은 사람이 이미 우리나라에서도 버림을 받은 사람, 그래서 인질이 되어 이곳에 감금되다시피 붙들려 있는데 노형이 나를 위하여 이 집에 온다는 말은 당치 않은 말이오."

여불위는 서슴지 않고 그 말을 받았다.

"지금 진 소양왕께옵서는 춘추가 이미 늙으셨고, 태자가 되신 안국군께서는 아드님이 이십여 명이나 있어 지금 전하께서는 그 중의 한 아드님으로 계시지만 안국군 전하의 건강이 좋지 못해 불행하게 되시는 날에는 전하와 동기 형제되는 분들 간에는 서로 왕위에 오르고자 하는 다툼이 벌어질 것이니, 그 전에 누가 태자가 되어야 할 터인데, 지금 안국군 전하가 가장 사랑하는 부인이 화양부인(華陽夫人)이시고, 부인의 몸에는 왕자가 없는 고로 내자를 정하는 것은 오직 화양부인의 입에 달렸습니다. 그런고로 전하가 속히 돌아가시어 화양부인을 친어머니처럼 섬기시고, 태자가 되셔야 후일에 안국군 전하가 붕어하신 뒤에 진왕이 되실 수 있지 않겠습니까?"

여불위의 일장설화를 듣더니 이인은 초조한 표정으로,

"그런 줄은 알지만 나는 지금 인질로 잡혀서 이곳에 수감되어 있으니 어느 날 진 왕실로 돌아갈 수 있단 말이오?"

이인의 목소리가 떨렸다.

"바로 그것이올시다. 그것을 소인이 주선하고자 이같이 찾아뵈온 것입니다. 여기 지금 황금 오십 냥을 가져왔습니다. 얼른 받아 넣으십시오. 이것으로 가까이 출입하는 사람들을 매수하는 비용으로 쓰십시오."

여불위는 황금 주머니를 이인에게 주었다. 이인은 얼른 받아서 품속에 감추었다.

"저는 불일간 진나라로 가서 먼저 화양부인을 찾아뵈옵고 나중에 안국군 전하를 뵈온 후에 지금 전하가 귀국하시면 반드시 태자로 세우겠다는 확언을 받아 가지고 오겠습니다. 그 뒤에는 천금을 풀어 전하로 하여금 이 땅에서 도망갈 수 있도록 모든 관리들을 매수하여 반드시 소인이 무사히 고국으로 모시고 가겠습니다."

여불위가 여기까지 말하자 이인이 별안간 자리에서 벌떡 일어서더니 두 손을 한데 모으고 여불위에게 큰절을 했다.

"노형께서 정말 그같이 해주신다면 그 은혜는 평생 잊지 않겠으며, 만일 그래서 내가 진왕이 되는 날이면 노형한테도 한 지방을 떼어드려 똑같이 부귀와 행복을 누리기로 맹세하겠습니다."

이인은 진심으로 감격해 했다.

그로부터 얼마 후 진나라 함양에 도착한 여불위는 데리고 온 하인을 놓아서 화양부인의 일가친척 되는 사람의 소식을 탐지해 오라고 하고, 자기는 주점에 들어가 기다리고 있었다.

 그의 보고에 의하면 화양부인은 초(楚)나라 사람으로서 함양 땅에 그의 일가라고는 없고, 멀리 이종 사촌뻘되는 언니가 한 사람 있을 뿐인데, 이 부인이 태자부(太子府) 앞에서 객줏집을 경영하고 있으므로 세상 사람들이 이 집을 '황이점(黃姨店)'이라 부른다는 것이다.

 불위는 보고를 듣고 즉시 황이점으로 갔다.

 "주인어른을 찾아뵈러 왔습니다."

 여불위는 이같이 문을 두드렸다. 얼마 후 주인이 나왔다. 육십 가까이 된 노인이었다.

 "이 사람은 조나라 서울 한단에서 황손 이인의 부탁을 받고 화양부인의 친척되시는 분이 황이점을 경영하고 계시니 먼저 가서 뵈라 해서 왔습니다."

 여불위가 이렇게 말하자 주인은 안으로 고개를 돌려 마누라를 불렀다. 그러자 늙은 부인이 안에서 나왔다.

 "저는 여불위라고 합니다. 황손 이인이 화양부인께 드리는 예물과 문안 편지를 가지고 왔습니다. 이것은 제가 황이점을 찾아온 예물로 드리는 것이니 받아 주십시오."

 여불위는 품안에서 황금 오십 냥을 꺼내 놓았다.

"원 이런, 아 그래요, 이걸 어찌나."

늙은 부인은 너무 기쁘고 좋아서 말을 잘 못할 지경이었다.

탁자 위에 놓인 황금주머니를 여불위의 얼굴과 번갈아 보면서 부인은 치하의 인사를 늘어놓았다.

"천만의 말씀입니다. 모두 다 안국군 전하의 홍복이요, 화양부인의 홍복이지요. 황손은 지금 조나라 서울에서 비록 인질이기는하나 국빈같은 훌륭한 대우를 받으시면서 날마다 공관(公館)에서 훌륭한 선비들과 고금의 정사를 담론하시고, 천하 호걸들과 사귀시는 일에 적적하지는 않지만, 주야로 다만 생각하나니 화양부인 어머님과 아버님 안국군 전하에 대한 불효자라는 자책에 번민할 뿐이옵니다. 그래서 저더러 기어이 한 번 다녀와 달라하므로 이번에 제가 불원천리 함양을 찾아왔지요. 다만 화양부인께 황손의 효성을 전달하고자함이 본뜻입니다."

여불위의 구변에는 거침이 없었다. 늙은 부인은 얼굴에 기뻐하는 빛이 가득했다.

"에그 참 갸륵한 공자시지요. 그 분은 화양부인이 낳으신 아드님도 아니신데, 친어머님같이 생각하니······."

여불위는 얼른 말을 받았다.

"참 그렇습니다. 이인께서 생모 하희(夏姬) 마마가 별세하신 뒤로 다른 황손들에게는 모두 생모가 생존해 계시건만 자기만은 모친이 없는 것이 슬퍼서, 얌전하시고 갸륵하신 화양부인을 자나깨나 친어머님으로 생각하고 있노라고, 저를 만날 때마다 말씀하더군요. 그 같은 효자는 아마 없을 것입니다."

하고 이인의 효성을 과장했다.

부인은 감격했는지 수건으로 눈두덩을 닦으며 말했다.

"그러면 내일 아침에 궁에 들어가 화양부인에게 이런 말씀을 전하고 어른을 만나뵙게 할 터이니 오늘은 내 집에 유숙하십시오."

여불위는 고맙다는 뜻을 표하고 일어서려다 다시 앉으면서 입을 열었다.

"그런데 말씀입니다. 지금 안국군 전하께서는 화양부인을 가장 총애하십니다마는 색으로써 사람을 섬기는 것은 그 빛깔이 고울 때뿐입니다. 그런고로 꽃이 떨어지고 잎이 누렇게 되면 때가 지나는 것이온데, 만일 안국군 전하가 폐하가 되신 뒤에는 여러 아드님이 태자가 되시려고 다투실 것이오. 그때에는 이미 화양부인의 용모와 자태는 지금 같지 못할 것이므로 무슨 말씀을 해도 안국군 전하이던 때같이 들어주시지 않을 것입니다. 지금은 무슨 말을 하든지 잘 들어주시고, 어떤 어려운 떼를 쓰더라도 전하께서 그대로 해주시니 화양부인께서는 아드님이 없으시니까 효성스럽기 짝이 없는 이인을 아들로 삼겠으니 태자로 정해 달라고 조르시면 전하께서는 반드시 들어주실 것입니다. 이렇게 해두면 뒷일이 무사할 뿐 아니라, 화양부인께서는 말 한마디로써 없던 아들이 생기는 것이요, 이인으로서는 없던 나라를 얻어 갖는 것이요, 무궁무진한 행복이 끊일 날이 없을 것이며, 또 부인께서도 복록이 따라올 것이니, 이야말로 말 한 마디로서 만세의 이익을 가져오는 것이 아닙니까?"

여불위의 해설을 듣고 늙은 부인은 고개를 끄덕였다.

"어른의 말이 과연 옳소! 내일 궁에 들어가서 이야기하리다."

이튿날 아침 늦게 여불위를 후궁(後宮)으로 들어가는 문 밖에 세우고 부인은 혼자 안으로 들어갔다. 언니는 동생 마마에게 인사를 하고 황손 이인의 소식을 전했다.

"황손의 심복되는 사람을 데리고 왔건만 부인의 의향을 알 수 없어 문 밖에서 기다리라 했습니다."

하고 여불위가 밖에 서 있는 것을 알렸다. 화양부인은 뜻밖에 기쁜 일을 당한 듯, 가볍게 '어서 불러들이라'고 분부했다.

여불위는 후궁 뜰아래서 부인에게 예를 올렸다.

"황손께서 예물과 서신을 소신에게 주시면서 올려달라 하셨기에 바칩니다."

여불위는 들고 온 상자를 뜰 위로 바쳤다. 시비가 받아서 상자를 열어보니 그 속에는 아름다운 백옥으로 만든 큰 구슬 네 개, 비취로 깎은 비녀 두 개, 그리고 '부친 안국군 전하, 모친

화양부인 두 분 전하께 올리나이다'라고 쓰인 편지 한 장, 이런 것들이 나왔다. 화양부인은 희색이 만면했다. 편지 봉투를 들고 앞뒤로 한참 보더니 여불위에게 이렇게 말했다.

"잘 받았다. 전하께서 돌아오신 뒤에 다시 너를 불러 만나보시게 할 터이니 물러가거라."

여불위는 예를 하고 물러나왔다.

여불위가 나간 뒤에 언니는 화양부인을 보고 여불위가 하던 말을 하나도 빼지 않고 세세하게 전했다.

"그렇지 않아요? 아들이 없다가 아들을 얻고, 나라의 국모가 되시고…… 천추만세에 이런 공이 또 어디 있겠어요?"

언니가 전하는 말을 듣고 화양부인은 좋아하면서도 수심 있는 어조로,

"그렇지. 모든 아들이 생모가 있건만 오직 이인에게는 생모가 죽었지. 내가 출산을 못하니까 아들로 삼고 싶지만 전하께서 어떻게 생각하실지, 지금 사냥 나가셨으니 이따가 돌아오시거든 의논해야겠어."

화양부인의 말끝이 흐려졌다. 자기 나이가 사십 고개를 바라보고 있는 것을 새삼스럽게 느꼈다.

얼마 후 나인이 안국군 전하가 환궁했다는 보고를 드렸다. 화양부인은 의복을 고쳐 입고 언니를 황이점으로 돌려보냈다. 안국군이 후궁에 들어오자 화양부인은 그 앞에 나가 두 손을

모으고 인사를 한 후, 지금 조나라에 인질이 되어 있는 이인으로부터 소식이 온 것을 전했다.

안국군은 먼저 서신을 펼쳐 부인과 함께 읽었다.

불초자 이인은 목욕하고 아버님 안국군, 어머님 화양부인 천추전하께 백 번 절하옵니다. 조나라에서 불초자의 기거는 비록 편하오나 날마다 부모님 생각 간절하와 꿈에도 달음질치며 한 번 식사 할 때에 세 번씩 탄식하는 터이옵니다. 이제 심복 같은 여불위로 하여금 불초자 대신 부모님께 주옥을 헌상하오니 불초자를 슬하에 두고 보시는 것처럼 하람하시고 속히 구원하시어 살아서 슬하에 돌아가 있게 하여 주시옵기를 하늘에 우러러 비옵나이다.

안국군이 아들의 서신을 읽고 상 위에 놓인 구슬과 비녀를 번갈아 보더니 두 눈에서 눈물이 주르르 흘렸다.

이때 화양부인은 눈물에 젖은 눈을 아래로 뜨고 붉은 뺨에 아롱진 눈물 자국을 닦지도 않은 채 그의 앞에 다가 앉았다.

"조나라에서 서신을 가지고 온 여불위라는 사람이 시혜와 꾀가 많아 보이고 또 이인이 심복으로 믿는 사람이라 하오니, 이 사람을 불러 무슨 계책이 있는가 물어 보심이 좋을까 합니다."

하고 의견을 고했다. 붉은 입술과 자기를 바라보는 눈물 젖은 눈동자를 보고 안국군은,

"옳거니, 그런 사람이 있다면 빨리 불러들여서 무슨 좋은 계책이 있는가 물어 보아야지! 곧 부르라고 해라."

하구 좌우에 명령을 내렸다. 태자부 앞에 있던 여불위는 그 즉시 후궁으로 불려들어갔다.

"네가 여불위냐?"

예를 마치고 서 있는 여불위에게 안국군이 물었다. 여불위는 경건하고 건실한 태도로 이인이 조나라에서 일상 지내는 상황과 부모님에게 항상 큰 효심을 가지고 있다는 사실과, 자기는 이인을 조나라에서 구출하여 진나라로 환국케 하려고 가산을 탕진하기로 결심했음을 과장해서 말했다. 처음부터 끝까지 안국군은 조용히 여불위의 장광설을 귀 기울여 듣더니,

"과연 기특한 선비로다! 너는 비록 상인이라 하지만 선비의 기개가 있다. 네 말대로 한다면 이인이 환국할 것은 틀림없고, 너의 공로는 비상한지라 부왕께 고하여 부귀를 내리게 해주겠다."

"황송하오나 전하께옵서 이인을 입적(立嫡)하신다는 확증을 소인에게 전달케 하시와 이인 공자로 하여금 환국되는 날까지 일시라도 부모님을 더욱 의지하게 하심을 바라옵니다."

여불위는 뜰아래에서 이같이 청했다. 미래의 큰일을 어김없

이 단숨에 확실하게 결정지어 버리자는 대담한 요구인 것이다. 안국군은 여불위의 청을 듣더니 잠시 생각하는 듯하다가,

"그래라. 거기서 조금 기다려라."

안국군은 종이에 '이인위적(異人爲嫡)'이라는 글자를 써서 그것을 나인에게 주면서 태자부의 자기 처소에 가서 옥돌에 이 글자를 즉시 새겨 주라도 분부했다. 그리고 다시 여불위를 내려다보며 물었다.

"그런데, 너는 어떤 방법으로 이인을 환국케 하겠느냐?"

"천금으로써 조나라 권세 있는 사람들을 매수하겠습니다. 관문을 지키는 병졸들이 무사히 지나가게만 해준다면 국경을 넘기는 쉬운 일이옵니다. 그 후에 진나라 땅에 들어설 때에는 전하께옵서 심복 장수를 시켜 군사를 이끌고 나와 맞아 주시기 바라옵니다."

여불위는 이같이 대답했다.

"그래라. 너에게 금 오백 냥을 줄 테니 두 사람의 노자로 써라."

안국군은 즉시 분부를 해서 금 오백 냥을 주머니에 넣어 주게 했다. 그럴 즈음에 태자부의 관리가 옥부(玉符)를 가져다 바쳤다. 화양부인이 옥부를 새긴 글자를 보고 방긋 웃었다. 안국군은 즐거운 표정을 지으면서 그것을 오백 냥과 함께 여불위에게 갖다주라고 나인에게 명했다.

여불위(呂不韋) 열전 · 239

"황송하옵니다. 어김없이 이인을 모시고 오겠습니다."

여불위는 머리를 조아렸다.

이튿날 아침 일찍 여불위는 하인과 함께 수레를 달렸다.

올 때는 한 달 동안이나 타고 걷고 한 길이건만 이번에는 스무 날 만에 조나라에 돌아왔다. 그리고 머릿속은 천만 가지 계획을 하나하나 풀어가기로 작정했다.

주희(朱姬)를 첩으로 맞아들인 것은 석 달 전이었다. 한단 성 안에 들어갔다가 놀이터에서 주희가 춤을 추고 노래하는 것이 출중할 뿐 아니라 인물이 활짝 핀 부용꽃같이 화사한 것이 탐나 성문 밖에 있는 주희의 집에 매파를 보내어 혼인하자고 했다.

꿀 같은 단꿈이 주희와 더불어 있은 지 며칠이 안 지나가서 여불위는 양적을 떠나 함양으로 갔던 것이다. 그런데 어쩐지 주희의 몸이 전날 같지 않은 듯했다.

"몸이 어디가 불편한 것 같은데 무슨 딴 일이 있었느냐?"

"별로 불편한 곳은 없어요. 그렇지만 요사이 며칠 동안 공연히 노곤하고, 입맛이 없어서 음식이 먹기 싫고······."

"그러기에 내가 묻는 것이야. 이상해 보이니 말하는 것이지. 애기 서는 징조 아니냐? 그래 얼마나 되었느냐?"

여불위는 주희의 손을 쥐고 물었다.

"두 달이에요. 그것이 없는 지······."

"그러면……."

여불위는 입을 다물었다. 함양에 다녀온 지 벌써 오십 일이 지났다. 두 달밖에 안 지났다면 자기가 집을 떠나기 전에 잉태한 것이 틀림없다. 주희의 뱃속에 아기가 들었다면 분명히 여불위 자신의 씨다. 그는 단정했다. 주희의 손을 놓고 여불위는 천정을 뚫어지게 바라보고 있더니 한참 있다가 입을 열었다.

"내가 하는 말을 잘 들어라. 주희는 일개 무역인의 애첩으로 있는 것이 좋은가? 한 나라의 임금의 어머니가 되어 국모 폐하로 부귀를 누리는 것이 좋겠는가?"

"무슨 말인지 못 알아듣겠어요."

"다시 말하면, 나와 함께 이렇게 사는 것이 만족하는가? 그렇지 않으면 지금 우리나라에 붙들려 인질로 있는 왕손 이인에게 시집을 가서 첫아들을 낳으면 그 아들은 내 아들이지만 진쏑의 아들이 될 것이고, 그 아이기 장성해서 임금이 되면 그 때는 주희 네가 왕후 폐하에서 국모 폐하가 되는 것이라는 말이다. 어느 편이 좋은가? 이제 내 말을 알아듣겠나?"

"알아들었어요. 하지만 첩은 군자에게 매달린 몸, 군자께서 하라시는 대로 할 뿐이지요, 딴 마음이 있을 리 있습니까?"

여불위는 주희의 대답이 무한히 아름답게 들렸다. 그는 자기가 주희에게 첫눈에 반했듯이 이인 역시 주희를 보면 틀림없이 좋아하리라 믿었다. 자기가 잘못 보지 않았다고 자신을 굳게 했다.

다음 날 여불위는 공손건 대감에게 줄 선물을 바리바리 싸 들고 그의 집을 찾았다. 그는 마침 궁에 들어가고 없었다. 차라리 잘됐다싶어 이인의 방에 들어 그간 함양에 있었던 일을 자세히 고했다.

이인은 여불위가 자기 부왕한테서 받아 가지고 왔다는 '확실한 맹약'이 무엇인지는 모르나 이십여 명이나 되는 형제들 가운데서 자기 하나를 뽑아내서 태자로 삼겠다는 어려운 허락을 단번에 받아가지고 왔다는 말에 놀라지 않을 수 없었던 것이다. 여불위는 말하는 대신 품속에 감추어 가지고 왔던 옥부를 꺼내 보였다. 이인은 옥부를 받아들었다. 둥글고 납작한 돌 위에 '이인위적'이라고 새긴 것을 비단끈으로 꿰어서 허리에 차도록 만든 것이다.

"안국군 전하께서는 후궁에서 저를 만나보시는 동안에 이것을 조각해 드리라고 본부하시어 금 오백 냥과 함께 제게 주셨습니다. 화양부인께서는 희색이 만면하시고……."

이인은 자리에서 일어나 여불위의 손을 잡고, 얼마나 기쁘고 고마운지 형용할 수 없다는 표정을 지었다.

"감사합니다! 감사합니다!"

이인은 더 말을 못했다.

"이제는 속히 여기서 탈출하는 일만 남아 있습니다."

여불위의 말이 채 끝날 때쯤에 공손건이 궁에서 돌아왔다.

"대감님! 제가 오랜만에 장삿길에서 돌와왔고 또 언제 장삿길을 떠날지 알 수 없고 해서 내일은 누추한 자리지만 저희집에서 대감님을 모시고 주연을 베풀고 싶습니다. 꼭 오셨으면 하는데 오실 수 있을까요? 그리고 왕손께서도 같이 오셨으면 좋겠습니다……?"

여불위가 갑자기 공손건에게 이 같이 청했다. 공손건은 쉽게 대답했다.

"어려울 것 있나. 왕손과 함께 내 같이 감세!"

공손건의 승낙을 얻고 여불위의 가슴속에는 이미 계교가 섰다. 지금 자기가 하고 있는 흥정은 굉장한 흥정이다. 흥하면 천하를 얻는 것이요, 망하면 집이 부서지고 목이 끊어지는 흥정이다.

이인을 자기집에 두고 감시하고 있는 공손건의 매수도 끝났고, 화양부인을 설득해서 안국군으로 하여금 이인을 태자로 삼도록 하는 공작도 끝났고, 남아 있는 일이라고는 주희를 이인이 자기 아내로 삼게 하는 일이 우선이었다. 내일 밤에 그 한 가지 일을 끝내 버리자. 여불위는 달그림자를 밟으면서 객사로 돌아오는 길에 이렇게 결심했다.

이튿날 일찍이 집으로 돌아와서 먼저 부친에게 사실을 고하고, 그 다음에 사랑하는 첩 주희의 처소로 가서 모든 것을 분부하고 특별히 주희에게는 갖은 계교를 가르쳤다. 주희는 요염한 웃음을 지어 보였다. 그 웃음을 보고 여불위는 안심했다.
밤이 되었다. 채 어둡기 전에 공손건과 이인은 하인 두 사람을 데리고 말을 타고 여불위의 집에 도착했다. 안채의 큰방으로 그들은 인도되었다. 여불위는 은근하게 인사하고 준비한 음식을 내오기 전에 차와 과자를 권하면서 생황의 악기를 울리는 노랫소리를 듣게 했다.

큰방의 좌우에서 두 줄로 늘어앉은 악사들이 한바탕 유량한 음률소리를 낸 후에 곱게 단장한 계집아이들 손으로 음식이 운반되었다. 그러자 뒤이어 아름다운 여인이 채색옷을 입고 좌우에 시녀를 거느리고 소리없이 들어섰다.

공손건과 이인은 눈을 크게 떴다. 한 발짝 두 발짝 소리없이 술상 앞에 가까이 와서 시비를 떼어 놓고 홀로 술상 앞으로 와서 손님을 향해 두 번씩 절을 했다. 절을 받으면서 두 손님은 놀랐다.

"누구인가?"

공손건이 이상한 듯이 여불위를 바라보고 물었다.

"저의 둘째마누라입니다. 귀빈을 모시면서 자랑할 것도 없고, 존경하는 뜻을 표할 길이 없어 처음으로 따르는 첫잔을 한 잔씩 권해드리게 하라고 일렀던 것입니다. 그랬더니 아마 뵈오러 나왔나 봅니다."

여불위는 이렇게 대답하고 주희에게 두 손님 앞에 놓인 잔에 술을 따르게 했다. 주희는 섬섬옥수로 공손건 대감과 이인의 술잔을 가득히 채웠다. 여불위에게도 술잔을 채우고 나서 주희는 노래를 불렀다.

그러고 나서 나는 나비같이 날아갈 듯 인사를 드리고 큰방에서 물러갔다. 공손건은 대단히 기쁜 얼굴로 잔을 기울이며 여불위의 얼굴을 부러운 듯이 바라보고 있을 때, 이인은 정신이 황홀해져서 취한 듯 꿈꾸는 듯 문 밖으로 나가 버린 주희의 뒷모습만 바라보고 있었다.

좌우에서 생황과 피리의 곡조가 더욱이 그를 꿈나라로 인도하는 것 같았다.

"자, 한 잔 드시지요."

여불위가 다정스럽게 이인의 앞에 와서 술잔을 들고 함께 마시기를 권했다. 이때 비로소 제 정신을 차린 이인은 그제야 술잔을 들었다. 배가 부르고 취한 기운이 농후해지도록 그들은 마셨다.

그 중에서도 공손건이 제일 많이 취했다.

"못 견디겠소. 나는 잠시 쉬어야겠어."

결국 공손건을 뒷방 침상에 누워 있게 하고 여불위는 하인을 불러 후당에 주안상을 새로 베풀게 했다. 하인이 후당에 준비가 다 되었다고 보고를 했다.

"그러면 자리를 옮겨 깨끗하게 조용히 한 잔 더 드시지요."

하고 여불위는 이인을 끌었다. 웬일인지 이인은 오늘 저녁만은 취하지 않았다.

잠시 후 주희가 얇은 옷으로 갈아입고 아까와는 조금 달리 새로 단장을 하고 나타났다.

"이렇게 별당으로 오셨으니 첩이 나와서 귀인께 술을 권해 올리려 합니다."

주희는 이렇게 말했다.

"암 그래야지. 잘 생각했어. 먼저 귀인께 한 잔 올리고 나도 한 잔 주게."

여불위는 혀 꼬부라진 소리를 했다. 이인은 주희의 얼굴만 넋 잃은 사람처럼 바라보았다.

"자아, 드시지요, 이제는 마음놓고 드시지요. 감시하는 사람도 없지 않습니까!"

여불위는 이렇게 말하고 잔을 들었다. 이인도 잔을 들었.

여불위는 빈 잔을 술이 가득한 것처럼 마셨다. 이와 같이 몇 잔을 거듭하다가 여불위는 상 위에 기대어 고개를 떨어뜨리고 잠이 들어버렸다. 이인과 주희는 함께 곁에 앉아 있었다. 보는 사람이 없다. 이인은 아까부터 주희의 아름다움에 취해 있었다. 지금 주희를 곁에 앉혀놓고 보니 더욱 아름다웠다. 그는 잔을 들어 한숨에 마셨다.

"더 부어 드릴까요?"

주희의 묻는 말에 이인은 대답 대신 주희의 손목을 잡았다. 주희는 기다리고 있었던 것처럼 어깨를 이인의 몸에 기대었다. 이인은 한 팔로 주희의 허리를 감고 다른 한 팔로 주희의 가슴을 안았다. 주희는 얼굴을 이인의 어깨에 붙이고 눈을 위로 뜨고 이인을 쳐다보며 소곤했다.

"이러지 마세요."

이인은 꽉 안으면서 말했다.

"진정으로 당신을 사모하고 싶소!"

그리고 이인은 주희의 뺨에 자기의 입술을 대고 뗄 줄을 몰랐다. 주희도 언제까지나 그 모양대로 굳어 있었으면 하는 것처럼 움직이지 않았다. 그럴 즈음에 눈을 두 손으로 비비면서 여불위가 상위에서 머리를 들었다. 크게 뜬 눈으로 이인과 주희의 모양을 비리보더니 눈썹이 위로 추커 올려졌다.

입을 꽉 다물고 바라보는 여불위의 얼굴에 이인과 주희는 질렸다. 두 사람은 각각 자리를 고쳐 앉았다.

"이게 무슨 일이지요?"

노기를 띤 여불위의 음성이었다. 남녀는 아무 말을 못하고 머리를 수그리고 있을 뿐이었다.

"대관절 무례하기 짝이 없습니다. 남의 집에 와서 그 집 주인의 안사람을…… 여불위가 더욱 성낸 음성으로 말을 계속하자 주희는 자리에서 일어나며 말했다.

"첩이 여쭙겠습니다. 죄송한 말씀은 헤아릴 수 없사오나 첩이 알기에 가장께서는 황손을 구하시려고 집안에 있는 보물은 거의 다 방매하고 수천 금을 허비하셨습니다. 지금 황손께서 첩에게 마음을 두시고 사랑을 구하시는 것을 가장께서 거절하신다면 이것은 재물을 잃어버린 위에 또 황손까지 잃게 되는 일인데 이 모든 것이 저 한 몸 때문에 일어나는 슬픔이옵니다."

하더니, 별안간 벽 위에 걸린 단도를 떼어내려 칼을 뽑아서 배에 꽂고 엎어지려했다. 여불위는 황급히 주희를 붙들고 그 손에서 칼을 도로 빼앗았다.

"이게 무슨 짓인가!"

여불위는 주희의 어깨를 붙들고 가쁜 숨을 쉬었다. 이인은 몸 둘 곳을 모르는 사람처럼 머리를 수그린 채 그대로 앉아 있었다.

"보십시오, 황손!"

처음으로 여불위는 이인을 '황손'이라 불렀다.

이인은 여불위가 자기를 부르는 소리를 거역할 수 없다는 듯 쳐다보았다.

"황손은 이 여인을 사랑하십니까? 필요하십니까?"

여불위는 주희를 붙들고 서서 이같이 물었다.

"예!"

이인이 간신히 대답하는 소리였다. 여불위는 고개를 떨어뜨리더니 주희를 놓고 자기의 자리에 와서 앉았다.

"황손! 만일 황손이 이 여인을 진심으로 사랑하시고 또 제일의 부인으로 맞으시겠다면 내가 비록 사랑하는 여인이지만 바치겠습니다. 그렇게 하시겠습니까?"

이인과 주희는 자리에서 내려와 마루 위에 엎드려 감사했다.

"감사합니다! 은혜를 잊지 않고 진나라에 들어가면 만일 뜻을 이루면 결초보은(結草報恩)하겠습니다."

이인이 맹세하는 듯 이같이 말했다.

"군자의 하해 같으신 은혜, 뼈에 새겨 간직하겠습니다."

주희도 이인과 함께 여불위에게 맹세했다.

이럴 즈음에 공손건이 잠이 깨어 별당으로 건너왔다.

세 사람은 다시 자리를 고쳐 앉고 여불위가 이인과 주희의 사건을 고했다.

"…… 그래서 저는 비록 짧은 시일이지만 제가 애지중지하던 이 여인을 이인께 바치기로 승낙했고, 여인 역시 기뻐합니다. 그러니 대감께서 그 뒤의 일을 주선해 주시기 바랄 뿐이옵니다."

여불위는 이렇게 말했다.

"과연 희한한 일이로다. 여불위의 관대함도 희한하고, 여인의 결심도 희한하고, 왕손의 순정도 희한하도다!"

공손건은 감탄했다. 그러더니,

"그러면 두 사람의 혼인에 내가 중매가 되어야지! 빠른 시일 내에 택일해서 성례하고, 내 집에 큰 별당이 있으니 그리로 신접살림을 옮기시구려."

하고 이인을 보았다.

"무어라 감사한 말씀 이루 다 못하겠습니다. 은혜가 태산 같을 뿐……."

이인이 머리를 수그렸다. 주희는 부끄러운 표정을 지으면서 허리를 굽혔다.

그 후 보름이 채 안 되어 주희는 홍교를 타고 새색시같이 뱃속에 아이를 가진 채 공손건의 집으로 실려 갔다. 진나라 왕손 이인의 정실 아내가 되어버린 것이다.

여불위는 한 달에 두 번 정도 공손건의 집을 방문했다. 그러나 이인이 거처하고 있는 별당에는 가지 않았다. 이인은 공손건의 처소에 나와 여불위를 만나보고 주인 대감이 잠시라도 자리에 떠났을 때에 한해서만 서로 은밀한 이야기를 가만히 속살거렸다.

여불위는 각처로 돌아다니면서 요소에 있는 조나라 권리들을 매수하기에 필요한 계교를 다 썼다. 그의 계교는 황금과 보물과 술과 계집과 그리고 상대방을 존경하는 태도와 자기는 진실하고 겸손한 사람이라고 보이는 꾸밈 이외에 더 많은 계교가 필요치 않았다. 공손건도 이인도 화양부인도 안국군도 모두 이같은 여불위의 전술에 함락되었다.

그리고 조나라 서울의 관리들도, 시골의 성문과 국경의 관물을 파수보는 이졸들도 모조리 여불위의 계교에 떨어지고 말았다.

그런데 어찌된 영문인지 겨울이 가고, 여름이 오고, 주희가 이인에게 시집온 지 열 달, 뱃속에 든 핏덩어리가 열두 달 만에 주희는 사내아이를 해산했다. 뱃속에서 다 커가지고 이세상에 나온 아이는 어머니의 배를 떠났을 때부터 평범하지 않았다. 입속에는 이빨이 생겼고, 등에는 비늘 같은 조그마한 살점이 붙어 있었다.

이인은 자기 주희가 첫아들을 해산한 것을 보고 무한히 기뻐했다. 그는 아이의 이름을 정(政)이라고 지었다. 때는 진(秦) 소양왕(昭襄王) 오십 년 갑진(甲辰) 유월 초하룻날이었다. 서력기원전 이백오십칠 년의 일이었다.

그러나 이인보다도 더 기뻐하고 만족해하고 안심한 사람은 여불위였다. 그는 주희를 진나라 왕손 이인에게 순 후, '서섯이 뱃속에 넣어 가지고 간 것이 아들이 되어 주었으면…… 열 달을 채워 가지고 해산해 주었으면…….' 하고, 속마음으로 희망했을 뿐 아니라, 처음부터 주희에게 신신당부했던 일이었다. 부탁하고 기원하던 일이 마침내 뜻대로 이루어졌다.

여불위는 지체하지 않고 모든 가산을 정리했다. 그리고 사람을 시켜 주희의 식구를 자기집으로 오게 했다.

이미 관청에서 얻어다 둔 성문 관문을 무사히 통과하는 '여불위의 가족 일행을 안전하게 통과시켜라' 하는 문서가 있었다. 이 문서를 보이기만 하면 여불위의 부모·처자·비복 그리고 주희와 그의 비복들이 탄탄대로에 수레를 몰아 안전하게 국경을 넘어갈 수 있는 것이다.

여불위는 제 집안일을 끝내고 부모처자와 주희의 모자를 먼저 떠나보내고 이튿날 공손건을 찾아갔다.

공손건은 그를 반가이 맞았다. 여불위는 인사를 차리고 대감과 더불어 바둑을 두어 일부러 세 판을 내리 졌다.

"자고로 바둑에 진 사람은 한턱을 내야 한다 하오니 내일 제가 불가불 모셔야 하겠습니다. 성 밖의 연못 가운데 저의 별당이 있으니 왕림해 주시기 바랍니다."

하고, 여불위는 공손건에게 청했다.

이인은 곁에 앉아서 공손건의 얼굴을 바라보았다.

"암, 그래야지. 승부에 지고 그대로 있을 수 있나! 가고말고. 우리 두 사람이 갈 터이니 준비는 어려하겠지?"

공손건은 유쾌하게 웃었다. 그리고 잠시 자리를 비웠다.

여불위는 이인의 귀에 입을 대고 내일 밤에 공손건만 술에 취해 자게 하고 탈출해야만 앞서 간 가족을 따라갈 수 있다는 사실을 간단히 말했다. 이인은 머리를 몇 번 끄덕거렸다.

이튿날 오후, 공손건은 이인과 함께 여불위의 별당으로 놀러 나왔다. 연못 가운데는 연꽃이 이미 떨어진 지 오래였지만 연잎은 물위에 덮여서 시원한 풍치가 그들의 주흥을 돋우었다.

한 차례 음식을 끝내고 바둑을 두었다. 세 번을 두어 세 번 지는 사람은 술잔을 사발로 대신하기로 내기 했다. 여불위는 공손건을 세 번 다 이겼다.

"황송합니다. 어제는 제가 세 번을 지더니, 오늘은 반대로 세 번을 이기니 어찌된 일인지 알 수 없습니다."

여불위가 이렇게 말하자,

"승패는 병가의 상사라고 말하지 않았나! 내 술잔을 사발만 한 것으로 갖다 놓으면 되지."

하고, 공손건은 큰소리로 웃었다.

심부름하는 하인은 불과 세 사람밖에 안 됐지만 준비해 두었던 음식은 산해진미로 가득했다.

공손건은 마음 놓고 유쾌히 사발술을 마셨다. 그러나 얼마를 마시다가 그는 쓰러져 버리고 말았다.

여불위는 하인을 불러 대감을 편히 쉬도록 해드리라 하고 이인과 함께 옆방으로 건너갔다. 이인의 의복을 남의 집 하인들이 입는 의복으로 바꾸어 입혔다.

두 사람은 큰방으로 나와서 공손건이 곯아떨어진 것을 보고, 조심스럽게 그 방에서 나와 별당의 뒤꼍으로 돌아갔다. 뒷마당에는 벌써 음식 심부름을 하던 하인 세 사람이 나와서 기다리고 있었다.

"너희들은 조금 더 있다가 각기 내가 이른 대로 헤어져라!"

여불위는 하인들에게 이렇게 이르고 뒷담을 넘으면서 이인에게 넘어오라고 했다. 담은 높지 않았다. 담 밖에는 잘생긴 두 필의 말이 안장을 지워지진 채 벌써부터 대기하고 있었다.

"힘껏 달리셔야 합니다. 조심하시면서 저의 뒤를 따르십시오!"

여불위는 이같이 한마디 하고 말머리를 돌림과 동시에 채찍을 높이 들어 말을 쳤다.

늦게 솟은 여름달이 그의 앞을 밝혀 주었다. 이인도 그의 뒤를 따랐다. 연당의 좁은 길을 돌아 큰 길로 벗어난 뒤 두 필의 말은 달음질하기 시작했다. 밤이 깊어서인지 성 밖에는 수레를 몰고 가는 사람도 없을뿐더러 말 타고 지나가는 나그네의 그림자도 없었다. 달빛 아래에는 두 사람의 말 탄 그림자뿐이었다. 쥐도 새고 모르게 두 사람은 탈출한 것이다. 아는 사람은 연당에서 심부름하던 세 명의 하인밖에 없었다. 그러나 그들은 공손건이 이인과 함께 데리고 온 두 명의 하인에게 술을 취하도록 마시게 하고는 그들도 뿔뿔이 도망해 버려, 연당에 남아 있는 사람이라고는 공손건과 그의 집 하인 두 사람뿐이었다. 그리고 그들이 여불위에게 교묘하게 속은 것을 깨달았을 때는 이미 모든 일이 끝난 뒤일 것이다.

이튿날 점심때나 되어 두 사람은 행길에서 앞서가던 가족을 뒤쫓아 합류했다.

한편 여불위의 별당에서 사발 술잔으로 연거푸 폭주를 기울여 정신을 잃고 잠들었던 공손건 대감이 목이 말라 잠이 깬 것은 거의 날이 샐 무렵이었다. 그는 이때가 어느 때인가를 몰랐다. 다만 휘황하게 방안을 밝히는 기름불 아래, 방 한가운데에 놓인 상 위에는 음식 접시가 흐트러져 있고, 좌우에 이인과 여불위가 없다는 것을 발견했을 뿐이었다.

'저희들도 취해서 곯아떨어진 모양이구나.'

처음에는 공손건도 대단치 않게 생각하고 우선 상 위에 있는 물주전자를 잡아당겨 시원스럽게 물을 마시고 다시 자리 위에 쓰러져 버렸다.

날이 밝아서 공손건은 잠이 깨었다. 그는 자리에서 황망히 일어나 앉았다. 너무 늦었다고 생각했던 모양이었다. 그리고 즉시 방문턱까지 걸어 나가 멀리 떨어져 있는 하인들이 거처하는 집을 향해 소리쳤다.

대감과 이인을 모시고 온 하인들도 술이 취해서 아침 늦게까지 곤히 잠자다가 여러 차례 부르는 소리에 허둥지둥 연당으로 왔다.

"이 댁 하인들은 어디 가고 없느냐?"

공손건은 호령하듯이 물었다. 두 명의 하인은 서로 얼굴을 보더니 여불위의 하인들을 찾으러 나갔다. 조금 있다가 돌아와서 기다리고 서 있는 대감에게 아무도 없다는 사실을 보고했다.

"주인도 어디 갔는지 모르는데 하인들조차 그림자도 없다면 진 왕손은 어찌해서 없단 말인고?"

공손건은 하인을 꾸짖는지 자기를 꾸짖는지 모르게 이렇게 소리를 질렀다. 그리고는 신을 신고 자기 스스로 뜰 아래로 내려와서 연당의 구석구석을 모조리 살펴보았다. 이인이 숨어 있든지 술 취해 자빠졌든지 하여간에 이곳에 남아 있을 이치는 물론 없었다. 그제야 공손건은 제 발목을 주먹으로 치면서 후회했다.

'여불위에게 속았구나! 여불위란 놈에게 속았구나!'

그는 한탄했다. 그러나 한탄해서 끝날 일이 아니었다. 즉시 집으로 돌아가 조복으로 갈아입고 대궐 안에 들어가 혜문왕에게 사실을 고했다. 왕은 즉시 군사를 거느리고 쫓아가 이인을 붙들어 오라고 했다. 공손건은 그와 같이 행동했다. 그러나 때는 이미 늦었던 것이다. 하루 해를 진나라로 가는 길을 추격했건만 끝내 이인과 여불위를 발견하지 못했다. 결국 공손건은 자기의 갈 길은 죽음밖에 없음을 깨닫고 자살해 버렸다.

여불위와 이인과 주희와 여불위의 가족들은 무사히 진나라의 영토 관문인 함곡관을 넘었다. 멀리 국경에까지 조나라에서 탈출해 오는 그들을 영접하기 위해, 왕실에서 파견되어 기다리고 있던 진나라의 대장과 군사들이 만세를 부르면서 기뻐했다.

이제 그들은 길이 급할 것이 없었다. 하루에 오륙십 리씩 가다가는 길을 쉬었다. 어느덧 함양 서울 가까이 이르렀을 때 여불위는 이인에게,

"화양부인께서는 본시 초(楚)나라 여인이십니다. 그런고로 전하께서는 어머님을 기쁘게 해드리려면 초나라의 복색을 입으시는 것이 좋겠습니다."

하고 권했다.

"옳습니다. 우리 내외가 다함께 그같이 해야지요!"

이인과 주희는 초복으로 갈아입고 함양궁에 들어갔다.

태자부에서는 위와 아래가 떠들썩하게 큰 경사가 벌어졌다. 안국군과 화양부인의 기쁨을 물론이거니와 이인의 할아버지 되는 소양왕도 삼 년 동안 초나라에 잡혀 포로가 되어 있던 손자가 무사히 탈출하여 귀국한 것을 무한히 기뻐했다.

화양부인은 이인과 주희 모자를 유심히 보더니 안국군을 향

해 감개무량한 듯이 말했다.

"전하! 첩이 본시 초인이온데 지금 저 아들이 첩에게 효도하는 것이 저와 같습니다. 첩이 고향에서 입던 복색을 보니 기특하옵니다. 저 아들의 이름을 이인이라 하지 말고 '자초(子楚)'라고 부르심이 어떠하온지요?"

안국군도 자식 내외를 건너다보면서 즐거운 낯빛으로 고개를 끄덕였다.

"그래 자초, 자초…… 오늘부터 네 이름을 자초로 바꾸어라!"

안국군은 아들을 보고 이같이 명령했다. 자초는 두 손을 모아 허리를 굽혀 그 뜻을 받들겠다고 표시했다.

이렇게 해서 자초는 이 시간부터 화양부인의 친아들같이 부인이 거처하는 후궁에서 주희와 함께 기거하기 시작했다.

여불위가 황이점에서 가족들과 함께 쉬고 이튿날 대궐의 부름을 받고 나가 소양왕으로부터 받은 것은 동궁국승(東宮局承)의 관직이었다. 여불위는 은혜를 감사하고 물러나와 하사받은 자택으로 가족과 이삿짐을 옮겼다.

여불위가 동궁국승이 된 지 오 년 만에 진 소양왕은 위(魏)나라를 침략하는 전쟁을 일으켰다. 그러나 소양왕은 늙었는지라 갑자기 병세가 무거워져서 그만 세상을 떠나고 말았다. 소양왕 오십육 년이었다.

안국군이 왕이 되었다. 그러나 즉위한 지 삼 일 만에 안국군이 죽었다. 이것이 효문왕(孝文王)이었다.

그 다음에 장양왕(莊襄王)이 즉위했다. 이것이 여불위가 전심전력(全心全力)으로 조나라에 포로가 되어 있는 것을 탈출케 하여 데리고 나온 자초, 이인이었다. 여불위가 계획하고 주선하던 일은 십 년 만에 성공한 셈이었다.

장양왕(자초)이 즉위하면서 여불위는 상국(相國)의 벼슬자리에 앉게 되었을 뿐 아니라, 하남(河南)의 십만 호를 주어 문신후(文信侯)의 칭호를 내렸다.

장양왕은 포로가 되어 조나라에 구금되어 있을 때 여불위에게 받은 은혜를 이로써 갚은 셈이요, 여불위는 금은보석과 비단을 무역하는 장사보다 몇천 배 큰 장사를 한 셈이었다. 주희가 왕후가 된 것은 물론이요, 주희가 해산해서 포대기에 안고 온 아들 정의 나이 얼 살, 이 아이가 태자기 된 것 또한 물론이다.

이듬해에 장양왕은 문신후와 의논한 후 조나라를 공격, 삼십칠 성을 점령하고, 이 지방을 태원군(太原郡)이라 했다.

여불위는 조정에서도 위명을 떨쳤다. 칼을 허리에 차고 끄르지 않은 채 전상(殿上)에 올라갈 수 있고, 왕이 부를 때 여불위의 이름보다 '문신후'라고 불렀으며, 조정의 모든 신하들이 문신후 앞에서는 허리를 구부리게 했으니 누가 감히 우러러보지 아니하랴.

또 그 이듬해(장양왕 삼 년에), 왕은 문신후와 의논을 거쳐 위(魏)나라를 쳤다. 지난해에 초(楚)나라와 함께 위나라가 조나라를 구원해 준 것을 원수로 생각한 까닭이었다.

그런데 위나라에는 공자 무기(無忌)라는 사람이 있었으니 위나라 소왕(昭王)의 아들 안리왕(安釐王) 이모의 동생이었다.

안리왕이 나중에 왕이 된 후에 무기를 신릉군(信陵君)에 봉했다. 신릉군은 제(齊)의 맹상군(孟嘗君), 조(趙)의 평원군(平原君)과 마찬가지로 그 이름이 역사에 남아 있으리만큼 총명하고 덕이 넓고 지혜 있는 사람이었다.

위왕은 진의 군사 이십만 명이 쳐들어올 때 조나라에 가서 돌아오지 않고 있는 신릉군을 불러 급한 일을 맡겼더니, 신릉군은 초(楚)·연(燕)·조(趙)·한(韓)·제(齊) 다섯 나라에 급히 구원병을 청해 각각 오만 명씩 출병케 하여 위의 군사와 합해 연합군 삼십만으로써 진군을 물려쳤다. 진의 대장 몽오(蒙驁)는 대패해서 본국으로 돌아와 왕에게 보고하고 대죄했다.

장양왕은 이를 갈고 분해했다.

"짐이 맹세코 육 국을 멸망시키고야 말리라!"

그는 이 때문에 가슴에 울화병이 생겨서 날마다 번민하다가 마침내 한 달 만에 세상을 떠났다. 장양왕은 왕손의 몸으로 고민하다 조나라에 포로가 되어 사 년 동안 고생살이하던 분풀

이를 해보지도 못하고, 사랑하는 왕후(주희)의 단 하나의 아들 '정'을 뒤에 남겨두고 다시 돌아오지 못하는 저승길로 간 것이다.

문신후 상국 여불위는 문무(文武)의 모든 신하를 이끌고 장양왕의 태자 '정'을 받들어 왕위에 오르게 했다.

진나라는 아직 망하지 않았지만 왕실 영씨의 혈손은 이로써 끊어져 버리고 만 것을 세상 사람은 아무도 몰랐다. 그리고 왕후 주희는 태후가 되고, 여상국 여불위는 문신후의 칭호를 더 높여 '중보(仲父)'라고 부르게 했다.

여불위는 자기의 출세는 남자로서 기어 올라갈 수 있는 가장 높은 산꼭대기에 올라온 것이요, 이것이 입신양명(立身揚名)하는 길에서 최종의 목표되는 것이라고 믿었다.

이제 주희는 다시 자기의 계집이 되었고 그는 밤중에도 마음대로 내궁에 드나들면서 주희와 더불어 즐길 수 있었다.

자기는 만조백관의 위에 있는 상국이요, 왕의 중보이다.

'아비에 버금가는 아비가 아니라, 친아비이다! 그러나 이 일은 쥐도 새도 몰라야 한다! 좀더 뚜렷하게 여불위가 이 세상에 왔다가 남기고 가는 것, 그런 것을 만들어 두어야 한다!'

여불위는 이렇게 결론을 내렸다.

아무리 생각해 보아도 이 세상에 오래도록 남길 수 있는 것은 글[文]뿐이었다.

이백삼십 년 전에 죽은 공자(孔子)이건만 공자는 아직도 살아 있는 것 같다. 그것은 무슨 까닭이냐? 글이다. 그의 말이 글로 되어 있는 까닭이다.

'오냐! 나도 글을 남기겠다!'

여불위는 가슴 위를 어루만지던 손으로 탁자를 치면서 입속으로 이같이 혼자 말했다. 그리고 사랑채에 있는 문객들을 불러들였다.

"모든 공부와 온갖 재주와 화려한 문필을 죄다 기울여서 『여씨춘추(呂氏春秋)』를 꾸며 보란 말이야."

수삼 년이 지났다. 부귀와 영광과 향락이 계속되는 가운데 『여씨춘추』의 책도 완성되었다.

"잘 되었다! 부족한 것 없이 잘 되었다!"

그는 이것을 오래도록 역사에 남기려 널리 세상 사람들에게 알리는 한편, 그릇된 구절이 있으면 완전하게 고치는 것도 필요하다 생각하고 함양 성문 위에 다음과 같은 방을 크게 써 붙이게 했다.

'『여씨춘추』의 저술을 성의 문루 위에 올라와서 펴보고 잘못된 구절 하나를 고쳐주는 자에게는 천금을 주리라.'

여불위는 이와 같이 여러 달 동안 문루 위에, 문객들이 기록하여 바친 『여씨춘추』를 공개했다. 글자 한 자만 고쳐도 현상금 천 금을 받을 판이건만 끝내 『여씨춘추』의 글자 한 자를 고

치는 사람이 없었다. 혹자는 말하기를 여불위의 권세가 어떠한데 거기에 붓을 대겠는가고, 그로 인해 여불위는 더욱 자신만만해졌다.

그리고 또 수년의 세월이 지났다.

여불위는 근자에 와서 자기의 기력이 점점 쇠퇴하는 것을 절실히 깨달을 때가 많았다. '이래서는 안 되겠다…… 왕이 저렇게 장성하지 않았느냐. 조심하지 않으면 일을 그르치기 쉽다! 여불위는 이같이 생각했다.

그리고 태후 주희와 자기를 비교해 보았다. 본시 태후는 자기보다 십여 년이나 나이가 어렸을 때 자기가 그의 부모에게 돈을 주고 사들인 첩이었다. 자기는 지금 와서는 비록 부귀영화 가운데 있지만 무정세월의 힘을 어찌할 수 없어 기운이 현저하게 줄어들었고, 그와 반대로 태후 주희는 날이 갈수록 더욱 음탕해지니 이리디기는 좋지 못한 꼴이 생긴 것만 같았다. 며칠을 두고 내궁에 들어가지 않고 생각하다가 여불위는 마침내 한 가지 계교를 생각해 냈다.

이튿날 그는 문객 가운데 그럴 듯한 사람을 불러, 인물을 한 사람을 구해 보라고 은밀히 부탁했다.

며칠 후 그 문객은 양물(陽物, 성기)이 엄청크고 색(色)에 절륜한 사람을 찾았노라고 보고했다. 여불위는 즉시 불러들이라 분부했다.

"너는 내시 노릇을 하면서 궁중에서 심부름하고 있을 수 있겠느냐?"

여불위는 그 자에게 이같이 물었다. 음탕한 것을 즐겨하는 일류 선수로 뽑혀온 자는,

"황송하옵니다. 소인이야 내시 노릇을 하건 외시 노릇을 하건, 즐겁게 먹고 사는 것이 제일입지요."

그는 노애(嫪毐)라는 자였다.

그 즉시 노애를 데리고 나가 눈썹을 족집게로 모조리 뽑아 버리고, 얼굴에 누런 물감을 칠하고, 어깨를 올리고 껑충하게 보이도록 걸음을 걷게 하는 연습을 시켰다.

노애가 내시같이 완전히 되었다는 보고를 듣고 여불위는 내궁으로 태후 주희를 찾았다. 주희는 여불위의 설명을 듣고 대단히 기꺼워했다.

"상국이 잘 알아서 마련하시오."

태후 주희는 이같이 말하고 여불위가 마련해 주기를 기다렸다.

여불위는 먼저 태후를 함양 서울에서 그다지 멀지 않은 옹(雍)땅에 있는 대정궁(大鄭宮)으로 옮기게 하고, 노애로 하여금 태후를 모시고 심부름하는 내시의 어른으로 있게 했다. 노애는 누가 보든지 완전무결한 '불알 없는 성 불구자'로 보였다.

그러나 대정궁으로 옮겨 앉은 태후의 즐거움은 컸다. 이 즐

거움은 문신후 여상국 여불위가 보내준 선물이었다.

밤마다 달콤한 밤이 계속되는 가운데 어느덧 세월은 흘러서 다섯 해가 지났다. 그 동안 노애와 더불어 아들을 둘이나 생겼다. 그러나 왕이 알면 큰 일이었다. 대정궁 안에서 어린애를 기를 수는 없는 일이었다. 노애가 궁 밖의 민가에 이 아이를 맡겨 기르게 하고, 모든 일은 절대 비밀에 붙였다.

왕이 즉위한 지 구 년, 왕의 나이가 스물두 살 되던 해의 오월 단오였다. 대정궁 안에서는 태후와 노애가 술을 마시면서 저물어가는 청춘을 즐기는 판이었는데, 태후의 방안에 두었던 술이 다 떨어지고 부족하므로 태후의 심부름을 하는 부인 가운데 마침 뜰 아래로 지나가는 여자가 있는지라, 노애는 그 여자를 불러 술을 더 가져오라고 했다.

심부름하는 부인이 즉시 술그릇을 가지고 급히 오다가 층계에서 그만 실수로 술을 엎질렀다.

"나쁜 계집! 조심해서 가져오지 않고 술을 땅에다 엎지르다니!"

하고 노애는 뜰로 내려가서 여자를 두어 대 때려 주었다.

심부름하던 부인은 궁 안에서 내시에게 얻어맞아 본 일이 없었다. 분한 것을 참을 수 없어 그 길로 대정궁을 나와 수레를 타고 함양으로 와서, 환관의 최고 직책을 가진 조고를 찾아가 일일이 고해 바쳤다.

여불위(呂不韋) 열전 • 265

조고가 들으니 일이 중대했다. 내시 아닌 놈이 환관으로 내궁에 들어와 있는 것도 상상할 수 없는 일이며, 태후와 내통한다는 것도 있을 수 없는 일이며, 더구나 아들을 둘씩이나 해산해서 비밀리에 양육한다는 것은 국가 사직에 중대한 문제가 아닐 수 없었다.

조고는 드디어 왕에게 고했다.

왕은 크게 노했다.

태후의 황음은 고금에 전무한 일이요, 밉기 한량없는 일이나 자기를 낳은 어머니이니 이 일을 어찌하랴! 아들을 둘씩이나 낳아서 감추어 두었다는 것은 나중에 나라와 사직에 중대한 위험을 가져올 것이니 죽여 없애야 했다. 노애는 물론 삼족을 멸해야 한다!

왕은 마침내 이렇게 생각하고 즉각 칙령을 내렸다.

먼저 노애를 잡아 옥에 가두고, 이를 이같이 꾸미어 놓은 장본인 여상국 여불위는 자기 저택의 방안에서 나오지 못하도록 감금하고, 노애의 일가친척을 모조리 체포하고 민가에 감추어 둔 어린아이 둘을 죽여 버렸다. 그래도 왕의 분이 풀리지 않았다. 왕은 마침내 태후를 대정궁에서 딴 곳으로 옮겨 캄캄한 방에 가두어 버렸다.

여불위에게는 모든 관직에서 파면해 버린 후 친필로 다음과 같이 교서를 내렸다.

그대는 진나라와 무엇이 그다지 친하기에 호칭하기를 중보라고 이름하며, 또 그대는 무슨 공이 그다지 크기에 문무백관의 위에 높이 있느뇨? 짐의 뜻을 속이고 참된 사실을 말하지 않았으니 그 죄는 반드시 죽일 것이로되, 짐이 다만 네가 선왕을 조나라에서 구출해준 공을 생각해서 차마 죽이지 못할 뿐이다. 그런고로 그대를 촉 땅으로 보내는 것이니, 그대는 그곳에 가서 조용히 지내며 짐의 뜻에 어김이 없게 하라. 속히 일어나서 지금 갈지어다.

여불위는 왕의 교서를 받고 탄식했다.
'이런 일이 있을 수 있는가?'
그는 하늘을 우러러 한탄했다. 주희가 몸이 피곤해 하는 것을 보고 그의 뱃속에 아이가 든 것을 알고 계교를 세운 때가 어제 같거늘, 그 동안 세월은 흘러서 이십사 년이 지났다. 공손건이 대궐에서 이인을 데리고 나와 자기집으로 동반해 가는 것을 한단 서울의 길거리에서 관망하면서 '기화로다!' 하고 감탄하던 때가 벌써 이십오 년 전이다. 그런데 지금에 이르러서는 얻은 것이 무엇인가?
"아무 것도 없다!"
여불위는 한숨을 크게 쉬었다. 사실 아무것도 남은 것이 없었다. 모든 관직에서 그는 파면되었다. 지금 들어 있는 궁궐 같은 저택에서도 즉시 나와 촉땅으로 떠나라는 왕의 명령이다. 왕도 보통 왕이 아니요, 자기의 피를 받은 자기의 아들이건만, 그 왕이 이럴 줄을 몰랐다. 그렇다고 지금 와서 왕에게 이 사실을 고백해 봐야 미친놈밖에 더 되겠는가?

그는 불을 켜고 의장 속을 뒤지기 시작했다. 얼마 후 그가 찾아 낸 것은 작은 약병이었다. 비밀히 사용할 때가 오면 자기의 이익을 위해 사용하려고 감추어 두었던 독약이다. 그는 독약을 들고 한참 자기의 손을 보더니,

"욕심이다! 내 잘못은 욕심이었다."

입속으로 이같이 부르짖었다. 그는 자기의 육십 평생을 그르친 것이 이것인 것을 깨달았던 것이다. 그는 약을 마시고 쓰러졌다.

자객(刺客) 열전

> 조말(曹末)의 비수(匕首)로 노나라는 잃었던 영토를 회복하고, 제나라는 맹약에 거짓이 없다는 것을 밝혔다. 예양(豫讓)의 의로움은 두 마음을 품지 않았다.

조말(曹末)은 노나라 사람이다. 용기와 담력으로 노의 장공(莊公)을 섬겼다.

장공은 용사를 좋아했다.

조말은 노나라 장군이 되어 제나라와 싸웠으나 워낙 작은 나라인 데다 중과부적으로 세 번 사력을 다했지만 모두 패했다. 노나라 장공이 두려워하여 이에 수읍(遂邑)의 땅을 바치고 제나라와 화친했다.

제나라 환공(桓公)은 노나라 장공과 가(柯)에서 회맹할 것을 요구했다.

"누가 과인과 동행하겠소?"

장공이 둘러보자 조말이 앞으로 썩 나섰다.

"소신이 모시겠습니다."

환공과 장공이 단상(壇上)에서 화친의 맹세를 하고 있었다. 환공은 강대국의 군주라 그 거만함이란 말할 수가 없었다. 말이 화친의 맹세이지 실상은 군주와 신하 사이의 모양새였다.

장공에 대한 환공의 위협이 계속되고 있을 즈음이었다.

순간 조말이 단상으로 뛰어오르고 있었다.

"앗!"

모두가 비명을 지르고 있을 때 이미 조말의 품속으로부터 빠져 나온 단검이 환공의 목을 겨누고 있었다. 누구라도 가까이 오기만 하면 조말의 비수가 날카롭게 움직일 것 같은 절대절명의 순간이었다.

그래서 피차간에 아무도 조말을 말릴 수가 없었다.

역시 환공은 대국의 군주였다.

"그래서 그대는 나를 어떻게 하겠다는 건가?"

"제 말씀만 들어 주시면 됩니다."

"어떤 요구인가?"

"제나라는 강대하고 노나라는 약소국입니다. 대국인 제나라가 노나라에 대하여 너무하다고 생각하지 않으십니까?"

"무엇을 말인가?"

"노나라의 성벽이 무너지기만 하면 제나라 땅으로 떨어질 만큼 제나라 군사가 국경에 너무 바짝 붙어 있습니다."

"우선 비수를 치우게."

"싫습니다."

"그래서 나보고 어쩌란 말이냐?"

"말씀드린 점에 대해서 다시 한 번 숙고해 주시기를 바랍니다."

"기왕에 빼앗은 노나라 땅을 돌려주면 되겠는가?"

"다시 한 번 크게 말씀해 주십시오."

"기왕에 빼앗은 노나라 땅을 돌려주면 되겠는가!"

"그렇게만 하신다면 화친의 맹세는 유효합니다. 저는 그렇게 믿고 단하로 내려가겠습니다."

환공의 선언이 끝나자 조말은 비수를 던져버리고 단에서 내려와 뭇 신하들의 위치로 돌아가 조용히 북면(北面)하여 앉았다.

낯빛조차 변함조차 없었다. 조금 전까지의 그런 엄청난 사건이 있었는지 없었는지 아무도 모를 정도로 가만히 자기 자리로 가서 앉아 있었다.

그렇지만 환공의 생각은 달랐다. 비수가 목을 바짝 겨누고 있었기 때문에 어쩔 수 없이 빼앗은 땅을 돌려준다는 식으로 말해버린 상태였다.

"저 자를 죽이게!"

환공이 신음처럼 내뱉었다.

몇 명의 칼잡이들이 칼을 뽑았으나 관중(管仲)이 한 발 먼저 나서서 손을 내저었다.

"자네들은 가만히 제자리로 가서 지키고 있게."

제나라의 칼잡이들이 물러가자 환공이 관중에게 말했다.

"무슨 얘기요! 어쩔 수 없는 상태에서 내뱉은 거짓 약속이 아니었겠소?"

"아니 됩니다. 그렇더라도 천하에 외친 약속이니 지키십셔야 합니다."

"무어라고?"

"소리(小利)를 탐내어 스스로 만족하신다면 천하 제후들에게 신의를 잃습니다. 분노에 얽매이지 마시고 크게 생각하십시오. 차라리 약속대로 땅을 주어버리는 게 훨씬 유익합니다."

환공은 관중의 말 뜻을 헤아렸다. 그리고 두말없이 빼앗은 노나라 땅을 흔쾌히 모두 돌려주었다.

조말은 세 번 싸워 잃었던 노나라 땅을 한 순간에 되찾았다.

그로부터 167년이 지났을 때 오나라에서 전제(專諸)의 사건이 일어났다.

전제는 오나라 당읍(堂邑) 사람이다. 오자서(伍子胥)가 초나라에서 도망해 오나라로 갔을 때 만난 사람인데 그는 첫눈에 전제가 유능한 인물임을 알아차렸다. 그렇지만 전제는 크게 등용되지 못하고 있었다.

우선 오자서는 오왕 요(僚)를 만나 초나라를 쳤을 때의 유리한 점을 역설했다.

요는 오자서의 말을 듣고 초나라를 치려고 했으나 공자이자 대장군인 광(光)이 반대하고 나섰다.

"오원(伍員, 子胥)의 말을 듣지 마십시오."

"어째서 그런가?"

"오자서의 부친과 형이 모두 초나라에서 피살되었습니다. 그의 설득이 모두 그럴 듯하다치더라도 실상은 자신의 사사로운 원수를 갚으려 하는 것이지 오나라를 위해서 올리는 계책은 아닌 듯합니다."

"그런가?"

그래서 요는 초나라를 치는 일을 그만두었다.

오자서로서도 어쩔 수가 없었다. 그런데 오나라의 국내 형편을 살펴보니 정세가 기묘하게 돌아가고 있다는 사실을 알았다. 즉, 공자 광이 오왕 요를 죽이려 한다는 사실을 알아챈 것이다.

"그렇구나. 그렇다면 아직은 대외 문제를 설득할 때가 아니다. 참고 기다리며 두고 볼 일이다."

그런 다음 오자서는 우선 공자 광에게 전제를 추천했다.

한편 공자 광의 부친은 오왕 제번(諸樊)인데 제번에게는 세 아우가 있었다. 첫째 아우가 여채(餘蔡)였고, 다음 아우가 이말

(夷眛)이었으며, 막내 아우가 계자찰(季子札, 季子는 末子를 말함)이었다.

제번은 아우들 중에서 특히 계자찰이 현명하다는 것을 알았다. 그래서 태자를 세우지 않고 순서대로 아우들에게 왕위를 전한 뒤 마지막으로 계자찰에게 왕위가 계승되도록 조처했다. 그렇게 되어 제번이 죽은 뒤 왕위는 여채에게 돌아갔으며 여채가 죽자 이말에게 왕위가 돌아갔다.

그런데 문제는 그 다음에 일어났다. 계자찰이 왕위를 계승하지 않으려고 멀리 도망치고 말았던 것이다. 오나라에서는 별 수 없었다. 그래서 고르고 골라 왕위는 이말의 아들 요에게 돌아간 것이다.

일이 이렇게 되자 제번의 아들 공자 광은 은근히 불평을 품게 되었다.

"형제의 순서대로라면 왕위는 당연히 계찰에게 돌아가야 한다. 그러나 그 순서가 이미 깨어져 버린 이상 왕위는 선대 왕의 아들인 나에게 돌아와야 할 게 아닌가. 진짜 적사(嫡嗣)는 나밖에 없지 않은가."

그래서 광은 오래 전부터 큰 일을 차곡차곡 준비했다. 우선 지모 있는 신하들을 양성해 수하에 두었다. 바로 오자서를 비롯한 전제가 수하들 중의 하나였다. 광은 전제를 빈객으로 잘 대우해 주었다.

그로부터 9년이 지나서였다.

초나라에서는 평왕(平王)이 죽었다.

"좋은 기회다. 초의 국상(國喪)을 틈타 쓸어 엎는다."

오왕 요는 두 아우인 공자 개여(蓋餘)와 촉용(屬庸)을 시켜 병사를 이끌고 가 초의 첨(灊)을 포위하게 했다. 그리고 연릉(延陵)의 성주(城主)로 만족하고 있던 계자찰을 사자로 진(晉)에 파견해 제후들의 움직임을 관찰하도록 했다.

초나라에서도 물론 군사를 출동시켰다. 그래서 오나라의 장군 개여와 촉용의 퇴로를 막아버렸다. 일이 그렇게 되자 오나라의 군사는 귀환할 수가 없게 되었다.

"절호의 기회인 것 같소. 왕위도 얻고자 해야 내 것이 되는 게 아니겠소? 왕의 진짜 후사로서의 명분이 내게는 있소. 설사 계자가 돌아온다 해도 이제 와서 기득권을 행사할 순 없을 게요."

공자 광이 전제에게 의향을 타진하자 전제 역시 광에게 이렇게 대답했다.

"요를 죽이는 일이 그토록 어렵지는 않을 것입니다. 모친은 노쇠하고 그 아들은 유약하며 듬직하다는 두 아우는 병사를 이끌고 초나라로 나가버린 데다 그 퇴로까지 차단됐으니 좋은 기회라 생각합니다. 더구나 오나라는 바깥으로 초에게 괴로움을 당하고 있고 안으로는 병력조차 텅 비어 있는 데다 왕의 수하에는 강직한 신하 역시 없습니다. 지금이야말로 우리에게 매우 유리한 기회라 생각합니다."

"그렇지만 왕에게 어떻게 접근하지요?"

"술자리를 마련해서 그를 초청하십시오. 거사의 세밀한 계책은 제가 마련하겠습니다."

"고맙소. 내 몸이 곧 그대의 몸이오."

4월 병자일(丙子日)이었다.

"심상치가 않습니다. 주연에 초청돼 가시는 일을 다시 한 번 고려하십시오."

신하 하나가 요왕에게 간청했다.

"걱정할 거 없소이다. 과인도 벌써부터 공자 광의 의도를 읽었소. 그래서 짐짓 나를 해치는 기회를 주는 척해서 오히려 이쪽에서 그를 처치하는 기회를 삼고자 하오."

"그렇지만 불안합니다."

"군대를 왕궁에서부터 시작해 광의 집까지 두 줄로 진치게 하면 설사 그 자가 어떤 생각을 품었더라도 질린 나머지 거사는 못할 게 뻔하오. 더구나 광의 집 문과 계단 좌우에까지 내 친척들로 꽉 채울 작정이오. 그런 후 적당한 트집을 잡아 광을 처치할 작정이오."

초청연은 계획대로 진행되었다.

그런데 험상궂은 칼잡이들이 만약의 사태에 대비한 듯 눈알을 부라리며 오왕 요를 술상 주위에서까지 경호하고 있는 것이었다. 그를 해칠 수 있는 틈이라고는 도무지 없었다.

그렇지만 공자 광도 계획을 변경시킬 수가 없었다. 어차피 위험을 감지한 이상 애초의 계획대로 모험을 감행할 수밖에 없다는 판단이었다.

주연이 무르익어 갔다.

광은 손님 사이를 요란하게 움직이며 다니다가 일부러 실수한 척 넘어졌다.

"잠깐만 기다려 주십시오. 발이 삔 것 같으니 금세 치료하고 돌아오겠습니다."

그런 후 광은 지하실로 내려갔다. 거기에는 날렵한 무장병들과 전제가 숨어 있었다.

광이 전제에게 고개를 끄덕여 보이자 전제도 광에게 알았다는 뜻으로 고개를 끄덕인 다음 무장병들에게 말했다.

"자네들은 내가 연회장에 도착했을 것 같다고 짐작되는 순간부터 속으로 열을 센 뒤 달려나오게. 그리고 닥치는 대로 베어 버리게!"

전제는 주방에서 일하는 광의 집 사인 차림으로 쟁반에 큰 생선 요리를 든 채 요왕 앞으로 다가갔다. 아무도 그를 의심하는 사람은 없었다.

왕 앞으로 접근한 전제는 물고기 뱃속에 숨겨 둔 비수를 전광석화처럼 빼어 들었다.

"앗!"

왕이 비명을 지르는 순간 전제는 비수를 왕의 심장에다 꽂았다. 눈 깜짝할 순간이었다.

오왕 요는 즉사했다.

왕의 칼잡이들도 만만찮았다. 왕이 살해되는 간발의 차이로 장검을 휘둘러 전제의 목을 쳤다.

연회장은 금세 혼란에 빠졌다. 그 때를 놓치지 않고 지하실에 숨어 있던 무장병들이 달려나와 왕의 군사들과 신하들과 친척들을 닥치는 대로 베었다.

요왕 일파들은 한 명도 남지 않고 몰살되었다.

그런 후 공자 광은 스스로 즉위하여 왕이 되었다. 그가 바로 합려(闔閭)이다.

합려는 진제의 아들을 봉하여 상경(上卿)으로 삼았다. 그 후 70여 년이 지나고 진(晉)나라에서 예양(豫讓)의 사건이 일어났다.

예양은 진(晉)나라 사람이다. 본래는 범씨(范氏)와 중행씨(中行氏)를 섬겼으나 인정받지 못하자 거기서 떠나 지백(智伯)을 섬겼다.

그런데 지백은 예양을 유달리 존중하고 가까이 두어 우대했다.

그런데 진나라 경(卿)들끼리 분쟁이 일어났다. 지백이 조양자(趙襄子)를 치자 조양자는 한씨(韓氏, 康子)와 위씨(魏氏) 등과 힘을 합해 지백을 멸망시켰다.

그들은 지백의 자손까지 절멸시킨 뒤 지백의 영토를 삼분(三分, 나중에 각 姓氏로 독립하여 趙·韓·魏 즉 三晉이 되었다)했다.

조양자는 그래 놓고도 지백에 대하여 원망하는 마음이 있었다. 그래서 그의 두개골에 옻칠을 해서 술잔으로 사용하기까지 했다.

지백의 가신인 예양도 온전할 수가 없었으므로 산중으로 도망했다. 그러면서 혼잣말로 탄식했다.

"아아, 선비는 자기를 알아주는 사람을 위하여 죽고, 여자는 자기를 좋아하는 사람을 위하여 화장한다. 지백은 나를 알아주었으니 반드시 나는 지백의 원수를 갚고 죽겠다. 그렇게 지백에게 보답한다면 니의 혼백은 부끄럽지 않겠지."

그 때부터 예양은 이름을 바꾸고 죄수처럼 가장해 다녔다. 그러다가 조양자의 궁중으로 들어가 뒷간의 벽을 바르는 일을 맡게 되었다.

언제나 품 속에 비수를 품고 다녔다. 기회가 오면 조양자를 찔러 죽이기 위해서였다.

하루는 조양자가 뒷간으로 가는데 웬일인지 가슴이 몹시 두근거렸다.

"수상하다! 누군가 나를 해치려는 자가 있다!"

조양자는 뒷간에서 벽을 바르고 있는 자를 붙잡아 심문했다. 과연 그는 예양이었고 가슴속에는 단도가 숨겨져 있었다.

"내 그대에게 무슨 원수진 일이 있기에 이러는가?"

"지백을 위해 원수 갚으려 했을 뿐이다."

"무어?"

좌우의 부하들이 예양을 베어 죽이려고 했다.

"가만! 그냥 두어라. 그는 의로운 사람이다. 지백은 죽고 그의 후손조차 없는데도 그의 신하가 원수를 갚아주려 하니 그야말로 천하의 의인 아닌가. 그대로 살려 보내라, 내가 그를 조심하여 피하면 된다."

그래서 예양을 석방했다.

예양은 이번에는 온 몸에다 옻칠을 해서는 문둥이처럼 하고 다녔다. 시장바닥을 돌아다니며 거지 노릇을 했다. 그의 아내도 그를 알아보지 못했다. 그런데 그의 벗이 우연히 그를 알아보았다.

"예양이 틀림없지?"

"용케 알아보는군."

벗은 눈물을 흘리면서 예양에게 충고했다.

"그대만한 재능을 가진 자가 신하로서의 예를 갖추고 조양자를 섬긴다면 그는 반드시 그대를 가까이 두며 총우할 것이 아닌가. 그렇다면 소원 성취할 기회가 훨씬 쉽게 올 텐데. 하필 상처 입어 변한 모습으로 어렵게 양자에게 보복하려드니 이건 어리석은 방법일세."

"그렇지가 않네. 물론 내가 선택한 방법이 어렵다는 건 아네. 그렇지만 이미 신하의 예를 갖추고 사람을 섬기면서 한편으로 그를 죽이고자 하는 일은 두 마음을 품고 주군을 섬기는 일과 같네. 그래서 굳이 복수를 어렵게 하려는 이유는 후세에 사람의 신하로서 두 마음을 품고 그 주군을 섬기는 자를 부끄럽게 하기 위해서일세."

그러면서 예양은 친구 곁을 떠나갔다.

얼마 후 조양자가 다시 외출을 했는데 다리에 다다르자 수레를 끌던 말이 몹시 놀라며 지나가지 않으려 했다.

"다리 밑을 뒤져 보아라. 누군가가 있다!"

과연 거지 하나가 잡혀 나오고 그의 몸에서 비수까지 나왔다.

"그대는 예양이 틀림없겠다!"

"운이 없어 오늘도 그대를 죽이지 못하는구나!"

"세상에 이럴 수가 있는가! 그대는 전날 분명히 범씨와 중행씨를 섬겼었지?"

"그랬었다."

"지백이 그들을 모조리 멸망시켰는 데도 그대는 그들 둘을 위해 원수를 갚기는커녕 오히려 지백에게 신하의 예를 갖추어 그를 섬기지 않았는가?"

"그대로이다."

"그대의 짓거리가 모순되지 않는가. 지백 또한 이미 죽었는데 굳이 그대가 지백을 위해서만 원수 갚으려 하는 이유는 도대체 무엇인가?"

"분명 나는 범씨와 중행씨를 섬겼다. 그러나 그들은 나를 평범한 인간으로 대접했다. 그래서 나도 그들에게 보통 인간으로 보답했을 뿐이다. 그러나 지백은 나를 국사(國士, 한 나라에서 특별히 높이는 우수한 선비)로 대우했다. 그래서 나는 국사로서 그에게 보답하고자 하는 바이다."

"아아, 예자(豫子)여. 그대가 지백을 위해 충절을 다했다는 명예는 이미 얻었다. 그리고 과인이 그대를 용서하는 일도 한계에 이르렀다. 어쩌겠나. 과인은 이번에야말로 그대를 놓아 보낼 수가 없는 걸."

그러면서 병사들을 시켜 예양을 포박하게 했다. 그러자 예양은 공손하게 꿇어앉으며 부탁했다.

"제가 듣기로는 '명군은 남의 아름다움을 덮지 않으며, 충신은 명절(名節)에 죽는 의리를 잊지 않는다'고 했소이다. 전날 주군께서 저를 너그러이 용서하여 주셨기에 천하의 현군임을 칭찬하지 않는 자가 없었소이다. 물론 오늘 저는 죽음을 흔쾌히 감당하겠습니다. 그러니 제발 주군의 의복 한 벌만 제게 내려주십시오."

"그건 가져서 무얼 하게?"

"옷이라도 베어 원수를 갚는 뜻을 이루고자 합니다. 감히 바랄 바가 못 되는 줄 알면서도 제 심중의 말을 털어놓는 것입니다."

"그대의 생각이 옳다."

그래서 조양자는 사자를 시켜 자신의 옷 한 벌을 가져다 예양에게 주게 했다.

예양은 조양자의 옷을 향해 칼을 들고 세 차례씩이나 뛰어오르며 내질렀다.

"이제는 속이 시원한가?"

"이로써 지하에 잠든 지백께 아뢸 수 있게 되었습니다."

그런 후 예양은 자신의 비수에 엎드려 자살했다.

예양이 죽던 날 소나라의 뜻있는 인사들이 그 일을 전해 듣고 모두 그를 위해서 울었다.

그 후 40여 년이 지나 지(軹) 땅에서 섭정(聶政)의 사건이 일어났다.

섭정은 지 땅 심정리(深井里) 출신이다. 사람을 죽이고 그 원수를 피해 모친과 누나와 함께 제나라로 가서 백정 노릇을 하며 살았다.

복양(濮陽)의 엄중자(嚴仲子)가 한(韓)나라 애후(哀侯)를 섬기다가 한의 재상 겹루(俠累)와 사이가 나빠졌다.

엄중자는 주살될 것이 두려워 도망쳤다. 그리하여 천하를 돌아다니며 대신 원수 갚아 줄 인물을 물색했다.

제나라에 이르렀을 때였다. 어떤 사람이 엄중자에게 섭정을 귀띔했다.

"섭정이라는 용감한 사람이 있습니다. 그 사람에게 한 번 부탁해 보시지요. 그는 지금 원수를 피해 백정들 사이에 숨어 살고 있습니다."

그래서 엄중자는 섭정의 집으로 찾아가 교제를 청했다. 그 후 여러 차례 오가면서 친하게 지냈다.

어느 날 엄중자는 주연을 베풀어 황금 백 일(百鎰)을 받들고 술잔을 섭정의 모친에게 올려 축수했다.

섭정은 깜짝 놀랐다. 너무도 예물이 후했다. 이상한 생각도 든 것이다.

"사양하겠습니다. 비록 가난해 객지로 떠돌면서 개백정 노릇을 하고 있습니다만 조석으로 어머니께 달고 부드러운 음식을 봉양할 정도는 됩니다. 구태여 당신의 선물은 받지 않아도 됩니다."

그제서야 엄중자는 사람을 물리친 뒤 정색을 하고 말했다.

"실상을 말씀드리겠습니다. 저한테는 원수가 하나 있습니다. 그 원수를 갚아 줄 인물을 찾아 여러 나라로 돌아다니다가 제나라에까지 오게 되었습니다. 여기 와서 당신의 의기가 매우 높다는 얘기를 듣게 되었습니다. 그래서 백금을 바쳐 어머님의 음식 비용에나 쓰시게 해서 당신과 사귀려고 했던 것입니다. 다른 뜻은 없습니다."

"감지되는 바가 있습니다. 그러나 제가 뜻을 낮추고 몸을 숙여 시장바닥에서 백정 노릇을 하는 이유는 오로지 노모를 봉양하기 위해서입니다. 그러니 노모가 계시는 한 제 몸을 남에게 바칠 수는 없습니다."

"바로 그런 효성이 저를 감동시킨 것입니다. 부담 느끼지 마시고 받아 주십시오."

"아닙니다. 성의는 고맙지만 받을 수는 없습니다."

섭정은 한사코 예물을 받지 않았다. 그러나 엄중자와의 예를 다한 교제에는 변함이 없었다.

오랜 세월이 지나서 섭정의 모친이 죽었다. 이미 장례도 치렀고 상복도 벗었다.

그제서야 섭정은 전날 엄중자와의 일을 생각했다.

"나는 일개 시정잡배처럼 칼을 휘둘러 개·돼지 도살이나 하고 살아가는 보잘것없는 몸이다. 그런데 엄중자는 제후의 경상(卿相) 신분으로 천릿길도 멀다 않고 수레를 몰아 찾아와 나 같은 사람과 사귀었다. 비록 받아들이진 않았지만 백금을 들어 어머니의 장수까지 축복해 주셨다. 그런데도 나는 그를 위해 해준 일이 아무것도 없다. 엄중자 같은 현인이 격분하여 원수를 쏘아보면서 궁벽한 촌놈인 나를 친밀하게 신뢰해 주었는 데도 말이다. 전날 엄중자가 내 몸을 요구했을 때는 노모가 살아계셔서 그것을 사양했으나 이제는 나를 알아준 그 분을 위해 무언가를 나서 볼 일이다."

섭정은 단신 서쪽 복양으로 가서 엄중자를 만나 말했다.

"이제는 홀가분한 몸입니다. 당신의 원수가 누구인지 말씀해 주시지요."

"내 원수는 한나라 재상 겹루입니다. 그는 왕의 숙부이기도 하며 일족의 세력들로 강대하고 숫자도 많아 접근할 수가 없습니다. 거처 역시 엄중 호위되고 있지요. 내가 사람을 시켜 겹루를 척살(刺殺)하려 여러 번 시도했으나 번번이 실패만 했습니다. 그런데 지금 당신이 다행히 나를 버리지 않고 찾아와 주었으니 거사가 성공될 수 있도록 가급적 많은 거기(車騎)와 장사(壯士)들을 동원하겠습니다."

"아닙니다. 한나라 국도 양적(陽翟)은 이 곳 위(衛)나라 수도 복양에서는 별로 멀지 않습니다. 더구나 왕의 숙부인 재상을 죽이려는데 그런 요란스런 행차는 오히려 일을 어렵게만 만들 뿐입니다. 많은 인원을 사용하다 보면 생포되는 자가 생길 것이고 생포되면 그 입에서 배후자가 누설되게 마련입니다. 그릴 경우 한나라 전체가 당신을 원수로 볼 테니 위험한 일이 아니겠습니까?"

거기와 장사들을 모두 사양한 섭정은 지팡이 속에다 칼을 숨긴 채 단신 한나라로 떠났다.

한나라 재상 겹루는 마침 관부(官府)의 당상에 앉아 있었다. 주위에는 수많은 호위병이 눈을 빛내며 늘어서 있었다.

"이런 때일수록 무심한 척 접근해야 한다."

섭정은 겹루 앞으로 성큼성큼 걸어 나갔다.

"무어냐!"

"감히 드릴 말씀이 있어 왔습니다. 주위에 사람을 물리쳐 주십시오."

"내가 네 놈을 어떻게 믿고 사람을 물리쳐."

"그렇다면 믿도록 해드리지요. 이렇게!"

"악!"

섭정은 지팡이 속에서 칼을 빼면서 그대로 겹루를 베어버렸다. 눈 깜짝할 순간이었다. 그래서 수많은 호위병들도 손쓸 새가 없었다.

겹루는 쓰러지고, 칼을 빼든 호위병들이 왁작 달려왔다. 섭정은 소리치며 다가오는 수십 인의 호위병들을 쳐 죽였다. 중과부적이었다. 도망칠 틈 역시 보이지가 않았다.

섭정은 그 혼란의 틈새에서 칼로 이마를 그어 자신의 낯가 죽을 벗겨버렸다. 그리고 두 눈까지 도려낸 뒤 삽시에 배를 갈라 창자를 끄집어 내고는 죽어버렸다.

그러니 그의 정체를 알아낼 수가 없었다. 그럴수록 한나라에서는 살인자의 정체를 알려고 혈안이 되었다.

> 재상 겹루를 살해한 자의 정체를 알려주는 자에게는 천금을 내리리라.

시체를 시장바닥에 드러내 놓고 상금을 걸어 포고문을 띄워도 누구 하나 신원을 알려주는 사람이 없었다.
섭정의 누나는 섭영(聶榮)이었다.
정체를 알 수 없는 살인자의 시체가 한나라 시장바닥에 방치되어 있다는 소문을 섭영은 들었다.
"틀림없이 그는 내 동생일 것이다. 엄중자가 과연 내 동생을 알아주었구나!"
섭영은 곧바로 한나라의 시장바닥으로 갔다. 죽은 자를 보니 과연 동생 섭정이었다. 섭영은 죽은 동생의 시체 위에 엎드려 슬피 울며 말했다.
"이 사람은 지 땅 심정리의 섭정이라는 사람입니다."
시장 사람들은 깜짝 놀랐다.
"아니, 당신 지금 정신 있소? 이 자의 정체를 알려고 천 금을 걸어 찾고 있는데 당신은 지금 겁도 없이 이 자를 잘 안다고 하고 있으니!"

"물론 그 얘기는 들었습니다. 내 동생 섭정이 시장바닥에다 오욕을 무릅쓰고 몸을 굴린 것은 늙으신 어머니와 시집가지 않은 누나가 있었기 때문입니다. 그러나 이제는 어머니가 천수를 다 누리고 돌아가신 데다 저도 시집을 갔습니다. 엄중자는 동생의 인물됨을 통찰하여 곤궁하고 오욕스런 환경에 살고 있는 데도 개의치 않고 교제해 주셨으니 그 은택이 도타웠다고 하겠습니다. 선비는 자기를 알아주는 사람을 위해 목숨을 버린다고 하지 않던가요. 그 동생이 형체를 알아볼 수 없도록 스스로 만든 것은 아직도 살아 있는 누나를 생각해서이지요. 연좌되지 않도록 배려한 것입니다. 그렇지만 어찌 제가 죽음이 두려워 아름다운 동생의 이름을 숨기는 일을 하겠습니까?"

시장 사람들은 섭영의 말에 더욱 놀랐다.

그녀는 하늘을 우러러 가슴이 터지도록 세 차례 슬피 소리 지르더니 섭정의 옆에서 피를 토하고 죽었다.

진(晉)나라, 초나라, 제나라, 위(衛)나라에도 이 소문이 퍼져 나갔다.

"섭정만이 위대한 것이 아니라 그 누님 또한 열녀로구나! 만약에 섭정이 참으로 자기 누나가 참고 견디는 성격이 아니고 시체가 아우임을 폭로하는 두려움도 생각지 않고 천릿길을 달려와 이름을 나란히 하여 함께 시장바닥에서 죽게 될 것을 알았다면 아무리 섭정이라도 엄중자에게 몸을 허락하지는 않았을 것이다. 결국 엄중자는 사람 알아보는 안목이 있어 그런 용사의 마음을 잘 사로잡았다고 할 수 있겠다."

그 후 220여 년이 지나 진(秦)에서는 형가(荊軻)의 사건이 일어났다.

형가라는 인물은 위(衛)나라 출신이다. 그의 조상은 제(齊)나라 사람이었으나 형가 때 위나라로 이주해 왔다.

위나라 사람들은 형가를 경경(慶卿)이라 불렀다. 그 후 또 연(燕)나라로 갔기 때문에 사람들이 그를 형경(荊卿)이라 불렀던 것이다.

형가는 학문이 깊고 검술도 좋아한 문무(文武) 겸전의 인물이었다.

그는 자신의 재주를 가지고 위나라 원군(元君)에게 유세했으나 등용되지 못했다.

그 뒤에 진나라가 위(魏)를 쳐서 동군(東郡)을 두고 원군 일족을 야왕(野王) 땅으로 옮겨 살게 하고 있었다.

형가가 일찍이 떠돌아다니다가 유차(楡次)를 지날 때 개섭(蓋聶)이라는 검객과 검술에 대한 논쟁이 붙었다.

"이놈아, 그걸 검술이라고 떠들어? 네가 그토록 칼 쓰는 재주가 있다면 어디 나한테 한 번 대들어 보시지!"

개섭이 화를 펄펄내자 형가는 맞상대하기는커녕 조용히 그 자리를 떠나버렸다.

개섭의 친구가 말했다.

"형가의 검술 이론도 일리는 있다네. 공연히 화를 내서 그를 쫓아 보낼 게 뭐람."

"그놈은 겁쟁이일세."

"어째서?"

"엉터리 이론에 떠벌리기만 하고 실상은 실력도 없다네."

"들어볼 만한 가치가 있는 대목도 있던데."

"그렇게 생각되더라도 때는 이미 늦었어. 그 자는 영영 가버렸다니까."

"어디에 간다던가?"

"좌우지간 멀리."

"설마."

"전에도 그 자와 검술을 논하다가 얼토당토 않은 이론을 전개하길래 노려보며 화를 냈더니 슬그머니 도망쳐버리더군."

"이상한 사람일세."

그래도 혹시나 해서 사람을 시켜 다시 불러오게 했더니, 역시 그는 수레를 몰아 떠나버렸다는 것이었다.

"정작 이상한 인물이네!"

형가가 한단에서도 검객 노구천(魯句踐)과 장기를 두며 놀다가 한 수 물러달라 안 된다 하며 다투게 되었다.

역시 노구천이 화를 내며 장기판을 뒤집어 엎자 형가는 내색도 없이 조용히 일어나 도망쳐버렸다.

"참으로 속셈을 알 수 없는 인물일세."

그 뒤 형가는 연나라로 가서 축(筑, 비파)을 기막히게 잘 타는 개백정 고점리(高漸離)와 어울렸다. 어쩐지 죽이 잘 맞았던 것이다.

술을 좋아하는 형가는 날마다 시장바닥에서 술을 마시며 고점리와 난장판을 벌렸다.

술이 얼큰해지면 고점리가 타는 축의 장단에 맞추어 시장 복판에서 큰 소리로 노래를 불렀다. 서로 즐기며 마냥 떠들며 엉엉 울기도 하면서 옆에 사람이 아무도 없는 것처럼 제멋대로 굴었다.

그렇지만 인물이 인물을 알아보듯이 많은 현인과 호걸 장자(長者)들이 그를 잘 대우했다. 비록 떠돌이지만 형가의 침착한 성품과 학문의 깊이를 이해했기 때문이었다. 특히 연나라의 처사(處士) 전광(田光)이 형가가 보통 인물이 아닌 것을 알고 유달리 우대하였다.

때마침 연나라 태자 단(丹)이 진나라에 인질로 잡혀 있다가 도망쳐 연나라로 돌아와 있었다.

일찍이 태자 단이 조나라에 인질로 가 있을때 진왕 정(政)도 조나라에서 태어나 자라고 있었기 때문에 소꿉친구로 단과는 아주 친한 사이였다.

그런데 정이 진나라 왕으로 즉위하자 태자 단이 진나라에 인질로 가게 되었다. 자청한 것이었다. 강국 진나라의 왕으로 등극한 친구에게 과거의 정분을 내세워 연나라를 보호하려는 계략이었던 셈이었다.

그런데 그런 단의 계산은 전연 잘못이었다. 진왕은 단에 대해서 안면을 완전히 바꾸고 있었다.

"과거에 친구라고 해서 국익을 외면할 수는 없지 않은가."

진왕의 선언이었다.

"의리를 배신하는 자는 금수와 같다. 난 그대를 전에 홀대한 일이 없거늘 연나라가 작고 힘이 없다 하여 이토록 구박하고 위협까지 하는가. 어디 두고 보자. 이 원수는 반드시 갚으리라!"

생명의 위험까지 느낀 단은 즉시에 진나라로부터 도망쳐 나왔던 바였다.

"저토록 탐욕스러운 자는 살려 두어서는 안 된다. 나들 적으로 본다면 나 역시 네놈을 친구로 생각지 않으리!"

단은 원수 갚을 길을 곰곰이 모색했다. 아무리 생각해도 정면으로 맞서기에는 역부족임을 깨달았다.

"그렇다면 방법은 하나……!"

그러나 생각뿐이었지 실행할 방법은 없었다.

진나라는 야금야금 천하를 먹어 들어오고 있었다. 산동(山東)에 출병하여 제나라, 초나라, 삼진(三晉)을 잠식했다.

기어코 연나라에 접하게 되었다.

연나라 왕과 신하들은 곧 미칠 화(禍)를 두려워하여 전전긍긍했다.

태자 단도 걱정이 되어 태부(太傅)인 국무(鞠武)에게 물었다.

"진나라를 먼저 뒤집어 엎을 방도는 없겠소?"

"어림없습니다. 진나라는 한나라, 위나라, 조나라까지 위협하고 있습니다. 북으로는 감천산(甘泉山)과 곡구(谷口)의 험한 요새를 끼고 있습니다. 남으로는 경수(涇水)와 위수(渭水) 육역의 비옥한 땅을 안고 있는 데다가 파(巴)와 한중(漢中)의 풍요로움까지 독차지했습니다. 그리고 우측에는 농(隴)과 촉(蜀)의 산악지대와 왼쪽의 험준한 함곡관과 효산이 가로막고 있습니다. 백성은 많고 용사는 사나우며 무기와 장비 역시 넉넉합니다. 진나라가 쳐들어올 생각만 있다면 우리 장성(長城)의 남쪽, 역수(易水)의 북쪽 땅 연나라쯤은 삽시간에 무너집니다. 어찌 태자께서 한때 능멸을 당했다 하여 진왕의 역린(逆鱗)을 건드리려 하십니까? 불안한 대로 태자께서는 진왕과 정의(情誼)를 유지하고 있으니 한때의 원한은 푸십시오."

공교롭게도 얼마 뒤 진나라 장군 번오기(樊於期)가 진왕에게 죄를 짓고 연나라로 망명해 왔다. 태자는 그를 반겨 정중히 대접하였다.

국무가 다시 간했다.

"아니 되십니다, 태자. 저 포악한 진왕이 연나라에 대해 쌓을 분노를 생각하면 등골이 오싹해집니다. 지명 수배된 번 장군이 연나라에 숨어 잘 대접받고 있다는 소문이 진왕의 귀에 들어가면 어떻게 되겠습니까? 굶주진 호랑이가 나다니는 길목에다 고기를 던져둔 것과 같은 격이 아니겠습니까? 화를 자초하는 조처입니다. 비록 관중(管仲)과 안영(晏嬰)이 살아 있더라도 이것만은 대책을 세울 수가 없었을 것입니다."

"그렇다면 어떻게 하는 게 최선이겠소?"

"태자께서는 한시바삐 번 장군을 흉노 땅으로 보내십시오."

"흉노 땅으로?"

"진나라에게 트집잡힐 일을 해서는 아니 됩니다. 청컨대 서쪽으로 삼진(三晉)과 맹약을 맺고 남쪽으로는 제나라·초나라와 연합하며 북쪽으로는 흉노의 추장 선우(單于, 흉노의 王)와 강화하십시오. 그런 뒤에야 비로소 진나라에 대한 대책을 세울 수가 있게 됩니다."

"나라의 존립이 풍전등화 같고 내 심정 역시 울울 분기하여 잠시도 머뭇거릴 수가 없소. 태부의 계책은 너무 오랜 시일이

걸릴 뿐 아니라 그런 책략이 성공한다는 보장도 없소. 더구나 번 장군은 천하에 한 몸 둘 곳이 없어 나한테 몸을 맡겨 온 사람이오. 내가 강한 진나라한테 협박을 받는다고 해서 애련한 교정(交情)을 저버려 그를 흉노 땅에다 내몰 수야 있겠소? 그것은 인간으로 차마 할 수 없는 처사요. 내 운명이 다하는 날에나 그렇게 될 것이니 태부는 더 이상 말을 꺼내지 마시오."

"위태로운 일을 하면서 편안함을 찾고 화를 만들면서 복을 구한다면 결국 계책은 얕아지고 원망은 깊어 갈 뿐입니다. 뒷전으로 미뤄야 할 사람과 교제에 얽매어 국가의 커다란 피해를 돌보지 않는다면 상대의 원한을 돋우고 자기의 재앙을 조장하는 격이 되는 것입니다. 진나라가 연나라를 뒤엎는 일은 기러기의 가벼운 털 하나를 화로의 숯불 위에 태우는 것처럼 아무 어려운 일이 아닙니다. 독수리나 매 떼같이 탐욕스럽고 사나운 진나라가 원망에 찬 노여움을 터뜨린다면 그 결과는 두말 할 여지가 없습니다."

"아무리 그렇더라도 그렇게 몰인정하고 잔인한 처사에 동의할 수가 없소."

한동안 입맛을 쩍쩍 다시고 있던 국무가 눈을 반짝 빛내면서 말했다.

"궁한즉 통한다더니…… 이렇게 해 보면 어떨까요?"

"묘책이 있겠소?"

"가까운 곳에 영명하신 처사(處士, 在野人士) 전광(田光) 선생이 계십니다."

"그 분이 그토록 현명하오?"

"만나 보시고 의논을 청해 보십시오."

"다급한데 여부가 있겠소. 데려오시오."

"아니 됩니다. 심원하고 용기 있고 침착한 분의 지혜를 빌리려는 마당에 그런 식으로는 불가합니다. 그래 가지고는 오지도 않습니다."

"알겠소. 내가 직접 찾아가 뵙겠소."

결국 태부 국무의 주선으로 태자 단은 재야에 머무르는 전광을 만나게 되었다.

태자는 전광을 나아가 맞고 뒷걸음으로 인도하여 무릎을 꿇고는 전광이 앉을 자리를 깨끗이 털었다.

딘 둘이 마주 앉았을 때에는 주위에 아무도 없었다.

"태부의 주선이 있었습니다. 태자 단은 전광 선생과 사귀고 싶습니다. 허락해 주시겠습니까?"

"삼가 그렇게 하겠습니다."

"감사합니다. 선생과 나랏일을 의논하고 싶습니다."

"무슨 걱정스러운 일이라도 있습니까? 할 수만 있다면 미력이나마 보태겠습니다."

"좋은 가르침을 주십시오.

"그 문제라면 저도 드릴 말씀이 없습니다. 준마도 혈기 왕성할 때는 하루에 천 리 달리지만 노쇠하면 하등마(下等馬)가 앞선다고 들었습니다. 지금 태자께서는 저의 젊었을 적의 행적만 듣고 정력이 다한 지금 국사를 의논하려 하십니다."

"너무 겸양치 마시고 훌륭한 계책을 들려 주십시오."

"물론입니다. 그러나 그 계책은 제가 마련할 게 아니라 그에 적합한 사람이 마련할 것입니다."

"선생이 아니라면 누구십니까?"

"형경(荊卿)을 추천합니다."

"형경이라면 어떤 분이십니까?"

"지혜는 심오하며 칼놀림 또한 전광석화 같습니다."

"그러시다면 한시바삐 그 분을 소개시켜 주십시오."

"삼가 그렇게 하겠습니다."

그런데 태자는 대문께까지 나가다가 문득 되돌아와서는 전광에게 굳이 귓속말을 전하는 것이었다.

"선생과 오늘 나눈 대화는 국가의 중차대한 기밀입니다. 굳이 누설치 말아 주십시오."

전광은 잔잔히 웃으면서 대답했다.

"그 점은 걱정 마십시오. 형가가 내일 일찍 태자를 찾아가 뵙도록 조처를 취해 놓겠습니다."

구부정한 등의 전광은 노구를 질질 끌며 곧장 형가한테로 찾아갔다.

"형가."

"예에."

평소에 전광을 존경하는 형가가 조신한 태도로 마주 앉았다.

"내가 그대와 친하다는 사실은 연나라 안에서는 모르는 사람이 없소."

"그렇습니다. 하온대, 새삼스럽게……."

"태자께옵서 이 노구를 찾아오셨소."

"태자께옵서?"

"나라 걱정으로 심신이 말씀이 아니었소."

"좋은 계략이라도 가르쳐 드렸습니까?"

"태자가 나의 혈기 왕성할 적의 행적만 듣고 황망히 찾아오셨더이다. 한데, 계교는 있으나 실행이 어렵겠소이다."

"무어라 말씀하십디까?"

"연나라와 진나라는 함께 설 수 없다고 했소."

"그래서 내가 그대를 추천했소."

"예에?"

"그대가 직접 궁으로 태자를 찾아가 보오."

"삼가 말씀대로 따르겠습니다."

"한데, 내가 듣기로는 덕 있는 사람은 어떤 행동을 하든지 남에게 의심을 품게 할 만한 일은 하지 않는다고 했소."

"그런 줄 압니다."

"그런데 태자는 내게 말씀하시기를 우리가 나눈 대화는 나라의 막중한 기밀에 속하니 부디 누설치 말아 주시오 하고 부탁했소."

"선생께서는 기밀을 흘릴 분이 아니시라는 걸 저는 압니다."

"어찌되었건 태자의 말씀은 어차피 나를 의심한다는 뜻이었소. 모종의 일을 수행할 때 남에게 의심을 산다는 것은 절개 있고 의협심 있는 인간의 행동은 아닐 것이라 믿소."

"그러합니다."

"그렇지만 내 평소의 행동이 남에게 신의를 주지 못했는가 보오. 그대는 내일 아침 태자를 찾아가 전광은 이미 죽었다고 전해주시오."

"그건……!"

"이는 내가 비밀을 누설치 않았다는 뜻이오."

"하지만!"

그러나 이미 때는 늦었다. 전광은 품 속에 지니고 있던 단검을 꺼내어 말릴 틈도 없이 제 목을 찔러버렸다.

이튿날 형가의 말을 전해 들은 태자는 대경 실색했다.

"아, 세상에 이럴 수가! 내가 전 선생께 부질없는 주의를 드린 것은 나라의 중대사를 성공시키기 위한 충정 때문이었을 뿐이오. 전 선생이 죽음으로써 비밀을 누설치 않았다는 결의를 보일 줄은 어디 꿈엔들 알았겠소이까! 전연 나의 본심이 아니었거늘……!"

담담한 표정으로 형가가 가만히 앉아 기다리자 태자는 서둘러 자리에서 일어나 형가에게 절한 뒤 입을 열었다.

"전광 선생께선 그토록 어리석은 나한테 당신을 만날 수 있는 기회를 허락하셨소이다. 이는 하늘이 연나라를 불쌍히 여긴 증거로 아오. 지금 진나라의 탐욕은 끝이 안 보이오. 천하의 제왕들을 제 신하로 삼으려 하오. 이미 한왕(韓王)을 사로잡아 그 영토를 모두 거두어들였으며 남쪽으로 초나라를 치고 북쪽으로는 조나라에 들이닥쳤소이다. 왕전(王翦)이 수십만 대군을 거느리고 장수(漳水)에서 업(鄴)까지 조나라 군대와 싸우며 이신(李信)도 태원(太原)과 운중(雲中)으로 출병했소이다. 조나라는 결국 입박을 견디지 못해 진나라의 신하가 되고 말 것이요. 조나라가 진의 신하가 되면 그 재앙은 곧 연나라에 미칠 것이오. 약소한 연나라는 이제까지 여러 차례의 전쟁에 시달려 왔소이다. 이제는 모든 국력을 다 모아도 진나라를 당해 낼 방법이 없습니다. 제후들이 이미 진나라에 복종하였기로 우리와 합종하려는 나라도 없소이다."

"그리하였기로 전광 선생께선 어떤 계략을 주셨습니까?"

"명민하고 날렵한 천하의 용사를 얻어 진나라에 사신을 보내라 했소."

"커다란 이익을 미끼로 내걸라 하시지 않았습니까?"

"진왕이 탐을 낸다면 우리의 소원은 이미 이루어지는 것이라 했소. 덧붙여 말씀하시기를 진왕을 위협해 옛적 조말(曹沫)이 제나라 환공(桓公)에게 했던 것처럼 빼앗은 땅을 제후들에게 진이 다시 돌려주도록 만들게 한다면 금상첨화라 했소이다."

"참으로 좋은 계략인 듯합니다."

"그렇지만 만일 진왕이 말을 듣지 않는다면 기회를 엿보아 진왕을 찔러 죽이는 게 좋겠다고 하시더이다."

"그렇게만 된다면 진나라는 크나큰 혼란에 빠지게 될 것입니다. 진의 장군들이 바깥에서 군대를 이끌고 있으므로 욕심이 생길 것이니 전 선생께선 그 점을 노린 말씀이셨던 것 같습니다."

"그렇소이다. 그 틈에 제후들이 합종하여 진을 깨뜨릴 수 있겠지요. 그렇다 하더라도 전 선생께선 목숨을 내던질 용사가 누구라는 건 가르쳐 주시지 않았소이다. 오로지 형경하고만 의논하라는 말씀이 있었소."

태자를 통해 전광의 부탁을 감지한 형가는 상체를 곧추세운 뒤 엄숙한 목소리로 말했다.

"그토록 막중한 사명을 미력하오나 신이 감당하겠습니다."

태자는 눈물을 흘리며 형가한테 절했다.

태자는 형가의 직위를 높여 상경(上卿)으로 삼고 상등 관사에 머물게 하여 태뢰(太牢, 나라의 제사에 쓰는 고급 요리)를 대접하고 비싼 물건들을 구비해 주며, 이따금 수레와 말과 아름다운 여인들을 제공해 형가의 장거를 격려했다.

그럴 동안 진의 장군 왕전이 조나라를 깨뜨리고 조왕을 사로잡았다. 영토까지 접수한 진군은 북으로 치달려 드디어 연나라 남쪽 변방까지 다다르고 있었다.

태자는 두렵고 초조했다. 형가를 재촉할 수밖에 없었다.

"진나라 군대가 역수(易水)를 건너서는 순간 나로서는 형경의 쾌거를 부탁하려 해도 할 수가 없게 되겠소이다."

"하오나 신이 떠나려 해도 아직 준비가 되지 않아 떠날 수가 없습니다."

"도대체 그 준비물이란 게 무엇이겠소."

"번오기 장군의 목과 연니라 옥토 독항(督亢)의 지도입니다."

"독항의 지도는 모르겠으되 번 장군의 목은 아니 되겠소이다."

"그래요? 그렇다면 조금 더 시일을 두고 차선책(次善策)을 강구해 보겠습니다."

차마 번오기의 목을 벨 수 없다는 태자의 속마음을 알아차린 형가는 몰래 번오기를 찾아갔다.

"번 장군, 진나라가 장군과 가족에게 가한 참혹한 처우는 가히 몸서리가 쳐집니다. 과거의 공적은 눈꼽만큼도 참작하지 않고 죄없는 부모 처자 일가족까지 몰살시키다니요!"

"어떻게 하여야 원수를 갚을 수 있을 것인지를 몰라 매일 매시가 앙앙불락(怏怏不樂)입니다."

"듣건대 번 장군의 목에다 황금 천 근과 식읍 만 호를 내걸었다지요?"

"저는 어떻게 하여야 좋을까요?"

"원수를 갚아야 하지요. 저한테는 연나라의 걱정거리를 없애고 동시에 번 장군의 원수도 갚을 수 있는 계책이 하나 있는데 들어보시겠습니까?"

"복수의 방법만 있다면 무슨 계책인들 경청하지 않겠습니까?"

"그렇다면 장군의 목을 제게 주십시오."

"예에?"

"진왕에게 바치려고 합니다. 그는 몹시 반가워하며 필시 저를 만나려고 할 것입니다. 그 때 기회를 잡아 왼손으로는 그의 옷소매를 붙들고 오른손으로는 그의 가슴을 찌르겠습니다."

번오기는 잠깐 생각한 뒤에 하늘을 우러러 눈물을 흘리며 길게 탄식한 뒤에 말했다.

"아, 이제야말로 제가 밤낮으로 이를 갈며 가슴 태우던 숙제가 풀렸습니다. 귀중한 가르침을 주셔서 그 고마움 이루 형용할 길이 없습니다!"

번오기는 형가한테 절한 뒤 스스로 자신의 목을 칼로 찔러 죽었다.

태자는 그 소식을 듣고 달려가 번오기의 시체에 엎드려 통곡했다. 형가가 말렸다.

"태자께서는 큰 일을 위하여 작은 일에 고정하십시오."

마음을 다져 먹은 태자는 서둘렀다. 번오기의 목을 썩지 않도록 상자에 넣어 봉했다. 그리고 천하에서 가장 날카롭다는 서부인(徐夫人, 趙나라 子 刀匠의 이름)의 비수를 백금(百金)을 주고 사들였다.

칼날에 독약을 묻혀 죄수를 찔러 보게 했더니 한 오라기를 적실 정도의 상처에도 사람이 죽었다.

연나라에 진무양(秦舞陽)이라는 죄수가 있었다. 나이 열셋에 벌써 사람을 여럿 죽인 표독한 인물이었다. 그의 악독함을 겁내어 사람들은 그를 얼핏 쳐다보는 일조차 두려워했다.

"살아 돌아오면 네 죄를 탕감해 주겠다. 못 돌아오더라도 네 가족에게 식읍을 제공해 주겠다."

그렇게 되어 진무양은 형가의 부사(副使)가 되었다.

드디어 형가 일행은 장도에 올랐다. 그들의 장렬한 의거(義擧)를 짐작하고 있는 빈객들은 흰 옷을 입고 흰 관을 쓴 상복차림으로 그들을 전송했다.

역수 가에 이른 형가들은 도조신(道祖神, 行人을 보호하는 神)에 제사 지냈다. 고점리가 거기까지 따라와 축을 탔고 형가가 화답하여 노래를 불렀다.

바람소리 쓸쓸하고
역수는 차가워라
장사(壯士) 한 번 가면
다시 오지 못하리.
風蕭蕭兮易水寒(풍소소혜역수한)
壯士一去兮不復還(장사일거혜불부환)

변치(變徵, 音에는 宮·商·角·徵·羽의 五音이 있고 치와 우에는 변음이 있다. 변치음은 슬픈 소리)의 소리를 내자 듣는 사람들이 모두 눈물을 흘렸다.

다시 우성(羽聲, 격앙 용장한 羽調의 소리)으로 노래 부르자 비분강개를 느낀 사람들이 눈을 부릅떴으며 그 통에 치솟은 머리카락이 관을 찔렀다.

형가들은 수레를 타고 떠났고, 그는 끝까지 뒤를 돌아보지 않았다.

진나라에 도착한 형가는 천금이나 되는 뇌물을 진왕의 총신(寵臣) 중서자(中庶子, 官內府大臣) 몽가(蒙嘉)에게 바치며 진왕의 알현을 부탁했다.

계획은 잘도 맞아 들어갔다.

우선 몽가가 진왕한테 말했다.

"연왕은 대왕의 위엄을 두려워하여 감히 우리 군대에 맞서지 못하고 나라를 들어 대왕의 신하되기를 원했습니다. 제후의 열에 참여하여 공물 바치기를 우리나라의 한 고을처럼 하면서 연나라 선왕(先王)의 종묘나 지킬 수 있기를 바랐습니다. 이에 삼가 번오기의 목을 베어 독항의 지도와 함께 바치려고 함에 넣어 봉해 왔습니다. 마침 사자(使者)가 와서 대왕께 저간의 사정을 아뢰고자 하고 있으니 대왕께서 한 번 만나보시겠습니까?"

진왕은 몽가의 설명을 듣고 몹시 기뻐하였다.

"그를 위하여 짐이 조복을 갖추어 입고 구빈(九賓)의 예(禮, 周禮의 九儀, 아홉 가지 賓客을 迎接히는 최고의 儀禮)를 베풀겠다."

형가는 함양궁(咸陽宮)에서 진왕을 인견하게 되었다.

형가가 번오기의 목이 든 함을 받들었고 진무양이 지도가 든 갑(匣)을 받들어 진왕이 버티고 있는 궁전 안으로 걸어 들어갔다.

멀리서 진왕의 옥좌가 보였다. 그런데 형가는 내심 초조하지 않을 수가 없었다. 사람 죽이기를 파리 목숨 다루듯 하던 진무양이 경비의 삼엄함에 사뭇 놀랐는지 얼굴빛은 하얗게 질려 있었고 몸 역시 사시나무 떨듯 하였다.

"일을 그르칠라. 침착하게나!"

그렇게 귀띔을 했는데도 진무양은 도무지 진정될 기미가 보이지 않았다.

옥좌가 있는 전(殿)의 계단 아래에 이르렀을 때였다. 진무양이 사정없이 떨고 섰으니 진왕이나 중신들이나 경비병들도 괴이쩍게 여기며 더욱 경계의 눈초리들을 보내는 것이었다.

형가가 얼른 나섰다. 진무양을 일별한 뒤에 웃으면서 큰 소리로 말했다.

"용서해 주십시오. 이 자는 북방 오랑캐 땅에서 살던 비천한 인간이라 천자(天子)의 용안(龍顏)을 뵌 적이 없습니다. 다만 대왕의 위엄에 떨고 있을 뿐이니 무례를 용서하시고 어전 사명을 무사히 다하게 하여 주십시오."

그러자 진왕이 별 의심없이 말했다.

"거기 떨고 있는 자가 가지고 있는 지도부터 가지고 오라."

그래서 형가가 얼른 진무양의 갑을 받아들고 진왕 앞으로 나아갔다. 근처에는 진왕과 형가 말고는 아무도 없었다.

진왕은 천천히 지도를 펼쳐 들었다.

"이 옥토를 바친다는 말이지……."

진왕의 심술궂은 입술에 기분 좋은 웃음이 함지박만큼씩 퍼져 나갔다.

"이 순간을 노려야 한다!"

형가는 긴장했다.

진왕은 지도를 천천히 펼쳐 나갔다.

기어코 두루마리 지도는 모두 펼쳐지고 마지막으로 숨겨졌던 비수가 툭 하고 떨어졌다.

그 순간이었다. 전광석화처럼 비수를 집어 든 형가는 동시에 진왕의 옷소매를 왼손으로 잡아 쥐며 칼 든 오른손으로 힘차게 진왕을 찔렀다.

그런데 진왕은 본능적으로 몸을 뒤로 제낀 뒤였다. 따라서 간발의 차로 비수 끝이 몸에 닿지 못했다.

놀란 진왕이 몸을 획 비틀며 옥좌에서 도망치자 형가가 잡고 있던 옷소매가 후두둑 떨어져 나갔다.

옥좌 뒤에는 장검(長劍) 하나가 숨겨져 꽂혀 있었다. 진왕이 나가가 그것을 빼내려 했으나 너무 칼이 길었으므로 미처 그것을 빼기도 전에 형가가 달려들었다.

많은 사람들이 그 순간을 지켜보고 있었지만 너무나 순식간의 일이라 대경실색할 뿐 손쓸 수가 없었다.

더구나 진나라 법에는 전상(殿上)에서 왕을 모시는 그 어떤 신하들도 한 치의 쇠붙이도 몸에 지니지 못하도록 되어 있었다. 많은 낭중(郞中)들이 전하 멀찍이에서 무기를 들고 서 있긴 했지만 왕이 부르기 전에는 절대로 전상으로 올라갈 수가 없었으므로 망연자실한 채 보고만 있을 수밖에 없었다. 또한 진왕도 그들을 부를 겨를이 없었다.

형가는 자유롭게 진왕을 쫓아다녔다. 진왕은 다급해져서 전당 안의 기둥을 돌아 요리조리 빠져 나가며 도망치기에 바빴다. 이제 한 발자국만 따라 잡으면 형가는 진왕을 찌를 수가 있었다.

그것은 운명이었다. 형가가 진왕의 등을 마악 내려치려는 순간 시의(侍醫) 하무저(夏無且)가 엉겁결에 들고 있던 약주머니를 형가의 얼굴에다 던져버린 것이다. 불의의 공격을 당해 형가가 어찔하는 순간이었다.

장검을 뽑아 든 진왕은 그제서야 형가의 왼쪽 다리를 끊어쳤다. 형가는 푹 고꾸라졌다.

쓰러지면서도 형가는 비수를 진왕을 겨냥해 집어 던졌다. 창졸 간에 던진 칼이라 진왕을 맞히지 못했다. 비수는 구리 기둥을 맞고 맥없이 떨어졌다. 진왕의 칼날이 사정없이 형가를 난도질했다.

여덟 군데에나 큰 상처를 입은 다음 형가는 일이 글러버렸다는 사실을 깨달았다. 그는 기둥을 등지고 미끄러지듯 털썩 바닥에 주저앉았다.

"아, 이는 하늘의 뜻이다! 나의 운명이며 연나라의 운명이다!"

그제서야 궁실을 지키던 권술(拳術) 병들과 칼잡이들이 형가 쪽으로 몰려들었다.

형가는 즉석에서 맞아 죽었다. 나중에 진왕은 하무저에게 상으로 황금 이백 일(二百鎰)을 내렸다.

진왕은 노했다. 연나라를 그냥 둘 리가 없었다. 왕전 장군에게 명하여 연나라를 가차없이 치게 했다. 연나라의 수도인 계성(薊成)은 그로부터 10개월 후에 함락되었다.

연나라 왕 희(喜)와 태자 단은 동쪽 끝으로 달아나 요동에서 농성했는데 진나라 이신(李信) 장군이 그곳까지 뒤따라 연왕을 추격해 왔다.

전전긍긍하고 있을 때 조나라 마지막 왕인 가(嘉)가 연왕 희 한테 엉뚱한 편지를 보내왔다.

> 진나라의 분노를 그대로 삭이시려는 것은 어리석은 짓입니다. 방법은 한 가지일 것입니다. 태자 단의 목을 베어 진왕에게 바친다면 진왕의 진노를 가라앉혀 다행히 연나라의 사직은 보전할 수 있을 것입니다……

태자 단(丹)은 연수(衍水) 가운데에 있는 섬에 몸을 숨기고 있었다. 다급했다. 그러나 연왕은 태자의 목을 칠 수가 없어 우왕좌왕하고 있을 때 진의 대군은 물밀듯이 연나라로 밀려 들어왔다.

 연왕 희를 사로잡은 진군은 태자 단과 형가가 거느리던 빈객들을 수색했다. 모두는 뿔뿔이 흩어져 달아나고 고점리 역시 변성명하여 송자(宋子)라는 곳에서 머슴살이를 하고 있었다.

 주인집 마루 위에서는 때때로 손님이 놀러 와 축을 켰다. 그럴때마다 고점리는 그 주위에서 떠나지 못했다. 손가락이 근질거렸기 때문이다.

 "저것 좀 보게나. 저걸 축이라고 치나 음악을 모욕해도 분수가 있지!"

 때마침 주인집 종자가 고점리가 중얼거리는 소리를 들었다.

 "주인님, 아무래도 수상합니다. 손님들이 축을 켤 때마다 저 머슴 놈이 잘합네 못합네 하고 중얼거립니다. 불러서 단단히 혼을 내십시오."

 주인은 잠깐 생각하고 나서 대답했다.

 "야단칠 것 없네. 불러서 축을 켜도록 해 만인들 앞에서 망신을 시키면 다시는 그 따위 평을 하지 못할 게 아닌가."

 그렇게 되어서 고점리는 주인 앞으로 불려 갔다.

 고통스럽지만 숨어 살아야 했으므로 고점리는 처음에는 대충대충 축을 켰다. 그러다가 자신도 모르는 사이에 음악에 끌려들어 갔다. 축을 타면서 노래를 불렀다. 서러운 목숨을 부지하고 있는 자신의 신세가 가슴 아파 눈물까지 줄줄 흘렸다.

손님들은 깜짝 놀랐다. 그리고 그 음악에 끌려들어 함께 눈물을 흘렸다.

소문은 꼬리를 물고 흘러 나갔다.

드디어 진왕의 귀에까지 들어갔다.

"즉시 궁으로 불러들여라."

불행히도 그가 고점리라는 사실을 알아보는 신하가 있었다.

"대왕, 저 자가 바로 형가의 친구 고점리올시다. 비록 축이라면 천하에서 제일 가진 하나 심지가 불순합니다. 가까이 두어서는 아니 됩니다."

그러나 축을 너무나 좋아하는 진왕은 차마 고점리의 솜씨를 버릴 수는 없었다.

"죽을 죄에 해당하나 그 재주는 너무나 아깝다. 말똥을 태워 그 연기로 눈을 멀게 하면 과인이 위험하지는 않을 테지."

그렇게 되어 고점리는 맹인이 되었고 그의 축을 켜는 솜씨는 더욱 예민해져서 그가 연주할 때마다 진왕은 칭찬을 아끼지 않았다. 진왕의 고점리에 대한 경계심은 날이 갈수록 해이해져서 점점 그를 가까이 두게 되었다.

그 동안 고점리는 은밀히 한 가지 순비를 하고 있었다. 무거운 납덩이를 조금씩 조금씩 축 속으로 감추는 일이었다.

드디어 기회가 왔다. 벗 형가가 이루지 못한 거사를 자신이 대신할 수 있다는 기쁨으로 흥분을 감추지 못했다.

그 날 고점리는 묵직한 축을 진왕의 머리통을 향해 내리쳤다. 그러나 고점리가 불운했던지 진왕의 운세가 왕운이었던지 진왕은 축한테 간발의 차로 맞지 않았다.

그 대신 고점리가 즉석에서 맞아 죽었다. 그 사건으로 해서 진왕은 죽을 때까지 제후국의 사람들을 가까이 하지 않았다.

노구천은 형가가 진왕을 척살하려 했다는 소식을 듣고 조용히 중얼거렸다.

"아아, 아깝다! 내가 진왕을 찌르는 검법을 가르쳐 주지 않은 게 안타깝구나! 게다가 나는 어찌 사람을 그토록 알아보지 못했을까. 그토록 훌륭한 인사를 밤낮 꾸짖기만 했었다니! 그가 나를 인간으로 취급하지 않았을 테지!"

나 태사공은 이렇게 생각한다.

세상에 퍼진 형가에 관한 전설 중에서 태자 단에게 내린 하늘의 기적이라 하여, '하늘에서 곡식이 내리고 까마귀의 머리가 희어지고 말머리에서 뿔이 돋아났다' [인질인 丹을 진왕이 보내지 않으려고 그렇게 말했을 때 실제로 그런 기적이 일어났다 『薊丹子』]고 말하고 있으나 말도 안 되는 소리다.

조말에서 형가에 이르기까지 5인의 자객은 각각 의협심이 성취되기도 하고 혹은 실패하기도 했다. 분명한 사실은 그들의 의도는 너무도 명백했으며 또한 그 의지를 바꾸지 않았다는 점이다.

그들의 명성이 후세에 널리 전해지는 것은 실로 그만한 이유가 있기 때문인 것이다.

한신(韓信), 회음후(淮陰侯) 열전

초나라 항우의 군사가 경수(京水)·삭수(索水) 근처에서 한나라 유방을
압박하고 있을 때, 회음후 한신(韓信)은 위나라와 조나라를 공략하고
연나라와 제나라를 평정한 뒤 항우를 멸망시켰다.

회음후 한신은 강소성 회음(淮陰) 출신이다.

벼슬이 없었던 평민 시절에는 집안이 몹시 가난했을 뿐만
아니라 이렇다할 공(功)도 없었으므로 누구에게 추천되거나 선
택되어 관리가 될 수도 없었다. 또 장사로 생계를 꾸릴 능력조
차 없어 항상 남에게 빌붙어 얻어먹고 살 수밖에 없었다.

한신은 그 중에서도 회음의 속현인 하향(下鄕)이라는 시골 남
창(男昌)의 정장(亭長) 집에 자주 기거하여 얻어먹곤 하였다.

몇 개월씩이나 빌붙어 얻어먹게 되자 정장의 아내는 한신을
귀찮게 여겼다. 새벽에 밥을 지어서는 자기 식구들끼리 재빨
리 밥을 먹어 버리고 식사 때를 맞추어 찾아오는 한신에게는
밥을 내놓지 않았다.

그녀의 속마음을 한신도 짐작했다.

어느 날 한신이 회음성 밑에서 낚시질을 하고 있었는데 빨

래터의 아낙네들 중 한 여인이 한신이 굶주린 것을 알아차리고 그에게 밥을 주었다.

　빨래가 모두 끝날 때까지 수십 일 동안이나 한신은 그녀에게서 밥을 얻어먹었다.

　한신은 그 동안 신세진 것을 그녀에게 감사했다.

　"반드시 성공하여 은혜를 크게 갚겠습니다."

　그러자 그녀는 화를 냈다.

　"사내대장부가 제 손으로 입에 풀칠도 못하는 게 불쌍해서 밥을 나눠 주었을 뿐인데 무슨 보답 같은 것까지 바라겠소."

　그 당시 회음의 백정촌(白丁村) 사내들은 몹시 거칠었다. 한신 정도는 완전히 똘마니 거지 취급을 하고 있었다.

　"야, 몸뚱이만 큰 놈 이리 와봐! 네놈이 칼을 차고 있다만 실상은 겁쟁이지."

　그들 중의 한 자가 말했다.

　"겁쟁이는 아니다."

　"그래. 그렇다면 그 칼을 빼어 내 배를 찔러 보아라."

　"……."

　"이 자식이, 너 나한테 맞아 죽기 싫으면 엎느려 내 가랑이 밑으로 기어 나가라. 어서!"

　한신은 잠깐 생각한 뒤에 얼른 엎드려서 그 사내의 가랑이 사이로 기어 나갔다. 사방에서 웃음이 터졌다. 한신을 완전한 바보로 본 것이다.

어찌어찌 하다가 한신은 회수를 건너오는 항량(項梁)을 만나 그의 수하에 있게 되었다. 그러나 이름은 알려지지 않았다.

항량이 패하여 죽자 이번에는 그의 조카 항우에게 소속되었다. 항우는 한신을 자신을 수행하는 낭중(郎中)으로 삼았다. 그러나 한신이 항우에게 여러 번 계책을 올렸지만 한 번도 채택되지 않았다. 실망한 한신은 한왕 유방이 촉(蜀) 땅으로 들어갈 때 초왕 항우에게서 몸을 빼 한나라에 귀속하였다.

한신은 여전히 연오(連敖)라는 보잘것없는 벼슬자리에 있었다.

그런데 어느 날 법에 저촉되어 참형에 처해지게 되었다. 함께 죄를 지은 열세 명의 목이 하나씩 떨어져 가고 있었다. 마지막 한신의 차례가 되었다. 한신이 주위를 살펴보니 마침 등공(滕公) 하후영(夏侯嬰)이 보였다. 그래서 무작정 소리를 질렀다.

"도대체 지금 주상(主上, 한왕)께서 천하대사를 성취하려 하는 겁니까? 포기하려는 겁니까? 이토록 장사(壯士)들을 모조리 목을 베어 죽이면 어떡하겠다는 것입니까?"

등공은 소리치는 한신의 얼굴을 물끄러미 내려다보았다.

그의 눈에는 재능과 야망이 서려 있었다. 기묘한 감동을 주는 얼굴이었다.

"살려 주어라."

한신은 절대절명의 순간에 살아났다. 등공이 그와 몇 마디

대화를 나눈 뒤부터는 부쩍 그를 좋아하게 되었다.

"재능이 있는 인물입니다."

등공이 한왕에게 천거했다. 그래서 군량을 관리하는 치속도위(治粟都尉)에 임명되었다. 그러나 한왕 유방은 그를 대견스럽게 여기지 않았다.

그러던 어느 날 한신이 군량미를 관장하는 소하(蕭何)의 눈에 띄었다. 자주 접하는 사이에 소하는 한신이 비범한 인물임을 알았다. 그래서 소하가 한왕에게 한신을 크게 쓸 것을 권고했지만 한왕은 듣지 않았다.

한왕이 오지인 한중(漢中) 땅으로 봉함을 받았다. 귀양처 같은 곳이었다. 그래서 한왕 일행이 봉지로 가는 도중 섬서성 남정(南鄭)에 이르렀을 즈음에는 도망친 장군들만 해도 수십 명이었다.

한신 역시 마찬가지였다. 한왕이 자신을 등용치 않을 것을 확신한 한신은 남정 근처에서 슬그머니 도망쳐 버렸다.

"한신도 도망쳤습니다."

"무어, 한신이 도망을 쳐! 큰일 났다!"

소하는 깜짝 놀랐다.

얼마 후 신하가 한왕에게 고했다.

"승상(丞相) 소하마저 도망갔습니다!"

"무어라고! 소하가……."

한왕은 대경실색했다. 또 큰 소리로 화를 내다가 그만 쓰러졌다. 자신의 수족을 잃은 것만큼이나 애통해 했다. 왜냐하면 소하는 한왕이 거사를 일으키기 전부터 자신에게 보답하고 우둔함을 깨우쳐주며 가까이 지내던 사이였기 때문이다.

그러나 이틀 후에 소하가 돌아왔다. 한왕은 분노와 기쁨을 뒤섞은 목소리로 고함쳤다.

"아니, 그대마저 나를 버리고 도망을 가다니!"

"도망이라니요?"

"그럼 그대는 말없이 어딜 갔다 왔소?"

"아, 저는 도망친 것이 아니라 도망하는 자를 뒤쫓아갔습니다."

"그대가 쫓았다는 자가 대체 누군데?"

"한신입니다."

"에이! 사람 하구는, 도망한 자가 장군들만도 수십 명인데 그대는 한 번도 그들을 뒤쫓아 간 적이 없지 않소. 그런데 한신만을 뒤쫓았다니 무슨 얘기요?"

"다른 장군들은 어디서나 쉽게 얻을 수 있는 인물일 뿐입니다. 그러나 한신 같은 인물은 백 년이 가도 이 나라 안에 다시 없습니다."

"한신이 그처럼 위대하오?"

"대왕께서 영원히 한중의 왕으로 만족하시겠다면 한신을 가지고 문제 삼을 필요도 없습니다. 그러나 천하를 다투려 하신다면 한신 아니고는 의논할 사람이 없습니다. 그러니 대왕께서 어느 쪽으로 계책을 결정하느냐 문제입니다."

"나 또한 동쪽으로 가고자 할 뿐이오. 어찌 답답하게 이곳에만 죽치고 앉아 있겠소."

"대왕의 계책이 동진(東進) 쪽으로 마음을 정하셨다면 한신을 등용하십시오. 그러면 한신은 머물 것이나 등용치 않으면 그는 다시 달아날 것입니다."

"그대 얼굴을 보아 장군으로 삼겠소."

"장군직만으로는 그가 머물지 않습니다."

"그럼 대장군이라야 되겠소?"

"그렇다면 다행이지요."

"그를 당장 불러 오시오."

"안 됩니다. 대왕께선 본래 오만하시어 예의를 모르십니다. 대장 임명을 마치 동네 아이 부르듯 하시니 그 점이 바로 한신을 달아나게 한 까닭입니다."

"그러면 내가 어떤 식으로 그를 불러야 되오?"

"길일을 택하여 목욕재계하시고 제단을 만들어 장중한 의례로 그를 대장군에 임명하십시오."

"좋소. 그렇게 하리다."

여러 장수들이 모두 기뻐했다. 내심으로 자신이 대장군이 될 것이라 믿었기 때문이었다. 그런데 막상 대장군에 임명된 사람은 한신이었다. 그래서 모두가 놀랐다.

임명식을 마친 후, 한왕은 앉자마자 한신에게 물었다.

"승상이 여러 차례 장군을 추천했고 또 그랬기에 과인이 그대를 대장군으로 임명한 거요. 이제 대장군에 임명되었으니 그대는 어떤 계략을 과인에게 주겠소?"

한신이 한왕에게 인사한 뒤에 이렇게 되물었다.

"지금 동쪽으로 나아가 천하에서 그 전력을 다툴 상대는 항왕이 아니겠습니까?"

"그렇소."

"감히 묻겠습니다만, 대왕이 생각하시기에 용감하고 사납고 어질고 굳세다는 점에 있어 대왕과 항왕을 비교해 어느 쪽이 더 낫다고 생각하십니까?"

잠시 동안 대답이 없던 한왕은 천천히 입을 열었다.

"과인이 그에게 미치지 못한 것 같소."

"솔직하게 말씀해 주셔서 대단히 감사합니다. 저 역시 대왕께서 못하다고 생각합니다. 그렇지만 항왕을 섬긴 적이 있는 제가 그의 사람됨을 말씀드리지 않을 수가 없습니다. 항왕이 화를 내어 소리를 지르면 천 사람이라도 금세 모두 무릎을 꿇어 엎드릴 만큼 무섭습니다만, 어떤 어진 장수가 있어도 그를 신뢰하여 병권(兵權)을 맡기지 않습니다. 그렇기에 그의 용기는 필부의 그것에 불과하다고 할 것입니다. 항왕이 사람을 대하는 태도는 공경스럽고 자애로우며 말씨 또한 온화합니다. 누가 병에 걸리면 눈물을 흘리면서 음식을 나누어 줍니다. 그러나 그가 부린 사람에게 공로가 있어 당연히 봉작을 주어야 할 경우에도 그는 인장(印章)이 닳아 헤질 때까지 만지작거리기만 하고 선뜻 내주지 않습니다. 이것이 이른바 아녀자의 인(仁)이라 하는 것입니다."

"잘 보았소."

"항왕은 또 천하의 패자가 되어 제후들을 신하로 삼고서도 관중(關中)에 머무르지 않고 자기 고향 팽성에 도읍했습니다. 그것은 욕심만 있고 지혜가 없다는 뜻입니다. 또 의제(義帝)와의 맹약을 저버리고 자기가 친애하는 정도에 따라 제후를 왕으로 삼았습니다. 이것은 훈공(勳功)의 불공평을 말합니다. 제후들은 항왕이 의제를 강남으로 축출하는 것을 보자, 자신들도 모두 귀국해 그들의 군주를 쫓아내고 기름진 땅의 왕이 되었습니다. 이것을 불의(不義)라 하는 것입니다. 항왕의 군대가 통과하는 곳이라면 어디서나 학살과 파괴가 뒤따르기 때문에 천하 백성들은 그를 원망하고 있을 뿐이지, 걸고 심복히지는 않습니다. 오로지 그의 냉혹한 위세에 눌려 복종하는 척만 하고 있을 뿐입니다. 그러니 항왕은 명목상 패자라 하나 실은 천하의 민심을 잃고 있어 그까짓 강대함 따위는 하루아침에 무너질 수도 있다는 것입니다."

"옳거니."

"그런데 지금 대왕께서는 항왕의 정책과는 반대로 천하의 무용(武勇)한 인사들을 굳게 믿고 일을 맡기시니 주멸하지 못할 적이 어디에 있겠습니까? 이때 천하의 성읍들을 공신들에게 모조리 봉한다면 심복하지 않을 신하가 어디에 있겠으며, 정의의 기치를 높이 들고 동쪽(고향)으로 돌아가고 싶어하는 군사를 거느리고 나아간다면 맞서 흩어져 달아나지 않을 적이 어디에 있겠습니까?"

"맞는 말이구려."

"또 삼진〔三秦, 雍·塞·翟의 세 나라. 진(秦)의 옛 땅. 항우(項羽)가 관중(關中)을 점령해 셋으로 나누어 진에서 항복해 온 세 장군 — 장한을 옹왕에, 사마흔을 색왕에, 동예를 적왕에 봉함〕의 왕은 본래 진나라 장군이었습니다. 그들이 진나라 자제들을 거느리고 다니며 행방불명되고 또 죽인 군사의 수효가 어디 한두 명입니까. 그러고도 휘하의 병사들을 속여 제후에게 항복하고 신안(新安)으로 왔을 때, 항왕은 항복해 온 군사 20만을 구덩이를 파고 생매장해 버렸습니다. 이때 진의 장수 장한·사마흔(司馬欣)·동예(董翳)만이 죽음을 면했습니다. 그러니 진나라 부형(父兄)들은 이들 세 사람을 원망함이 골수에 차 있을 것입니다. 지금 항왕은 위력으로 이 세 사람을 삼진의 왕으로 각각 삼았으나 진의 백성으로서 그들에게 애정을 품은 자가 있을 턱이 없지요."

"진실로 그럴 것이다."

"그러니 대왕께서는 무관(武關)을 통하여 관중으로 들어가셨을 때 백성들에게 털끝만한 해도 끼치지 않았고 진의 가혹한 법령을 제거해 '삼장(三章)'의 법만 약속했을 따름입니다. 진의 백성으로 대왕께서 진왕(秦王)이 되기를 원하지 않는 사람은 아무도 없습니다. 제후들간의 약속으로도 대왕께서 당연히 '관중의 왕'이 되셨어야 했다는 사실을 관중 백성들이라면 모두 다 알고 있습니다. 대왕께서는 항왕의 배신으로 정당한 권리를 잃고 한중으로 쫓겨 가 버렸으니, 관중 백성들로서 항왕을 원망하지 않는 자는 아무도 없습니다. 이때 대왕께서 군사를 이끌고 동쪽으로 쳐들어가신다면 저 삼진의 땅은 격문 한 장으로 우리 품안으로 들어올 것입니다."

"오, 너무나 흡족한 격려다! 과인이 어찌하여 이제야 그대를 알아보았을까!"

한왕은 너무나 기뻐했다. 한신의 계략을 듣고 공격 목표에 따른 제장들의 부서를 정했다.

한(漢)의 원년 8월이었다.

한왕이 병사들을 격려해 진창(陳倉)으로 나아가 삼진을 간단하게 평정해 버렸다.

한의 2년에는, 함곡관을 나와 위나라 황하 이남의 땅을 점령했다. 한왕(韓王, 정창)·은왕(殷王, 사마앙)이 모두 항복했으며, 제나라·조나라 군과 연합해 초나라를 공격했다.

4월에 팽성에 도달했으나 방심하는 사이 항왕에게 철저히 패배해 흩어졌다.

한신이 다시 병사를 모아 한왕과 형양에서 합류해 경수·낙수 사이에서 초군을 격파했다. 그래서 초군은 드디어 서쪽으로 진출할 수가 없게 되었다.

한군이 팽성에서 패퇴했을 때 색왕(塞王) 사마흔과 적왕(翟王) 동예가 한에서 도망하여 초에 항복했다. 제와 조가 또 한을 배반하고 초와 동맹했다. 6월에 위왕(魏王) 표(豹)가 한왕을 배알하고 육친을 문병하기 위해 귀국하겠다고 청원했다. 그는 귀국 즉시 황하의 관소 하관(河關)을 폐쇄하고 한을 배반하면서 초와 화친조약을 체결했다.

한왕은 역생(酈生, 역이기)을 시켜서 위표를 달랬으나 좀처럼 듣지 않았다.

8월에 한신을 좌승상(左丞相)으로 삼아 위를 공격했다. 위표는 포판(砲板)의 군비를 강화하고 임진(臨晉)의 수로를 막았다.

한신은 대군(大軍)이 있는 것처럼 위장하며 배를 도열시켜 임진에서 황하를 건너려는 것처럼 보이면서, 실은 하양(夏陽)에서 배다리 부교(浮橋)를 띄워 군사를 건너게 해 위도(魏都) 안읍(安邑)을 습격했다.

위표가 놀라 군사를 이끌고 한신을 맞아 교전했으나 결국 사로잡혔다. 한신은 위나라를 평정하고 한(漢)의 하동군(河東郡)으로 편입시켰다.

한신은 장이(張耳)와 함께 병사를 이끌고 북동으로 진격해 조나라와 대(代)나라를 공격했다. 윤9월에 대나라 군사를 격파하고 알여(閼與)에서 대나라 재상 하열(夏說)을 사로잡았다.

한신이 위나라를 항복시키고 대나라를 격파하자 한왕은 사자를 보내 한신을 형양으로 가서 초군을 막게 했다.

한신은 장이와 함께 병사 수만을 이끌고 동진하여 정형(井陘)에서 내려와 조나라를 공격하려 하고 있었다.

조왕(趙王) 헐(歇)과 성안군(成安君) 진여(陳餘)는 한군이 장차 습격해 온다는 소문을 듣고 20만 대군을 정형 어귀에다 집결시켰다. 이때 광무군(廣武君) 이좌거(李左車)가 성안군에게 강력하게 주청했다.

"들리는 바로는 한의 장군 한신은 서하(西河, 황하)를 건너와 위왕 표를 사로잡고 하열 또한 사로잡으며 알여를 피로 물들였다 하는데, 지금은 한신이 장이의 보좌를 받아 우리 조나라를 항복시키려 획책한다 합니다. 고국을 떠나 멀리서 그 승세를 타고 싸우는 병사들의 예봉은 피하기가 어렵다는 말이 있소. 제가 듣기로는 '천리 밖에서 군량미를 보내면 운송이 곤란하여 병사들 얼굴에 주린 빛이 돌고, 땔나무를 하고 풀을 베어야 밥을 지을 수 있게 되면 병사들이 저녁밥을 배불리 먹어도 아침까지 가지 못한다'고 했소."

"무슨 말씀을 하시자는 거요?"

"지금 정형(井陘)의 길은 협소해 두 대의 수레가 함께 갈 수 없으며 기병이 줄을 지어 갈 수도 없는 좁은 길이오. 이런 행로가 수백 리나 계속되기 때문에 군대 행렬의 형세로 보아 군량미 보급 수레, 치중(輜重)은 반드시 후미에 있을 것으로 판단되오. 그러니 저에게 기습병 3만 명만 주시오."

"기습병으로 어디를 칠 참이오?"

"지름길로 가서 본대와 군량 수송대 사이를 차단하겠소. 성안군께서는 물길을 깊이 파고 누벽을 높이 쌓아 군영을 굳게 지켜 결코 한군과 접전하지 마시오. 이렇게 하면 적군은 전진해 싸울 수가 없게 됩니다. 이때 우리 기습병이 적의 후미를 차단하는 거요. 약탈한 양식만 치워 버린다면 한군의 처지는 어떻게 되겠소. 열흘이 못 가서 한신과 장이의 머리를 휘하에 바칠 수가 있소이다. 부디 저의 계략을 유의해 주시오. 우리가 그들을 사로잡지 않으면 우리가 사로잡히게 됩니다."

성안군은 비웃는 표정으로 말했다.

"나는 유자(儒者)요, 그리고 정의(正義)의 군사는 기습작전을 쓰지 않는 법이오."

"대개 전쟁이란 이기는 것이 목적이지 이기는 정신 자체는 의미가 없소이다!"

"들어 보시오. 병법에, '병력이 적의 10배면 포위하고, 적의 두 배면 싸우라'고 했소. 지금 한신의 병력은 말만 수만이지 실제로는 수천이오. 더구나 그들은 천리 먼 곳으로부터 왔기 때문에 극도로 피로해 있을 것이오. 소수의 지친 적을 맞상대하지 않으면 나중에 대군이 몰려왔을 때는 어떻게 대처하겠소. 대병력을 가진 우리가 소수의 지친 병력을 가진 적을 기습으로 부순다면 제후들이 우릴 보고 무어라 하겠소. 사령관은 바로 나요, 그러니 이번 작전은 나에게 맡겨 두시오."

성안군은 광무군의 계책을 듣지 않았다.

실상 한신은 내심 광무군의 계책대로 되지 않을까 싶어 몹시 걱정하고 있었던 것이다. 그들이 이쪽의 약점을 알아차리고 치중을 차단해 버리면 속절없이 대패할 뿐만 아니라 살아남기조차 어려울 것이라 판단되었다.

결론을 유보한 상태에서 한신은 첩자를 놓아 조나라 군사로 들여보냈다. 돌아온 첩자의 보고가 광무군의 계략이 채택되지 않았다는 것이었다.

"됐다! 승리는 이미 우리 것이다!"

한신은 무릎을 쳤다.

한신은 안심하고 병사를 이끌어 정형의 협로를 거리낌 없이 내려와 정형의 어귀로부터 30리 못 미친 곳에 군막을 쳤다. 그리고 가볍게 무장한 병사 2천을 우선 선발했다.

"너희들은 밤을 틈타서 여기 한나라 붉은 깃발 하나씩을 들고 지름길로 빠져나가 조나라 진영이 바라보이는 산 속에 매복해 있거라. 내일 우리는 조군과 싸우는 척하다가 도망칠 것이다. 틀림없이 그들은 성채를 비우고 패주하는 우리를 뒤쫓을 것이니, 그때 너희들은 텅 빈 조군 진지로 들어가 조나라 깃발을 모조리 뽑아버리고 우리 깃발을 대신 꽂아라."

이들을 먼저 보낸 뒤, 비장(裨將)을 시켜 전군에게 가벼운 음식을 돌리며 한신은 말했다.

"조군을 격파한 뒤 저녁에는 푸짐한 술잔치를 열자!"

제장들은 건성으로 알았다고 대답했으나 아무도 그 말을 진실로 믿지 않았다.

한신은 부장들을 모아 놓고 이렇게 말했다.

"적은 먼저 싸우기 편한 지점을 선택해 누벽을 구축했다. 그렇지만 그들은 우리 대장 깃발과 북을 보기 전에는 결코 우리 선봉을 공격하지 않을 것이다."

"그건 왜 그렇습니까?"

"좁고 험한 지점에서 공격당하면 우리는 뒤돌아가 버릴 게 아니냐. 적들은 그게 두려운 거다. 우리 군사 모두가 어귀를 빠져나오는 것을 보고서야 적들은 공격을 시작할 것이다."

그리고 한 장수에게 1만의 군사를 주면서 말했다.

"정형을 빠져 나가면 하수(河水, 황하)가 보일 것이다. 반드시 물을 등지고 진을 쳐라."

"예? 배수진(背水陣)을!"

"걱정할 것 없다. 명령대로 하면 된다."

1만의 군대가 어귀를 빠져 나가 명령대로 배수의 진(죽기를 각오하고 물을 등지고 적을 맞이하는 전법)을 치자, 조군 진영에서는 큰 웃음소리가 터져 나왔다.

"아예 죽을 작정들을 했군. 한신은 저토록 병법(兵法)을 모를까!"

날이 샐 무렵 한신은 드디어 대장기(大將旗)를 앞세우고 북을 치면서 정형의 입구로 진격해 나갔다.

한군이 완전히 들판으로 빠져 나가자 그제야 조군은 누벽을 열고 짓쳐 나왔다. 그리고 곧 접전이 시작되었다.

밀고 밀리는 싸움이 한동안 계속되다가 문득 한신과 장이는 말머리를 돌려 북과 기를 버린 채 하수(황하) 가의 군진으로 도망쳤다.

조군은 기세가 올랐다. 한군을 추격하랴, 버려진 깃발과 북을 주우랴 흥에 겨워 한참 바빴다. 그런데 조군으로서는 한신과 장이가 하수 가의 진지로 들어간 후부터 죽기로 싸우는 데도 도저히 한군을 깨뜨릴 수가 없었다.

한편, 앞서 출동한 한의 기습병 2천 명은 조군이 전리품을

쫓기 위해 누벽을 비우는 것을 보고 재빨리 안으로 달려 들어갔다. 그리고 명령대로 즉시 조군의 깃발들을 모조리 뽑아버리고 거기에다 한군의 붉은 깃발을 대신 꽂았다.

하수 가에서 한참 접전을 벌이던 조군은 생각했던 만큼 상대가 만만치 않은 데다 많이 지쳐 있었으므로 일단 싸움을 잠깐 쉴 궁리를 했다.

"서둘 건 없다. 일단 우리 진지로 돌아간다. 후퇴하라!"

그러나 조군은 기절할 듯이 놀랐다. 잠깐 사이에 조군의 누벽이 한군의 누벽으로 바뀐 것이다. 한신의 붉은 깃발이 조군을 조롱하듯이 바람에 나부끼고 있었다.

"이게 도대체 어찌된 일이냐!"

성안군은 비명을 질렀다. 그러자 조나라 군사도 일시에 흔들리기 시작했다.

"큰일 났다! 성은 함락되었고 장수들은 모조리 도륙당했다!"

누군가가 소리질렀다.

이 순간을 기회로 조군은 산지사방 제멋대로 흩어지기 시작했다.

"도망치지 마라! 그래도 군사가 훨씬 많다!"

조군의 장수들이 도망치는 군사들의 목을 수없이 베었지만 한 번 흩어진 마음을 되잡을 수는 없었다.

한군은 이때를 놓치지 않았다. 약속된 전략대로 적을 양쪽으로 몰아치며 닥치는 대로 베었다.

저수(泜水) 부근까지 뒤쫓아 간 한신과 장이는 거기서 성안군을 베었다. 그리고 조왕 헐을 사로잡았다.

"광무군을 찾아라. 생포하는 자는 천금으로 사겠다!"

한신이 소리질렀다.

드디어 20만의 조군은 철저히 격파되었고 한신의 예언대로 한군은 대승했다.

한신은 장군석에 앉아 적의 수급과 포로의 수효를 보고받았다. 그때 한 장수가 한신에게 물었다.

"병법에는, '산릉(山陵)을 우(右)로 하여 등지고 수택(水澤)을 앞으로 하여 좌(左)로 한다'고 되어 있습니다. 그런데도 장군께선 이번에 저희들을 마치 사지(死地)로 몰아넣듯 하수(河水)를 등지고 포진케 하면서, '조군을 격파한 뒤 저녁에 술잔치를 열자'고 하셨습니다. 물론 저희들은 믿기지 않았지만 결국은 장군의 전략대로 되었습니다. 도대체 이것은 무슨 전술입니까?"

"이것도 병법에 있는 말이지만 대단히 위험하여 좀체 쓰이지 않는 병법으로 단지 그대들이 알아차리지 못했을 뿐이다."

"그런 것이 있었던가요?"

"병법에, '사지(死地)에 몰아넣음으로써 살고 망지(亡地)에 둔 뒤에라야 비로소 멸망하지 않는다'고 되어 있지 않던가. 『손자(孫子)』의 「구지편(九地篇)」에 있다."

"그렇더라도……."

"생각해 보게. 내 병사가 글깨나 쓰고 말깨나 알아듣는 사대부(士大夫) 출신이 아니잖은가. 대부분 시장바닥의 건달들을 몰아다가 싸우도록 한 것일세. 그들에게 생지(生地)를 주어서 싸우도록 해 보게. 모조리 도망치고 말지. 그래서 죽을 땅에 두어 자신을 살아남게 한 것일세."

"훌륭하십니다. 저희들은 감히 장군을 따를 수가 없습니다."

승전 잔치가 한창 무르익어가는 도중에 광무군 이좌거가 결박된 채로 한신 앞에 끌려나왔다. 한신은 급히 일어나 단하로 내려가 몸소 광무군의 포승을 풀어주고 동향(東向)하여 앉게 했다. 자신은 서향(西向)에 앉으며 그를 스승으로 예우했다.

한신은 광무군에게 술잔을 올리며 정중히 말씀을 드렸다.

"가르침을 주십시오. 제가 북쪽으로 연을 치고 동쪽으로 제를 치려 합니다. 어떻게 해야 성공할 수 있을까요?"

광무군이 사양하여 대답했다.

"패군지장(敗軍之將)은 무용(武勇)을 말하지 않으며 망국의 대부大夫는 존국(存國)을 말해서는 안 된다고 들었습니다. 패망한 나라의 포로 신세에 어찌 그런 대사를 꾀할 수가 있겠습니까?"

"제가 듣기로는 현인 백리해(百里奚)가 우(虞)나라에 있었지만 우는 망했고 진(秦)나라에 갔을 때는 진이 패자(霸者)가 되었습니다. 그렇다면 백리해가 우에 있을 때에는 어리석었고 진에 갔을 때에는 갑자기 현명한 사람이 되었습니까? 천만의 말씀이겠지요. 그의 재능을 인정하여 활용했는가 하지 않았는가, 그의 말을 믿고 따랐는가 따르지 않았는가의 차이뿐입니다. 만일 성안군이 선생의 계략을 들었더라면 나 같은 사람은 벌써 선생의 포로가 되었을 것입니다. 이제 성안군이 선생의 재능을 활용치 않았기 때문에 제가 선생의 가르침을 받게 될 수 있는 자리가 마련된 게 아닙니까?"

"그렇지만 사양하겠습니다."

"저는 진심으로 선생을 신뢰하여 계략을 따를 터이니 부디 사양치 마시고 가르쳐 주십시오."

한신은 진정으로 공손히 절하며 부탁했다.

한동안 묵묵히 앉아 있던 광무군 이좌거는 그제야 입을 열었다

"그러시다면 설사 마음에 들지 않는 계략일지라도 들어 주시겠습니까?"

"받들어 듣겠습니다."

"제가 듣기로는 아무리 슬기로운 사람도 일천 번 생각하면 반드시 한 번은 실수가 있고〔천려일실(千慮一失)〕, 아무리 어리석은 사람도 일천 번 생각하면 한 번은 얻음〔천려일득(千慮一得)〕이 있다고 들었습니다. 모처럼 저의 계략이 반드시 쓸 만한 가치가 있다고 생각되지 않습니다만 성심성의껏 피력해 보겠

습니다."

"겸양의 말씀이십니다."

"대체로 성안군에게는 백전백승의 계략이 있으면서도 하루아침에 그것을 잃고 군사는 호(鄗)의 성 밑에서 격파되었으며, 자신은 저수 가에서 피살되었습니다. 동시에 장군께서는 황하를 건너 위표를 사로잡고 알여에서 하열도 사로잡아 일거에 정형까지 내려와서 하루아침에 조나라 20만 대군을 무찔렀으며, 성안군까지 주살해 그 명성이 국내에 떨치고 그 위세 또한 천하를 흔들었습니다. 이쯤되자 농부들은 경작을 멈추고 보습을 내던지며 좋은 옷을 입고 맛있는 음식을 먹어 대면서 언제 장군의 소집명령이 떨어질까 귀를 기울여 기다리지 않는 자가 없습니다. 이런 상황은 장군에겐 장점이 될 수 있습니다. 그렇지만 장군의 지금 병사들은 몹시 피로하여 쓸 수가 없습니다. 그런 병사들을 몰아붙여 수비가 견고한 연성(燕城) 밑으로 진격한다 해도 아마 성을 뺏기에는 어려울 것이며, 오히려 이쪽의 피폐한 사정만 노출되어 기세가 꺾인 채로 허송세월을 보낼 것이며 결국은 군량미마저 바닥날 것이 필시입니다."

"그래서 저도 이러지도 저러지도 못하고 있습니다."

"약한 연나라조차 굴복시키지 못한다면 그를 본보기로 제나라 또한 국경의 방비를 갖추고 성벽을 굳건히 강화할 것입니다. 결국 연과 제 두 나라가 서로 의지해 항복하지 않을 경우

유방과 항우의 권력쟁탈 승패 역시 불분명해집니다. 이런 상황은 또한 장군에게는 단점이 될 수 있습니다. 그러니 연과 제를 친다는 것은 시기상조라고 저는 생각합니다. 용병이 능란한 자는 이쪽의 단점을 가지고 적의 장점을 치지 않고, 이쪽의 장점을 가지고 적의 단점을 치는 것입니다."

"그렇다면 어떤 계책을 사용해야 할까요?"

"이 시점에서는 병사들의 갑옷을 벗겨 쉬게 하십시오. 조나라를 어루만져 노인과 전쟁고아들을 달래며 백리 사방에서 술과 고기가 연일 들어오게 하며, 잔치를 벌여서 사대부들을 먹이고 병사들을 마시게 한 후에 북쪽으로 연나라 정벌길로 오르는 것입니다. 그런 한편으로 사신(辯士 또는 遊說家)에게 장군의 편지를 주어 상대방을 달랜다면 연나라는 감히 듣지 않을 수가 없을 것입니다."

"그렇게 해서 연나라가 복종한 후에는 어떻게 하지요?"

"또다시 사신을 동쪽 제나라로 보내어 연나라가 복종했다는 사실을 알리게 하십시오. 그쯤 되면 제나라에 아무리 슬기로운 자가 있다 할지라도 별다른 묘책을 세울 수가 없을 것입니다. 천하사(天下事)는 그때부터 도모할 수 있겠지요. 용병에서, '허성(虛聲)을 먼저 내고 실전(實戰)을 뒤로 한다' 했음은 바로 이런 경우를 두고 말하는 것이지요."

"고맙습니다. 가르침대로 하겠습니다."

얼마 후 한신이 광무군의 계략을 따라 연으로 사자를 보냈더니 과연 연나라는 바람에 따라 휩쓸리듯 복종해 왔다.

한신은 즉시 사자를 한왕에게 보내 이 기회에 장이를 조왕으로 삼아 조나라를 진무(鎭撫)할 수 있게 해달라고 청원했다.

한왕이 이를 허락하여 장이를 세워 조왕으로 삼았다.

이때 황하를 건너 초의 기습병이 자주 조나라로 침공해 왔다. 조왕 장이와 한신은 이리 뛰고 저리 뛰며 조나라를 구원하기에 바빴다. 차제에 한신은 가는 곳마다 조나라 성읍을 평정했고 병사를 징발해 한(漢)나라로 보냈다.

한왕은 형양에서 갑자기 초군에게 포위되었다. 포위망을 간신히 뚫은 한왕은 남쪽으로 달아나다가 완(宛)·섭(葉) 사이에서 경포를 만나 함께 도망하여 성고(成皐)로 들어갔다.

초가 다시 성고를 포위해 왔다. 6월에 성고를 간신히 빠져나온 한왕은 등공만 데리고 동쪽으로 황하를 건너 수무(脩武)에 있는 장이의 군에 몸을 의탁하려고 찾아갔다.

몰래 역사(驛舍)에서 숙박한 뒤 새벽같이 일어나 한의 사자라 칭하며 말을 달려 조나라 성 안으로 들어갔다.

장이와 한신은 아직도 일어나지 않고 있었다. 침실 안으로 들어간 한왕은 대장의 인부(印符)를 빼앗아 여러 장군들을 소집해 그들의 군사 배치를 새로 해버렸다.

한참 후에 일어난 한신과 장이는 한왕이 온 것을 뒤늦게 알고 크게 놀랐다.

"성벽이 이토록 허술해서야 되겠소?"

한왕은 장이를 시켜 조나라 땅을 수비케 한 뒤 한신에게는 상국(相國) 벼슬을 주어 제나라를 치게 했다.

한신은 조나라에서 새로 징발한 군사들을 데리고 동진하여 평원진(平原津)을 건너려 하고 있었다.

"일 없게 됐습니다. 이미 한왕께서 역이기를 시켜 혓바닥 몇 번 놀려 제나라의 항복을 받아 냈답니다."

범양(范陽)의 변사 괴통(蒯通)이 빈정거리는 투로 한신에게 일러주었다.

"무어요? 일이 그렇게 됐소? 그렇다면 평원나루를 건널 필요도 없지 않겠소?"

"왜 이러십니까? 건너가셔야죠."

"무슨 뜻이오?"

"일인즉슨, 장군이 조칙을 받아 제나라를 공격하려는데 한왕은 일언반구 의논 한마디 없이 독단으로 밀사를 보내 제나라를 항복시켰습니다."

"그러니 일이 더욱 더 넌김하구려."

"그렇지만 장군한테는 아직 공격을 중지하라는 조칙을 내리지 않았습니다."

"그러니까 난감할 뿐이라고 말하지 않았소."

"역생, 역이기는 일개 선비에 지나지 않습니다만, 그런데도 수레의 횡목(橫木)에 의지해 세 치 혀를 놀려 제나라 70여 개의 성시(城市)를 단숨에 항복시켜 버렸습니다."

"장한 일이지요."

"장군께서는 수만의 대군을 이끌고 한 해가 넘도록 싸워 조나라 50여 성밖에 항복시키지 못했다는 사실을 기억하십니까?"

"……!"

"장군께선 결국 보잘것없는 일개 유자(儒者)의 공보다 못하구려."

"생각해 보니 억울하오."

"볼 거 없습니다. 건너시지요."

그렇게 되어 한신은 황하를 건넜다.

한편, 제왕 전광(田廣)은 역이기의 설득을 몹시 흡족해하며 항복하기로 작정을 했다. 그날도 역이기와 더불어 크게 주연을 베풀며 한가하게 적군, 한나라에 대한 방비는 전연 하지 않았다.

한신은 이 틈을 타서 제나라 역하(歷下)에 있던 군대를 습격한 뒤 드디어 국도 임치(臨菑)에 도달했다.

"이 무슨 변고요!"

"뭔가 오해가 있은 듯합니다."

"이 버러지만도 못한 놈이 과인을 속여!"

분노한 전광은 역이기를 잡아 가마솥에 삶아 죽인 뒤, 고밀(高密)로 도망쳐서 초나라에 사신을 보내 구원을 청했다.

한신은 임치를 평정한 다음 동진하여 전광을 추적해 들어갔다. 고밀의 서쪽에 이르렀을 때였다.

20만 대군을 거느린 초의 장군 용저(龍且)가 전광을 구원하기 위해 고밀에 와 있었다. 그런데 접전도 하기 전 용저를 따르던 어떤 자가 용저에게 이렇게 간했다.

"한군은 멀리서 싸우러 굳이 왔으므로 결사적으로 대들 것입니다. 그들의 예봉을 막아 내기도 어려울 뿐더러, 제와 초의 군사는 자국(自國)의 영지 내에서 싸우기 때문에 패산(敗散)하기 십상입니다. 차라리 성벽을 높이 해 지키면서, 제왕 전광이 신임하는 신하를 제나라로 보내 잃어버린 성시를 저절로 되찾을 수 있게 하는 계략을 쓰는 것이 좋겠습니다."

"그것이 계략이 되겠는가?

"비록 함락된 성시라도 그들의 왕이 엄연히 건재하고 있다는 사실을 알리고 또 초군이 구원하러 도착했다는 사실을 알리면 제나라 성시들은 반드시 한나라를 배반할 것입니다. 더구나 한군은 2천 리나 떨어진 타국에 와 있습니다. 제나라 성시가 모조리 한을 배반하게 될 경우 한군은 식량을 구하지 못해 싸우지도 않고 항복해 올 것입니다."

"제까짓 한신 따위를 두고 계략이니 뭐니 할 거 있겠나. 그까짓 겁쟁이를. 더구나 제를 구원한다면서 싸우지도 않고 한군을 항복시키면 나에게 돌아올 공적이 아무것도 없지 않은가?"

"그렇지만 다시 한 번 생각해 보십시오."

"시끄럽다. 지금 싸우면 승리는 뻔히 내 것이고 제나라 절반이 내 것이 될 텐데 무얼 망설여."

용저는 싸우기로 결정하고 유수(濰水)를 사이에 두고 한신과 대진(對陣)했다.

한편 한신은 사졸들을 시켜 밤 사이에 1만 개 이상의 모래주머니를 만들게 했다. 그리고 모래를 가득 채워 유수 상류를 막아버렸다.

날이 밝자 한신은 군사를 인솔하고 강을 건너 용저를 먼저 공격했다. 한참을 싸우던 한신은 패한 척하고 돌아서서 달아나기 시작했다.

용저는 좋아라 추격하며 큰소리로 외쳤다.

"저 보아라. 난 한신이 겁쟁이라는 것을 전부터 잘 알고 있었다. 추격해서 한군을 철저히 때려 부숴라!"

한군이 유수를 다 건너고 용저의 군사가 강을 건너고 있을 때 미리 준비시킨 한신의 군사들이 모래주머니를 터 버렸다.

물살은 맹렬하게 쏟아져 흘렀다. 초군은 절반 이상이 물 속을 외로이 떠도는 넋〔수중고혼(水中孤魂)〕이 되었고 강을 건넌 군사는 절반도 못되었다.

패한 척 달아나던 한군이 곧장 되돌아 서 초군을 사정없이 베었다. 용저는 그런 와중에 죽었다. 유수 동쪽에 남아 있던 용저의 군사가 즈레 겁을 집어먹고 무리지어 흩어지고 있었다. 제왕 전광도 도망했다.

달아나는 적을 추격한 한신은 성양(城陽)에 이르러 초군을 모조리 포로로 잡았다.

한(漢)의 4년이었다.

제나라를 항복시켜 평정한 한신은 사자를 시켜 한왕에게 보고했다.

> 제나라 사람들은 변화무쌍하여 거짓과 변절이 심합니다. 거기에다 남쪽으로는 초나라와 접경하고 있기에 언제나 반란이 일어날지 알 수 없는 상태인 까닭에, 가왕(假王)을 세워 진무하지 않으면 정세가 안정되기 어렵습니다. 원컨대 신을 가왕으로 삼아 주시면 편리하겠습니다.

한왕은 형양에서 초군에 포위된 상태에서 그런 서신을 받았다. 부아가 치밀었다.

"과인이 지금 곤경에 처해 하루 속히 돌아와 나를 도와주기를 학수고대하고 있는 터인데 한신이 스스로 왕이 되겠다고!"

한왕이 펄펄 뛰며 한신의 사자에게 버럭 화를 내자, 장량(張良)과 진평(陳平)이 얼른 다가가 한왕에게 귓속말을 하였다.

"대왕께선 지금 몹시 불리한 처지에 계십니다. 한신이 왕이 되는 것을 어떻게 막을 수가 있겠습니까. 차라리 잘 대우하여 자진해서 제나라를 지키게 하는 것이 상책입니다. 그렇게 하지 않으시면 변이 일어납니다."

귓속말의 뜻을 얼른 이해한 한왕은 더욱 큰 소리로 꾸짖었다.

"대장부가 제후를 평정했으면 진왕(眞王)이 될 뿐이지, 가왕이란 무슨 얼빠진 소린가!"

장량을 시켜 제나라로 가게 해서 한신을 제왕으로 세웠다. 그리고 그의 군대를 징발해서 초나라를 쳤다.

한편 용저를 잃은 항왕은 겁이 덜컥 났다.

안휘성 우이(肝貽) 출신의 무섭(武涉)을 제왕 한신에게 보내어 설득하게 했다.

무섭은 한신을 만나자마자 이렇게 말했다.

"천하 사람들이 진(秦)의 폭정에 눌려 괴로움을 당하자 영웅호걸들이 일어난 지가 오래되었습니다. 서로 힘을 합쳐 진을 쳐 멸했으며 그 후 공을 세운 자들의 공적을 헤아려 토지를 분할하고 분할된 토지에 왕을 봉하여 사졸들을 쉬게 했습니다.

그러나 한왕은 다시 병사를 일으켜 동진하여 남에게 나누어 준 땅을 침범하고 탈취했습니다. 뿐만 아니라 삼진(三秦)을 격파하고는 병사를 인솔해 함곡관으로 나와 제후의 군대를 거두어 초를 치고 있습니다. 천하를 모두 삼키지 않고서는 그의 욕심은 끝나지 않습니다. 어찌 그의 탐욕이 이토록 심할 수가 있습니까. 게다가 한왕은 신뢰할 수가 없습니다. 그의 몸이 항왕의 손아귀에 여러 번 잡힌 바 되었었지만 그때마다 그를 불쌍히 여겨 번번이 놓아 주었습니다. 그러나 위기만 벗어나면 곧 약속을 배반하고 다시 항왕을 공격했습니다. 그와 친구할 수도 신뢰할 수도 없음이 이와 같습니다. 그러니 비록 귀하께서 지금은 한왕과 깊은 친교를 가지고 그를 위한 계략에 진력하고 있으나 결국은 그의 포로가 되고 말 것입니다. 귀하가 지금까지 무사히 생명을 연장할 수 있었던 이유는 항왕이 건재했던 덕택입니다. 지금 당장 한왕과 항왕의 승패는 귀하의 동향 여하에 달려 있습니다. 귀하가 우로 기울면 한왕이 이길 것이고 좌로 기울면 항왕이 이깁니다. 만일 귀하가 한왕을 편들어 항왕이 멸망하면 그 다음에는 귀하가 멸망할 차례입니다. 하온데 귀하는 항왕과 일찍이 연고가 있지 않습니까? 어찌하여 한을 배반하고 초와 제휴해 천하를 3분하여 그 중의 한 나라의 왕이 되지 않습니까? 지금 이런 기회를 버리고 스스로 한(漢)나라를 믿으며 초(楚)나라를 치다니, 귀하처럼 슬기로운 분이 이토록 어리석은 판단을 하시다니요."

한신은 잠깐 생각한 뒤 대답했다.

"내가 일찍이 항왕을 섬긴 적이 있지만 벼슬은 낭중에 불과하였고 지위는 집극(執戟, 위병(衛兵))이 고작이었소. 진언을 해도 듣지 않았고 계책을 올려도 채용되지 않았소이다. 그래서 초를 배반하고 한으로 귀속했던 것이오. 한왕은 나에게 대장군의 인수를 주고 수만의 대군을 맡겼으며, 자신의 의복을 벗어 나에게 입히고 자신의 밥을 나에게 먹였으며, 진언하면 들어주었고 헌책하면 채용해 주어 오늘에 이르렀소이다. 남이 나를 친근히 여겨 신뢰해 주는데 내가 그를 배반한다는 것은 상서롭지 못하오. 가령 죽는다 하더라도 변절할 수는 없소이다. 나를 대신하여 돌아가서 항왕께 호의를 사양한다고 말해 주시오."

무섭이 실망하여 떠난 후, 제나라 태생 괴통이 천하 대권의 행방이 한신에게 달린 것을 간파하고 기발한 책략으로 한신을 감동시켜 보려고 했다.

"저는 일찍이 관상학을 배운 적이 있습니다."

"관상을? 선생은 어떤 방법으로 사람의 관상을 봅니까?"

"고귀하게 되느냐 비천하게 되느냐 하는 것은 골상(骨相)에 달렸고, 근심이 있느냐 기쁜 일이 생기느냐는 얼굴 모양과 색상에 달렸으며, 성공과 실패는 결단하는 심상(心相)에 달려 있습니다."

"그렇다면 나의 관상을 보아 주시겠소?"

"그러지요. 저의 관상법은 만에 하나도 틀림이 없다는 것을 명심하십시오. 그리고 잠시 동안만 좌우를 물리쳐 주십시오."

한신이 주위를 돌아보며 말했다.

"그대들은 물러가라."

단 둘만 앉게 되자 괴통은 그제야 입을 열었다.

"장군의 관상을 보면 제후의 지위가 고작입니다. 그나마도 위태롭기 그지없습니다. 그런데 장군 등을 보니 고귀하기가 이를 데 없습니다."

"무슨 뜻이오?"

"천하가 어지러웠던 당초에는 영웅호걸들이 다투어 왕이라 칭했으며, 그들이 한 번 부르자 천하의 인사들이 구름과 안개 몰리듯 모여들었다. 이는 마치 물고기 비늘처럼 겹겹이 겹쳐 왔고 불길이 바람같이 일어났습니다. 그 당시의 근심이라면 오로지 어떻게 하면 진나라를 멸망시키느냐 하는 것뿐이었습니다. 그러던 것이 지금은 초와 한이 분립 상쟁하여 천하 무고한 백성들의 간담을 땅바닥에 내깔리게 하고 부자(父子)의 해골을 들판에 나뒹굴게 하고 있습니다. 처음 초왕은 팽성에서 일어나 도망치는 적을 쫓아 이리 뛰고 저리 쳐서 형양에 이르러서는 승세를 탄 위세가 천하를 흔들었습니다. 그러나 그의 군사가 경수와 삭수 사이에서 곤경에 빠진 이후로 서산(西山)에 틀어박혀 전진할 수 없게 된 것이 벌써 3년이나 됩니다."

"그렇소. 벌써 3년이오."

"그런가 하면 한왕의 경우는 어떻습니까? 지금 수십만 대군을 이끌고도 공(鞏)과 낙양에서 항전하여 산하의 험준함을 방패삼아 하루에도 몇 차례씩 싸워도 한 자 한 치의 작은 공적도 없이 좌절하면서 패배하여도 누구 하나 구원해 주는 사람이 없어 성고에서 결국 하남성 원(宛)과 섭(葉) 사이로 달아났습니다. 참으로 기묘한 현상이지요. 결국 이를 두고 이른바 슬기로운 한왕도 용맹스런 항왕도 다 함께 겪는 괴로움이라 하겠습니다. 어디 그뿐이겠습니까? 무릇 예기(銳氣)는 험준한 요새에서 꺾이고 양식은 창고에서 바닥나고 백성들은 극도로 피폐하여 이리저리 원망하며 떠돌면서도 어디 누구에게 의지할 데도 없습니다. 이런 형세는 천하의 현성(賢聖)이 아니고서는 감히 천하의 불행을 종식시킬 수가 없을 것입니다. 그런데 지금 한왕과 항왕의 운명이 바로 장군의 손에 달려 있더란 말씀입니다."

"나에게?"

"장군께서 한나라를 위한다면 한이 승리하고 초에 편들면 초가 이깁니다. 차제에 제가 속마음을 열어 간담을 터놓고 장군에게 우계(愚計)를 말씀드리고자 하나 혹시 장군께서 쓰시지 않을까 싶어 그것이 두렵습니다."

"계략의 사용 여부는 일단 듣고 나서 판단하는 게 아니겠소."

"그러니 어차피 말씀드리겠습니다. 결론적으로 말해 한나라 초나라가 서로 양분해 존립하여 이익을 보고 또 장군까지 가세하여 독립하게 되면 천하는 안정된 솥발(鼎足)처럼 3분되게 됩니다. 이런 형세는 어느 누구도 감히 먼저 움직이지 못하게 되는 모양새가 되는 것입니다. 장군처럼 명민하고 또 수많은 갑병(甲兵)을 거느리고서 강대한 제나라에 의지해 연·조를 복종시키고 주인 없는 땅으로 나아가 한과 초의 후방을 제압하시면 앞서 두 나라의 전투는 끝이 나게 됩니다. 전투를 끝나게 함으로써 장군께서 만민의 생명을 구해 준다면 천하는 바람처럼 달려오고 메아리처럼 호응해 올 것이며, 누가 감히 장군의 명령을 듣지 않겠습니까? 이런 후 장군께선 큰 나라는 분할하고 강국은 약화시킨 뒤 제후들을 세우십시오. 제후들이 일단 서게 되면 천하가 복종해 따르고 그 은덕을 제나라에 돌릴 것입니다. 그러면 제의 옛 땅임을 생각하여 산동성 교(膠)와 사수(泗水) 유역의 땅을 보유한 후, 은덕으로 제후를 회유하고 궁중 깊이 계시면서 두 손 모아 읍하며 겸양한 태도를 보인다면 천하 군주들이 서로 궈하여 제나라로 입조할 깃입니나. 대개 하늘이 주는 것을 받지 않으면 도리어 벌을 받고, 때가 왔을 때 단행치 않으면 도리어 화를 입는다고 들었습니다. 원컨대 장군께서는 잘 판단해 주십시오."

한신은 잠시 눈을 감고 생각한 뒤에 대답했다.

"한왕은 나를 매우 후하게 대접했으며 자신의 수레에 나를 태웠고 자신의 옷을 내게 입혔으며 자신의 식사를 내게 먹여 주었소. 내가 듣기로는, '남의 수레를 타는 자는 그의 걱정을 제 몸에 싣고, 남의 옷을 입는 자는 그의 걱정을 제 마음에 품으며, 남의 밥을 먹는 자는 그의 일을 위해 죽는다'고 했소이다. 내 어떻게 혼자만의 이익을 바라고 의리를 저버릴 수 있겠소."

"그것은 잘못된 판단이라 생각합니다. 장군께선 한왕과 친밀한 사이라 생각하시어 만세 불멸의 업적을 세우시려 하나 그렇지가 않습니다. 처음 상산왕(常山王) 장이와 성안군(成安君) 진여가 벼슬이 없었을 시절에는 서로 목을 바쳐도 후회하지 않을 막역한 사이였지만 후에 장염(張黶)과 진택(陳澤)의 사건으로 다투게 되자, 서로 원망하여 상산왕은 항왕을 배반해 항영(項嬰)의 머리를 베어 들고 도망쳐 한왕에게로 귀복했습니다. 한왕이 또한 병사를 빌려 주자 동하(東下)하여 성안군을 저수 남쪽에서 죽였습니다. 그의 머리와 다리가 따로 떨어져 나가니 천하의 웃음거리가 될 수밖에 없었지요. 상산왕과 성안군의 친교는 원래 천하 제일이었다는 점을 명심하십시오. 그런데도 결국 서로 잡아먹으려고 한 이유는 무엇일까요? 우환은 욕심이 많은 데서 생기고 사람의 마음은 예측할 수 없기 때문입니다. 지금 장군께서 충성을 다해 한왕과 친하려 하나 그 친밀도 어차피 장이와 진여보다는 견고하지 못합니다. 그리고 장군과 한왕 사이에 놓인 석연찮은 일들은 장염과 진택의 그 문제보다 많고도 큽니다."

"어째서 사태를 그런 식으로 보고 있소?"

"장군께서, 한왕은 결코 나를 위태롭게 생각하지 않는다는 그 맹목이 위태롭다는 겁니다. 옛적 대부 종(大夫種)과 범여(范蠡)는 망해 가는 월나라를 존속키고 월왕 구천을 패자로 만드는 공을 세우고 이름을 날렸으나 자기 몸은 망했습니다. 말하자면 들짐승이 다 없어지면 사냥개는 삶아 먹히는 꼴이지요. 우정으로 치자면 장이와 진여보다 못하며, 충성과 신의로 말하더라도 대부 종과 범려가 월왕 구천에 쏟아 부은 것만큼은 못합니다. 앞의 두 사례를 절대로 잊지 마십시오."

"그럴까……?"

"뿐만 아니라, '용기와 재략이 군주를 떨게 하는 자는 몸이 위태롭고, 공로가 천하를 덮을 만한 자는 받을 상이 없다'고 들었습니다. 하온데 장군의 공로와 용략을 말씀드리자면 당신께선 황하를 건너 위왕을 사로잡고, 하열을 사로잡았으며, 병사를 이끌고 정형으로 내려와 성안군을 주살하고 조나라를 진무했으며, 연나라를 위협하고 제나라를 평정했습니다. 남진하여서는 초군 20만 대군을 격파하고 용저를 죽인 뒤 서쪽으로 향하여 한왕에게 보고했으니, 이른바 이것은 '공로는 천하에 둘도 없고 용략은 불세출'의 것이라고 할 수 있습니다. 지금 장군께선 군주를 떨게 하는 위력을 지니고 상을 받을 이상의 공로를 가지고 계시니, 초로 귀속한다 해도 항왕은 장군을 믿지 못할 것이며 한으로 귀속한대 해도 한왕은 떨고 두려워할 것이니, 그런 장군께서 도대체 어디로 귀속할 수 있다고 생각하십니까? 신하의 위치에 있으면서도 군주를 떨게 하는 위력을 지닌 데다 명성은 천하에 드높으니, 저는 장군을 위해서 위험천만이라고 말씀드릴 수밖에 없습니다."

"선생은 잠깐 쉬시오. 나도 그 점에 대해 좀 생각해 보겠소."

"원래 남의 의견을 듣느냐 마느냐 하는 것은 일의 성패의 조짐이며, 계략이 좋고 나쁨은 일의 성패의 계기입니다. 진언을 잘못 받아들이고 계략에 실패하고서도 오래 안태(安泰)해 본 것은 하나도 없습니다. 진언을 분별해 제일로 할 것과 둘째로 할 것을 잃지 않으면 언론으로 혼란시킬 수가 없습니다. 계략이 본말을 전도하지 않으면 교묘한 언사로도 분규를 일으킬 수는 없습니다. 대체로 시양졸(廝養卒, 나무하고 말먹이는 하인) 같은 천한 일에 종사하는 자는 만승 천자가 될 만한 권위를 잃어버리며, 한두 섬의 봉록 지키기에 급급한 자는 경상(卿相)의 자리에 오를 수 없습니다. 그래서 지혜는 일을 결단하는 힘이며, 의심은 일에 방해가 되는 것입니다. 작은 계략을 밝히는데 구애되면 천하대국은 볼 수 없습니다. 지혜로써 그것을 알고 있으면서도 결단치 않으면 만 가지의 화근이 됩니다. 그래서 '맹호라도 꾸물거리고만 있으면 미물인 벌이나 전갈만 한 해도 입히지 못하며, 준마라도 주춤거리고만 있으면 천천히 걷는 늙은 말보다 못하며, 맹분(猛賁) 같이 용맹한 자라도 여우처럼 의심만 하고 있으면 범용한 필부의 결행만도 못하며, 순임금·요임금의 지혜가 있더라도 입다물고 말하지 않으면 벙어리의 손짓발짓보다 못하다'고 합니다. 이 모두 그만큼 실행의 귀함을 말합니다. 대체로 공이란 이루기 어렵고 실패하기는 쉬우며, 시기란 얻기 어렵고 잃기는 쉽습니다. 부디 명찰하십시오."

그러나 한신은 주저하면서 차마 한나라를 배반하지는 못했다.

"공로가 많은 난데 설마 나의 제나라를 뺏기야 하겠는가?"

결국 괴통의 진언을 겸손히 사양하면서 단호히 거절해 버렸다. 괴통은 자신의 진언을 한신이 들어주지 않자 얼마 후 미친 척하고 무당이 되어 숨어버렸다.

한왕이 고릉(固陵)에서 궁지에 몰리자 장량의 계략에 따라 제왕 한신을 소환할 수 있었다.

한신이 병사를 이끌고 해하(垓下)에서 한왕과 합류해 항우를 대패시켰다. 고조는 제왕의 군사를 거두어들였다.

한의 5년 정월이었다.

제왕 한신을 옮겨 초왕(楚王)으로 삼고 하비(下邳)에 도읍하게 했다.

한신이 봉국(封國)에 도착했다. 그는 도착 즉시 일찍이 밥을 얻어먹은 빨래터 여인을 찾아 천금을 내렸다. 또 하향의 남창 정장에게는 백 전(百錢)을 내리면서 말했다.

"당신은 소인배였다. 이왕지사 은덕을 베풀 때는 중간에서 그만두는 게 아니었네."

또 소년 시절 자신을 가랑이 밑으로 기어나가게 하면서 욕보인 건달들을 불러놓고 여러 장군과 재상에게 설명했다.

"이 자는 장사(壯士)다. 나를 욕보였을 때 나는 이 자를 죽일 수도 있지만 죽인들 명예는커녕 죄수밖에 더 되었겠는가? 그래서 모욕을 꾹 참으며 인내를 배웠다. 그때의 은인자중으로 오늘의 공업을 성취한 것이다."

그러면서 그를 초의 수도 경비관 중위(中尉)에 임명했다.

항왕에게서 도망해 온 장군 종리매(鍾離昧)의 집이 이려(伊廬)에 있었는데, 한신과 본래 사이가 좋았던 종리매는 항왕이 죽은 뒤 도망하여 한신에게 와 있었다. 그 일이 화근이었다.

그런 그가 한왕하고는 몹시 사이가 좋지 않았다. 그래서 그가 초에 있다는 말을 듣고 체포하려 했다.

당시 한신이 처음으로 초나라에 왔기 때문에 봉국의 현·읍을 순시한다면서 어마어마한 숫자의 군사들을 데리고 출입하고 있었던 것이다.

그것이 문제가 되었다. 한의 6년에 상서(上書)하여 밀고한 자가 있었다.

초왕 한신이 모반하고 있습니다. 경계하십시오.

한왕 유방이 진평의 계략에 따라 천자 순행길에 나섰다. 제후들을 회동시키기로 한 것이다.

모두 진(陳) 회양(淮陽)으로 회동(會同)하라. 남방 호수지대 운몽(雲夢)으로 순행하겠다.

사실은 한신을 잡으려는 계략이었으나 한신이 그것을 알 까닭이 없었다. 그렇지만 무언가 심상치 않은 조짐은 있어 보였다. 그래서 고조가 초에 도착하는 때를 계기로 모반할까도 생각했다.
"그만두자, 내가 아무리 자신을 살펴보아도 주상께 지은 죄가 없다. 사로잡힐 까닭이 없잖은가?"
어떤 자가 한신에게 간했다.
"걱정이 되신다면 종리매의 목을 들고 황상(皇上, 고조)을 뵈십시오. 기뻐하실 것이며 우환도 사라질 것입니다."
한신이 종리매를 만나 그 문제를 두고 상의하니 종리매는 화를 냈다.

"한나라가 초나라를 공격하지 못하는 이유는 내가 당신 밑에 있기 때문이오. 정작 당신이 나를 잡아 한나라에 곱게 보일 수만 있다면 당장에라도 죽겠소. 그러나 천만의 말씀이오. 내가 죽은 뒤 다음은 당신 차례요. 이제 보니 당신도 소인배였구려!"

종리매는 몹시 분통해 하며 스스로 목을 찔러 죽었다.

한신은 종리매의 목을 가지고 고조를 태평스럽게 뵈러 갔다. 그런데 대기시켰던 무사들에 의해 간단하게 결박되었다.

"이거 왜 이러나!"

한신은 후거(後車)에 강제로 실려졌다. 어처구니가 없었다.

"과연 세상 사람들의 말이 맞는구나! '재빠른 토끼가 죽으니 훌륭한 사냥개는 삶겨 죽고, 높이 나는 새가 모두 없어지니 훌륭한 활은 소용이 없고, 적국이 격파되니 지모 많은 신하는 죽는다'고 했다던가? 천하가 이미 평정되었으니 내가 팽살(烹殺)되는 것은 지극히 당연한 일이구나〔교토사 양구팽 고조진 양궁장(狡兎死 良狗烹 高鳥盡 良弓藏)〕!"

한신은 차꼬와 수갑을 차고 옥사슬에 얽어매인 채 낙양에 도착했다. 그러나 고조는 천하 인심이 두려워 차마 한신을 죽을 수 없었다.

"공이 모반했다고 밀고한 사람이 있었소."

고조는 그렇게 얼버무리며 한신의 죄를 용서한 뒤 회음후로 삼았다. 한신은 한왕이 자신의 재능을 두려워하고 미워하는 것을 알았다. 의기소침해져서 언제나 병이라 핑계대고 참조(參朝)하지도 않았고 출어시(出御時)에 수행하지도 않았다.

한신은 이로부터 날마다 고조를 원망하며 평소에도 불만에 가득 차 있었다. 특히 강후(絳侯) 주발(周勃)이나 관영(灌嬰) 등과 같은 계열이라는 사실이 부끄럽게 느껴졌다.

하루는 한신이 번쾌의 집에 들른 적이 있었다. 번쾌는 무릎을 꿇고 한신을 맞아 자신을 신(臣)이라 부르고 있었다.

"대왕께서 즐겨 신의 집에까지 왕림해 주셨습니까?"

얼마 후 한신은 번쾌의 집 대문을 나서면서 자신을 비웃으며 중얼거렸다.

"그렇지만 내 아직 살아서 그대와 동렬일 뿐인 걸……."

고조가 한때 한신을 상대로 마음놓고 제장들의 능력을 떠들면서 등차를 매긴 적이 있었다.

고조가 한신에게 물었다.

"나 같은 사람은 몇 명의 군사를 이끌 수 있는 능력이 되겠소?"

"폐하께서는 그저 10만이며 족합니다."

"그대는 어떻소?"

"저야 많을수록 더욱 좋지요〔다다익선(多多益善)〕?"

"많을수록 좋다는 사람이 어째서 나에게 사로잡혔소?"

"폐하께서는 병사야 그 정도밖에 이끌 수 없지만 장수들을 잘 거느리십니다. 이것이 바로 신이 폐하에게 잡힌 까닭입니다. 더구나 황제의 지위는 하늘이 주는 것이지 사람의 힘으로는 안 되는 것이지요."

진희(陳豨)가 거록군(鉅鹿郡) 태수로 임명되어 회음후 한신에게 작별인사를 하러 왔다.

한신은 좌우를 물리친 뒤 진희와 뜰을 산책하면서 탄식처럼 말했다.

"나의 넋두리를 그대에게 해도 괜찮을 것인지?"

"장군께선 무엇이든 하명(下命)만 하십시오."

"고맙소. 그대가 태수로 부임하는 거록군에는 천하의 정병(精兵)들만 모여 있는 곳이오. 그리고 그대는 폐하가 신임하는 총신이오."

"그런 것 같습니다."

"누군가가 그대가 모반을 했다고 고하더라도 폐하는 믿지 않을 것이오. 두어 번 그런 밀고가 들어오면 그때는 의심할 것이며, 세 번쯤 밀고가 들어오면 그땐 진노해서 친정(親征)을 서두를 것이오."

"그건……?"

"내가 그대를 위하여 안에서 일어나면 천하를 도모할 수 있는데 어떻소?"

진희는 한신의 능력을 익히 알고 있었으므로 추호의 의심도 없이 대답했다.

"삼가 가르치시는 대로 따르겠습니다."

한의 11년이었다.

진희가 과연 모반했다.

고조가 스스로 대장군이 되어 친정길에 나섰다.

"절호의 기회다! 이번 기회를 놓치면 끝장이다!"

한신은 병을 칭탁해 종군치 않았다.

한편 진희에게 몰래 사람을 보내어 이렇게 말하게 했다.

"그저 안심하고 군사만 일으켜라. 내가 여기서 그대를 돕겠다."

한신은 그의 가신(家臣)들과 치밀하게 음모했다. 우선 밤중에 조칙이라고 속이고 관아(官衙)의 관노(官奴)를 풀어 여후(呂后)와 황태자를 습격하려는 작전을 수립했다.

부서는 이미 결정되었다. 이제 진희한테서 오는 통지만 기다리면 되었다.

바로 이때였다. 가신 중에 한신에게 죄를 진 자가 있었는데 때마침 잡혀왔으므로 그를 처형하려고 했다.

죄수의 아우가 생각해보았다. 형을 살려 내려면 주인인 한신을 잡는 길밖에 없었다. 그래서 그는 여황후에게로 달려가 모반의 상황을 자세히 고해 버렸다.

한신(韓信), 회음후(淮陰侯) 열전 · 359

여후는 혼자 생각해 보았다. 한신을 소환하려 해도 결코 응하지 않을 것이라는 사실을 알았다.

"어떻게 처리하는 게 좋겠습니까? 몹시 다급한 상황인 것 같습니다."

여후는 상국 소하와 의논할 수밖에 없었다.

"황상께서 보내신 것처럼 속이고 말하게 합시다. 그렇게 하면 한신이 일단 거사는 하지 못할 테니까요."

그리하여 소하는 급히 한신에게 사람을 보내서 이렇게 알리도록 했다.

"친정해 가신 폐하께서는 진희를 사로잡아 벌써 사형에 처했습니다."

"벌써!"

"열후와 뭇 신하들이 모두 참여해 축하하고 있습니다."

한신은 낙담했다. 더욱 병이라 핑계대고 집 안에만 틀어 박혔다. 여후와 소하는 한신을 그대로 둘 수 없었다. 어떤 변고를 일으킬지 알 수가 없었다.

"상국께서 직접 한 번 다녀오시지요."

여후가 졸랐다. 별수 없이 소하가 한신을 찾아가 속여서 말했다.

"비록 병중이라 하더라도 잠깐 참례하여 축하의 뜻을 표하고 가시지요."

한신은 아니 갈 수 없었다.

황태자가 있는 장락궁(長樂宮)으로 멋모르고 들어섰다.

종실(鍾室, 때를 알리는 종이 걸려 있었음) 앞에 이르렀을 때였다. 여후의 명을 받은 무사들이 삽시에 달려들어 한신을 묶었다.

"이건 또 무언가?"

한신은 사태의 모든 진전을 깨달았다.

목베임을 당할 때 그는 신음처럼 내뱉었다.

"괴통의 계략을 쓰지 못한 것이 후회막급이다. 일개 아녀자에게 속았으니 이 또한 운명이겠지!"

한신은 장락궁에서 죽었다. 그의 일족까지 모조리 죽임을 당했다.

고조가 한신이 죽은 것을 안 것은 진희 토벌의 전쟁에서 돌아오고 나서였다.

"가공할 상대가 죽었으니 기쁘긴 하나 그의 공로는 지대했다. 말로가 비참하니 불쌍하구나. 그래, 한신은 죽을 때 무슨 말을 하던가?"

여후가 대답했다.

"괴통의 계략을 쓰지 못한 것이 원통하다고 했습니다."

"무엇이! 그를 곧 잡아들여라!"

제나라 변사 괴통이 잡혀 왔을 때 고조가 직접 심문했다.

"네놈이 회음후에게 모반하도록 들쑤셨다면서!"

"그렇습니다. 틀림없이 제가 가르쳤습니다. 그런데 그 바보자식이 제 헌책을 쓰지 않았기 때문에 좋은 기회가 물거품되고 스스로 자멸해 버렸습니다. 만약 그 바보자식이 내 계략을 썼던들 폐하께선 그를 결코 멸망시킬 수 없었을 것입니다."

고조는 몹시 노했다.

"저놈 보게! 당장 팽살해 버려라!"

"아, 팽살이라니요. 억울합니다."

"억울하다니, 무어가?"

"진나라 기강이 해이해지자 산동의 땅이 크게 어지러워지면서 뭇 성씨들을 가진 자들이 영웅호걸로 자처하면서 까마귀떼처럼 일어났습니다. 진이 사슴(皇帝權)을 잃으니 천하에서는 모두가 그 사슴을 쫓아다녔습니다. 이때 키가 크고 발이 빠른 한(高祖) 자가 그 사슴을 낚아챘습니다. 도척(盜跖)의 개가 요임금을 보고 짖는 것은 요임금이 어질지 못해서가 아닙니다. 개란 놈은 원래 자기 주인이 아닌 사람을 만나면 무조건 짖어댑니다. 당시의 저는 오로지 한신만 알았을 뿐이고 폐하는 알지 못했습니다. 또 천하에는 무기를 예리하게 갈아가지고 폐하가 하시는 일을 자기들도 해 보고자 날뛰던 인물들이 부지기수였습니다. 생각해 보면 그들 모두는 능력이 모자랐을 뿐입니다. 그렇다면 폐하께서 그들 모두를 삶아 죽이겠습니까?"

고조가 한참을 생각한 뒤에 말했다.

"살려 주어라."

태사공은 이렇게 결론을 지었다.

내가 회음으로 갔을 때 회음 사람들이 이렇게 말하는 것을 내가 들었다.

"한신이 평민이었을 적에도 그 뜻이 보통사람들과는 사뭇 달랐습니다. 그렇지만 그는 너무 가난했습니다. 모친이 사망했을 때 장례도 치르지 못했으니까요. 그러나 지금은 보십시오. 높고 높은 땅에 무덤을 만들어 그 둘레로 1만 호의 집들(왕후의 경우 1만 호가 무덤을 지킨다)이 들어앉을 수 있도록 했습니다.

내가 그의 모친의 묘를 보니 과연 그러했다.

한신이 도리를 배워 겸양한 태도로 자기의 공로를 자랑하지 않고, 능력 역시 자랑하지 않았더라면 하는 아쉬움이 있다. 한 왕조에 대한 공훈이 저 주공(周公)과 소공(召公) 그리고 태공망(太公望) 등의 주왕조에 대한 공훈과 비길 만한데 말이다. 그랬더라면 그의 자자손손에 이르기까지 국가 원훈으로서의 제사를 받았을 터인데.

좋은 쪽으로 힘을 쓰지 않고 천하가 이미 통일된 후에야 반역을 기도하여 일족이 몰살당했으니, 그 또한 슬픈 운명이라고 아니 할 수 없다.